KB252475

좋은 인성 · 행복한 삶

이기찬 편저

오성출판사

머리말

’93년 봄!

아버님이 뇌졸증으로 병석에 누워계시면서 초등학교에 다니던 손자(승윤)과 손녀(정은)를 마지막으로 보고싶다고 해서 아내와 함께 고향인 경북 구미에 내려보냈다.

두 녀석은 매우 슬픈 얼굴로 돌아왔다. 승윤이는 비장한 覺悟로 자기는 장차 죽지 않는 약을 개발하여 가까운 이웃에게도 나누어 주어 행복하게 살고 싶다고 했다. 나름대로는 많은 충격을 받았던 것으로 보여졌고, 아울러 행복의 가치에 대해 뭔가 생각하고 있는듯 했다.

과연 인간의 삶은 허무하게 끝나는 것인가?

보다 행복해질 수는 없는 것인가?

아버님의 임종을 앞두고 당신의 살아오신 인생역정을 더듬어 보았다.

경북 상주군 화동면 평산이라는 조그마한 산골에 태어나셔서 일찍이 어머님을 여의시고, 당신의 고모님이 살고 계시는 구미로 와서 평생을 농사를 지으며 6남매를 구김살없이 키워주셨다.

이렇게 치열한 경쟁사회에서도 낙오되지 않게 항상 우리들에게는 “아무리 어려운 상황이 닥치더라도 참고 견디며(忍), 남을 못살게 해꼬지(害惡)하지 말고, 이웃에게는 늘 인정(德)을 베풀라”고 하셨다.

어느해 여름 그렇게 아끼던 얼룩소가 죽었는데도 만약 소가 안 죽었다면 우리 가족 중 누군가가 위험에 처하게 되었을 것을 소로 액땜하였다며 오히려 우리들을 위로해 주셨다. 이러한 사고는 하늘의 뜻에 맞게 순응할 줄 아는 좋은 심성의 탓일 것이고, 그것이 바로 우리들의 행복을 지켜주는 울타리였던 것 같다.

어느 성직자가 말씀하시기를 “행복은 만족한 삶을 추구하고 누리는 것이다”고 하셨다. 돈이 많고 권세가 있다고 행복한 것이 아니라 자기의 환경과 처지에 맞게 나름대로 만족하는 삶, 그 자체가 행복이라는 뜻일 것이다.

비록 아버님도 어려운 환경에서 부(富)도 권세(權勢)도 없이 평범한 일평생을 마감

하셨지만, 순간순간 닥쳐오는 역경을 좋은 심성으로 극복하시면서 우리들에게 험난한 세상을 헤쳐가도록 생활의 지혜를 주시고, 몸소 실천에 옮기셨기에 훌륭한 삶이였다고 생각한다.

어떻게 하면 좋은 인생을 만들어 행복하게 살고 이웃과 함께 서로 협력하며, 건강한 사회를 만들 수는 있는가?

어떻게 하면 범죄가 없고 부녀자가 밤거리를 안심하고 다닐 수 있는 보다 나은 사회를 만들 수는 있는가?

이런 문제를 고심하던중 필자는 모든 사회문제가 바른 인성교육에서 출발한다는 것을 오랜 공직생활의 경험에서 알게 되었다.

본서에 제시된 각종 인성검사를 통해 나 자신의 내면을 보고, 자신의 상태를 스스로 판단하여, 자신의 잘못된 인성인자는 과감히 버릴수 있다면 누구나 행복해질 수 있다고 생각한다.

우리 인간은 모두 양면성이 있다고 본다. 외향적인 듯하면서 내성적이기도 하고, 적극성이 있으면서도 소극적일 때도 있고, 신중한 반면 저돌적일 때도 있다. 좀더 정확하게 얘기하자면 혼합적인 성격을 소유하고 있는 것이다. 이렇게 전문화, 복잡화, 다양화 되어가는 현대사회에서 자기를 알고 자기 적성에 맞는 직업을 선택한다는 것이 자신을 성공으로 이끌어가는 첩경일 것이다.

프로이드는 "무의식속에 잠재적인 의식"이 있다고 한다. 절박한 위기상황에서 불쑥 튀어나오는 자기 본성은 감출 수가 없는 것이다. 순간적인 행동이 인생의 향로를 바꿀 수도 있다. 우리들이 일생을 살아가면서 중대한 위기상황에 몇번씩 부딪치게 되더라도 평소 자기의 지성, 태도, 기술 등을 기반으로 올바른 판단을 내려 처신한다면 아무리 큰 위험도 극복할 수 있을 것이다.

아울러 사회생활을 통해 주위 사람들과 협조해가는 삶의 방식을 익히고, 적극성과 원숙미와 안전성을 더욱 키워간다면 자기의 인성은 스스로 다듬어져서 매사가 순조로우리라 믿는다.

자기의 각종 인성검사를 통해 자신을 不安하게 하는 각종 장애인자들을 샅샅이 파헤쳐 자기 개발의 계기로 삼기 바란다. 점차 행복의 질은 향상되어질 것이고 자기와 맞지 않을 것이라는 자신의 직업에 대해서도 적성에 맞게 가꾸어질 것을 확신한다.

또한 현대사회가 안고 있는 가장 큰 문제중 '스트레스'를 어떻게 해소할 것인가라고 물으면 일반적으로 '노는 것', '운동하는 것'이라고 답변하지만 적극적으로 사고하면서 스트레스와 공존해야 한다고 마음을 고쳐먹는 것이 가장 좋은 방법이라고 생각한다. 자신의 역경을 오히려 장점으로 바꿀 수 있는 프로정신과 원숙미가 있다면 그것이 성공의 길이고 바람직한 인생의 길일 것이다.

필자가 아는 저명인사 한 분은 "돌다리도 두드려보고 잘 안건너간다"고 한다. 매사가 꼼꼼하고 愼重하기도 하지만 가야할 길이 아니면 아무리 좋은 것이 유혹하더라도 가지 않는다는 것이다. 자신이 가지고 있는 여러 가지 자기정보를 면밀히 검토하여 자신을 바로 알게되면 자신을 성공으로 이끌 수 있는 길과 그렇지 않은 길을 구별할 수 있는 분별력이 키워지리라 믿는다.

특히, 본서가 자라나는 청소년들의 정신건강 향상에 일조를 하고, 앞으로의 진로와 적정한 직업선택의 기회를 제공하는데 조금이나마 도움이 되었으면 한다.

아울러 초고속 정보화시대를 살아가야 하는 우리들이 막대한 정보량을 소화하려면 일단 언어의 의미와 언어와 연결되어 있는 개념을 이해하고, 그것을 훌륭히 구사할 수 있는 언어능력의 계발에도 도움이 되도록 배려하였다. 그외에 지능을 높일 수 있는 여러 가지 아이템도 제시하였고, 위기관리능력을 키울 수 있도록 시도하였다.

결국 우리가 지향해야 할 것은 도달하고자 하는 목표가 아니라 과정과 절차를 적절히 수행할 수 있도록 자기개발의 필요성과 방법론을 제시하는 것이 중요하다고 본다. 자기의 길을 신중히 선택하기를 바라고 기왕 선택한 길이라면 자기 적성을 부단히 연마하여 행복의 길로 연결되기를 진심으로 기원하는 바이다.

끝으로 본서의 출간을 적극적으로 도와주신 오성출판사 김중영 사장님께도 깊은 감사의 말씀을 드린다.

1996년 11월
이기찬

차 례

제1장 인성검사

제2장 성격 테스트

제5장 진로 흥미 테스트

제6장 사회 적응 테스트

제1장

인성 검사

1. 인성검사

1) 인성 검사로 자신의 내면을 본다

직업적인 성공을 이루느냐 어떠냐는 자기 자신을 얼마나 정확히 이해·평가·판단할 수 있느냐에 달려 있다. 그러나 누구라도 자신의 개성을 형성하고 있는 여러 요소, 예를 들면 지능 등 모든 특성·특질을 과소평가하기보다 과대평가하는 경향을 가지고 있으며 자만심을 가지기 쉬운 것이다. 자기 이해를 잘하는 방법은 여러가지가 있다.

'철학은 자신의 무지를 자각하고 진정한 지혜를 얻어가는 것(지혜를 사랑하는 것)'으로 되었다. 진정한 지혜는 개인과 국가가 잘 존재하는 것을 목적으로 하는 본질, 있어야 할 것이 있음에 대해 사랑하는 지혜이다.

자신의 내면을 들여다 보기 위해서는 '자신은 정확히 자기 평가와 판단을 할 수 없다. 자기 자신에 대해 자신은 무지하다'라는 자각에서 출발하지 않으면 안된다.

하나하나의 직업에 요구되는 각각의 조건과 자신의 심신의 특성·특질(개성)이 적합하지 않으면 직업적인 성공은 한발도 바랄 수 없다. 자신의 개성에 적합한 일을 하면 만족스럽게 활동하고, 진보도 빠르고, 성과도 높아져 능력도 향상되고 성공의 기회도 많아진다.

개성을 형성하는 요소 중에서 직업적인 성공과 관련성 높은 특성과 특질은 많지만, 그 중에서도 흥미, 가치관, 건강, 성숙도, 성격, 지능 등을 중요 요소로 꼽을 수 있다. 그러나 건강 한가지를 예로 들어도 전문가가 아닌 사람은 좀처럼 정확한 판단을 할 수 없다. 신체적·정신적으로 건강하지 않으면 자기 판단은 우선 불가능하다. 정신적인 건강이 결여된 사람의 큰 특징은 자신의 이상을 자각할 수 없다는 점이다. 어느 정신과 의사는 환자가 호소하는 환청의 내용을 듣고 '그런 환청은 아무것도 아닙니다. 나도 몇번이나 들었습니다'라고 대답했다. 그러나 그 의사는 수 개월 후 정신병이 발견돼 입원했다고 하는 실화가 있다. "자신을 안다"는 것의 어려움을 얘기해 주는 에피소드이다.

2) 실증적으로 접근한다

어느 대상에 정말 흥미가 있는지 어떤지는 실제로 체험해 보지 않으면 알 수 없다. 예를 들면 수영의 방법에는 접영, 배영, 자유형, 평영의 네 가지가 있다. 그러나 네 가지의 수영법을 모두 알고 있는 사람은 적다. 한 종목이나 두 종목, 못하는 수영법이 있기 마련이며 이런 차이는 사람에 따라 각각 다르다. 자기 혼자 수영할 때는 자신있다가도 코치에 따라 본격적으로 연습하면 불가능하거나 다른 사람보다 부족함을 느끼는 경우도 있다. 이는 그만큼 자신의 결점이나 장점 등을 자신이 알기 어려움을 증명하는 것이다.

지능에는 각각의 인자가 있다. 그것을 크게 나누면 '예측할 수 있는 지능 인자'와 '예측할 수 없는 지능 인자'의 두 가지로 분류된다.

예측할 수 있는 지능 인자로는 기억력과 계산 능력, 독해력 등 시험하고 채점하는 입장의 사람이 객관적으로 계산하기 쉬운 지능 인자이다. 그러나 인간의 지능 인자에는 인간성과 선견성(先見性), 결단력, 판단력, 통찰력, 분석력 등 객관적으로 계산할 수 없는 지능 인자도 많이 있다.

일설에 의하면 계산할 수 있는 지능 인자는 40종류에 지나지 않지만, 계산할 수 없는 지능인자는 70종류나 있다고 한다.

예측할 수 있는 지능 인자의 정도가 높은 사람이 반드시 지적인 면에서 높은 지수를 나타내는 것도 아니며, 실제로 IQ 검사에서 낮은 점수를 얻은 사람이 입학 시험이나 입사 시험에서 높은 점수를 얻은 예가 있다. 또 대학과 고교에서의 성적이 높았던 사람과 직업적인 성공자와 반드시 일치하지 않는 경우가 흔히 있다. 실사회에서의 직업적인 성공에는 예측할 수 있는 지능인자는 최저 조건을 만족시키면 충분하며, 오히려 예측할 수 없는 지능 인자의 경우가 더욱 중요하다고도 말할 수 있다.

경험이야말로 자신을 아는 최선의 방법 중 하나이다. 열심히 전력을 다해 달려보지 않으면 자신이 장거리 선수인지 단거리 선수인지 알 수 없다. 어느 정도 수준의 선수인지도 알 수 없다.

3) 자기 관찰은 불확실하다.

누구라도 자기 이해를 더하기 위한 내면의 관찰과 경험에 의해 자신의 특성·특질을 정확히 파악할 수 있다고 생각하기 쉽다. 또 자신과 접촉이 많은 가족과 친구, 동급생, 선배, 후배, 사제 간의 관계에서는 어떻든 상대의 개성을 형성하고 있는 특성과 특질을 이해하고 있다고 생각하기 쉽다. 성격에 대해 말하면 "나는 신경질적이다." 또는 "아빠는 변덕이 심하다" 등과 같이…… 그러나 이와 같은 자기 평가나 타인의 평가는 대부분 주관적이고 환경과 경험에 지배되기 때문에 실수를 범하기 쉽다. 예를 들면 개인에게 성격 검사를 실시하고 자기 평가를 실시해 그 결과를 비교해 보면 양자 사이에는 일반적으로 큰 차이가 생긴다. 신경질적 경향과 열등감에 대해 예를 들면 테스트의 5단계 평가보다도 자기 평가 단계의 경우가 낮은 사람이 많고 그 반대의 사람은 그다지 없다. 즉 많은 사람들은 자신이 '신경질적이다' '열등하다'라고 생각하는 경향이 있는 것이다. 또 감정 변이성(變易性)에 대해 예를 들면 자기 평가의 단계가 테스트의 결과보다도 높은 사람이 많다.

즉 많은 사람들이 자신을 '변덕스럽다'고 생각하는 경향이 있는 것이다. 타인 평가의 경우 이 오차는 더욱 현저하다. 그것은 타인의 경우에는 겉으로 나타나는 행동과 태도만으로 상대의 성격을 상정하기 때문에 본인의 내면적인 특성보다도 외면적인 특성이 성격 평가의 대상이 되기 쉽기 때문이다.

평정자(評定者)가 개인의 특수성에 대해 높은(또는 낮은) 평가를 하면 그것과 그다지 관계 없는 다른 특성에 대해서도 마찬가지로 높게 (또는 낮게) 평가하는 경우가 있다.

진로의 결정과 직업의 선택에 있어서 자신의 능력과 특성을 가능한한 다각적이고 과학적으로 파악해 자신의 개성에 맞는 방향으로 나아가지 않으면 안된다. 이를 위한 다각적이고 정확한 자기 파악의 단서가 되는 방법의 하나가 심리 검사이다.

2 인생의 예정

사람은 성장하면서 여러 단계의 관문을 만난다. 그것은 자연적인 법칙의 지배에 의한다기보다는 사회적 법칙의 지배를 받기 때문에 더욱 그런 관문들이 분명히 나타나는 것 같다.

어린 아이가 유아기를 맞으면 유치원이나 미술 학원, 또는 피아노 렛슨을 받으러 학원에 입학하게 된다. 이 과정을 마치고 취학 연령이 되면 초등 학교에 입학하여 6년을 다니게 되며, 이렇게 6년의 초등 학교 과정을 마치게 되면 이번에는 중학교에 진학한다. 이런 과정들은 인생의 일정을 따라 앞으로 나가게 된다.

이것은 사람이 모여서 사는 사회 속의 한 공동체원이 되기 위함이며, 또 이 공동체에서 각자 맡게 될 역할을 위해 준비하는 과정이 된다. 그러나 그 공동체는 수많은 조직들이 모여서 국가 단위, 또는 세계 단위의 공동체를 구성하고 있으며, 그 많은 조직들은 어느 조직이든 계급을 갖거나, 계층을 이루게 된다. 그리하여 많은 사람들은 그 공동체 속에서의 높은 계급이나 높은 계층을 차지하기 위해 이와 같은 지식과 기술, 그리고 능력을 획득하려 한다.

그러나 이와 같은 지식과 기술을 획득했다 해도 그들은 다시 경쟁에 의해 방향이 바뀌어진다. 그러므로 사람들은 이런 과정에서 생기는 인간 의지 밖의 결과들에 대해 '운명'이니 '선택되어진'이니 하는 말들을 사용한다.

이제 여러분은 그 경쟁의 대열에서 다시 진로에 대한 심각한 결정을 하게 되었다. 이런 의미에서 여러분의 자세는 조급해 하지 말며, 신중하고, 침착하게 방향 결정에 여러분의 의지가 개입될 수 있도록 노력해야 한다.

3. 인성 검사의 종류

인성 검사는 대개 다음의 세 종류가 있다.

(1) 질문지법

구체적으로 여러 질문을 하여 이에 답하도록 하고, 그 결과로써 인성을 파악하는 방법이다. 이에는 다음 세 가지가 있다.

① 향성 검사(向性檢査)

② 불안 진단 검사
③ 성격 검사

(2) 작업 검사법

작업 검사법은 질문지법의 결함을 보완하기 위하여 덧셈 등의 단순한 연속 작업이다. 도형에 의한 검사를 하고, 그 결과로써 성격 등의 성향을 찾아내는 방법이다. 이에는 다음의 두 종류가 있다.
① Krapelin 검사
② 의지기질(意志氣質) 검사

(3) 연상 검사법

연상 검사법은 의미가 불분명한 그림을 제시하거나, 짧은 문장을 제시하여, 그에 대해 나타난 반응으로써 성격의 방향을 검사하는 방법으로 다음의 종류가 있다.
① Rorschach 법
② 문장 완성법

(4) 평가 방법

검사 결과에 대한 평가 방법은 그 나타난 결과를 환산하여 다음과 같은 표에 대입시킨다.

1 사회성　：　내성적　　　사교적
2 사고성　：　숙고적　　　낙관적
3 감정성　：　냉　정　　　흥　분

18

4 열등감 : 강 함　　　없음
5 신경질 : 소 심　　　대범
6 억압성 : 음 울　　　명랑
7 협조성 : 자기 중심적　관용적
8 통제성 : 피동적　　　자율적

아래의 표는 그 결과의 성향에 대한 설명이다.

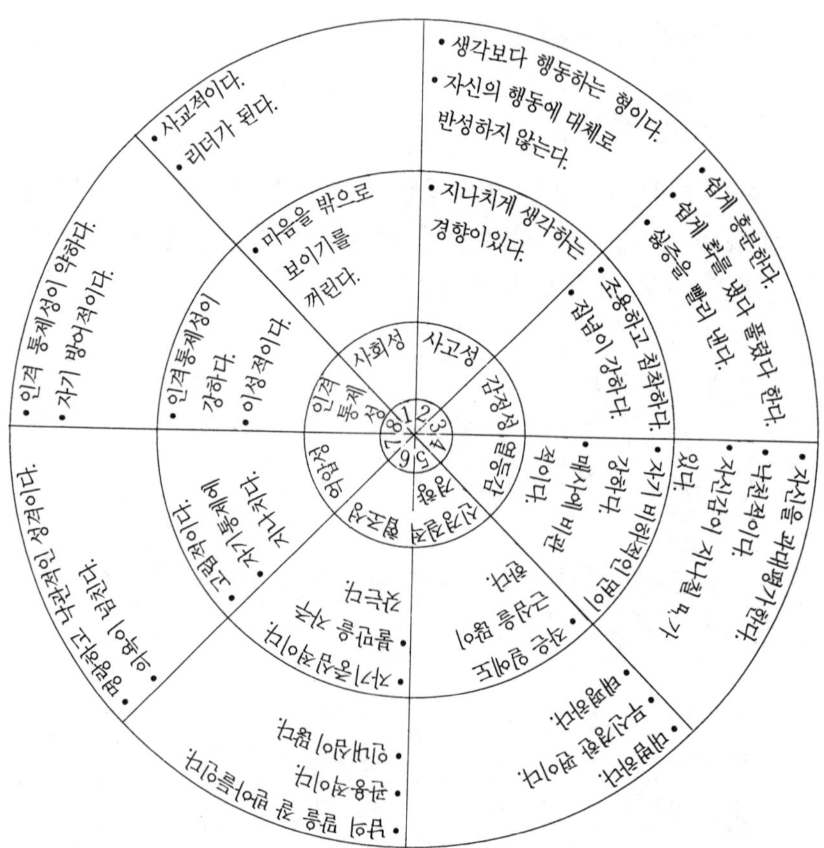

4. 인성 검사의 역할

예견은 현재의 상태에서 장래를 예측하는 것이다. 예를 들면 지능 검사는 그 결과에 의해 장래 학업상(또는 직업상)의 성공도를 예견할 수 있다. 지능 검사에서 높은 점수를 얻은 사람은 학업과 학문적인 일에 적합하다고 할 수 있다.

물론 학업과 직업상의 성공은 지능만으로 결정되는 것은 아니므로 지능 검사로 학업상(또는 직업상)의 성공도를 완전히 예견할 수는 없다. 그러나 지능이 학업상, 직업상의 성공도를 결정짓는 중요한 요소인 것은 확실하다. 이 책에 소개되어 있는 각종 심리 검사는 각각 특정한 방향과 특정한 범위에서의 학업상, 직업상의 성공, 실패의 예견성을 가지고 있다.

진단은 의사가 환자의 상태를 진단하는 것과 마찬가지로 개인의 능력과 특성의 어디에 결함이나 이상의 장애가 있는가를 발견하는 것이다. 예를 들면 지능 검사는 지능 지수와 지능 편차치 등을 이용해 지능을 종합적으로 나타내는 예견 검사이다. 그러나 지능을 몇개의 인자(본서에서는 언어·수적·공간의 3가지 능력)로 나누어 어느 면에 특히 결함과 문제가 있는지, 또 어느 면에 우수성이 있는가를 알 수 있도록 하는 진단 검사도 있다. 지능 검사 중에는 예견 검사만을 진단적으로 이용하는 것도 있다.

정보적 기능은 검사의 결과에 의해 개인이 자기 능력과 특성에 대한 지식과 정보를 얻을 수 있는 것이다. 예를 들면 성격 검사로는 자신의 성격에 대해 자신과 주위 사람들이 막연히 생각하고 있던 것을 확실히 하고 자신의 성격이 내향성인지 외향성인지 어느 정도 알 수 있게 된다. 검사가 개인(자기)의 이해에 도움을 주는 것은 이런 역할이 있기 때문이다.

　자극적 기능은 검사를 받음에 따라 자신의 능력과 특성에 눈을 돌리게 되는 것이며 자신의 능력과 특성의 방향, 질, 그 정도 등에 관심을 가지게 되는 것이다. 이 경우 검사의 결과를 이용하는 것보다도 검사의 의미와 기능을 앎에 따라 자기 발견, 자기 이해, 자기 탐구에 관심을 가지는 동기가 되는 점에 큰 이점이 있다.

　개인(자기)을 이해하는 역할을 하는 과학적인 용구의 하나가 각종 심리 검사이다. 이 책에서는 여러 종류의 심리 검사를 다루고 있는데 자기 이해를 할 경우, 단면적인 사고 방식이나 한 번만으로 결론을 내는 것은 위험하다. 사람을 판단할 때도 그렇지만 자신을 평가하고 판단할 때에도 다방면에서 가능한 한 많은 기회를 가지는 것이 중요한 조건이 된다.

　'세일즈맨에게는 외향성이 있는 사람이 적합하다'라는 경우에 외향적인 사람과 내향적인 사람의 판매 성적을 비교해 보면 외향적인 사람이 평균적으로 좋다. 그러나 한사람 한사람만을 보면 예외는 얼마든지 있다. 검사의 결과, 내향성이나 사고형이라고 결과가 나왔다고 해서 '나는 세일즈맨에 어울리지 않아'라고 결정해 버리는 것은 섣부른 판단이다. 더욱 다방면에서 여러 번 자신을 검사하는 것이 중요하다. 그것이 자신을 정확히 알 수 있는 길이며, 자신을 정확히 알 수 있는 것은 그만큼 자신의 성공에 유리하게 작용할 것이다.

제2장

성격 테스트

1. 성격 테스트(행동 유형)

| 1 | 당신은 행동형 인간인가 |

답하는 법

1~50의 각 문제를 읽고 '예'라고 생각될 때에는 ○표, '아니오'라고 생각될 때에는 ×표, '어느쪽이라고 말할 수 없다'라고 생각될 때에는 △를 각각 번호란 밑에 준비되어 있는 사각의 틀 안에 기입하시오.

예

	1	2	3	4	5	6	7	8	9	10	계
A	□								□		
B		□						□		□	
C			□				□				
D				□		□					
E					□						

문제

당신은 자기 자신을 어떻게 생각하는가?

1. 명랑하게 말한다.
2. 새로운 환경에 바로 적응한다.
3. 친구에게 빌리고 빌려주는 것을 잘한다.
4. 가능의 여부를 생각하기 전에 우선 해본다.
5. 일은 요점만 지시해도 충분하다.

6. 사고가 일어나도 당황하지 않고 난관을 타개한다.
7. 겉모양보다 속내용이 중요하다.
8. 한가할 때에는 모두와 왁자지껄 떠드는 것이 좋다.
9. 누구와도 소탈하게 어울린다.
10. 계획을 세우는 것보다 실행하는 것이 좋다.

11. 행동할 때에는 생각보다 몸이 먼저 움직인다.
12. 타인에게 서비스 정신이 왕성하다고 여겨진다.
13. 방의 문과 창은 대체로 열어 둔다.
14. 세상은 '선수를 치면 남을 누를 수 있다'고 생각한다.
15. 동시에 두 가지 일을 하는 것이 가능하다.

	1	2	3	4	5	6	7	8	9	10	11	12	13	14	15	계
A	☐									☐	☐					
B		☐							☐			☐				
C			☐					☐					☐			
D				☐			☐							☐		
E					☐	☐									☐	

16. 사람의 말을 듣고 있으면 새로운 아이디어가 떠오른다.

17. 실패를 두려워하면 아무일도 할 수 없다.

18. 친구와 이야기할 때 누가 무어라하든 개의치 않는다.

19. 인생은 서로 협력하는 것이라고 생각한다.

20. 인생이 운으로 결정된다는 것은 터무니없는 말이다.

21. 할 일이 많으면 어디부터 손을 대야할 지 모른다.

22. 부탁받으면 싫다고 말하지 못한다.

23. 마음에 있는 것을 누군가에게 말하지 않으면 불안하다.

24. 먹을 때 맛있는 것부터 먹는다.

25. 말하는 동안에 생각이 점점 정리된다.

26. 새로운 일의 요령을 바로 익힌다.

27. 필요한 것은 대체로 돈으로 살 수 있는 것이다.

28. '친구의 친구는 모두 나의 친구이다'라고 생각한다.

29. 다른 사람의 일을 상담해 주는 경우가 많다.

30. 바쁜 것을 아주 좋아한다.

	16	17	18	19	20	21	22	23	24	25	26	27	28	29	30	계
A					☐	☐									☐	
B				☐			☐							☐		
C			☐					☐					☐			
D		☐							☐			☐				
E	☐									☐	☐					

31. 한가할 때에는 몸둘 곳이 없다.

32. 돌보아주는 것을 좋아한다고 여겨진다.

33. 세로 쓰기로 편지를 쓴다.

34. 학문은 실생활에 도움이 되지 않으면 무의미하다.

35. 패키지 여행보다 독자코스를 선택하고 싶다.

36. 불가능하다고 생각하면 바로 다른 방법으로 대체한다.

37. 완전히 가능한 일부터 착수한다.

38. 틀렸다고 생각하면 바로 주의를 준다.

39. 사회에서 일어난 일에 많은 관심이 있다.

40. 앞에 나서서 활동적으로 일하는 것은 좋아하지만 후에 정리
를 하는 것은 싫다.

	31	32	33	34	35	36	37	38	39	40	계
A	☐									☐	
B		☐							☐		
C			☐					☐			
D				☐			☐				
E					☐	☐					

41. 성실한 사람이라고 여겨진다.
42. 말할 때 상대방의 태도에 따라 이쪽의 말의 정도도 변할 필요가 있다.
43. 텔레비전 스포츠 프로에 몰입하여 경기하는 선수를 응원한다.
44. 신호가 빨간불이어도 차가 없으면 건넌다.
45. 타인이 하는 충고는 솔직히 환영한다.

46. 재치가 있는 편이라고 생각한다.
47. 자살하는 사람은 이유가 무엇이든 바보라고 생각한다.
48. 어린이에게 인기가 있다.
48. 노인에게 호의를 받는 경우가 많다.
50. 인생은 스릴이 있어야 재미있다.

총득점 (　　　)

	41	42	43	44	45	46	47	48	49	50	계
A	☐									☐	
B		☐							☐		
C			☐					☐			
D				☐			☐				
E					☐	☐					

득점 산출 방법

- ○는 2점, △는 1점, ×는 0점으로 계산한다. A~E의 각 득점을 각각 가로로 집계해 합계란에 기입한다.
- 합계란을 세로로 합계한 것이 당신의 총득점이다.

평가 방법

총득점이 70점 이상을 '행동유형', 40점 이하를 '비행동유형'이라고 본다. 41~69점은 특히 경향이 없다고 보면 된다. A~E에 대해서는 다음 페이지를 참조하기 바란다.

② 행동형 인간의 분석

성격 분류에서 가장 인기 있는 것은 아마 스위스의 정신 병리학자가 최초로 발표한 외향성과 내향성으로 구분한 방식일 것이다. 이 외향성(외향형)·내향성(내향형)의 분류는 지금까지의 성격테스트에서 가장 널리 사용된 분류법으로 테스트의 득점이 높으면 외향성, 낮으면 내향성이다. 이 테스트 방식에 의해 테스트 받는 사람은 모두 이 외향성이나 내향성의 어느 한쪽에 포함되게 된다. 그러나 실제는 그렇지 않다. 이런 이분 방식은 다양한 현상을 지나치게 단순화시킨 것이다. 그 이유는 외향성과 내향성이 지닌 의미, 즉 활동적이며 적극적이냐, 아니면 신중하면서 연구적이냐 하는 부분만을 알아내기 위한 방식이기 때문이다.

그러면 왜 이처럼 단순한 방식으로 성격 검사를 하려고 하는가? 하는 질문을 가질 수 있다. 그것은 복잡한 분류는 복잡한 체계를 만들어야 하며, 복잡한 분류체계는 직업 적성의 범위를 매우 제한할 수밖에 없게 된다. 인성은 타고난 성격, 즉 유전인자에 의한 요인과 환경적 요인, 그리고 그 사람의 의지에 의해 어느 정도 만들어진다. 이런 점을 감안해 보면 단순하게 분류한 이유를 이해할 것이다. 때문에 이와 같은 인성 검사 및 적성 검사가 수학적 언어와 같은 '반드시 그러하며, 또 오차가 없는 하나뿐인 정답'이라고 생각할 수는 없다. 그것은 확률적인 범위를 말해 준다.

성격테스트의 행동 유형은 일상의 생활 태도에서 성격의 경향을 알기 위한 검사로 외향성이 가진 특질 중 Ⓐ 활동성, Ⓑ 강조성, Ⓒ 개방성, Ⓓ 현실성, Ⓔ 유연성을 축으로 해 작성되어 있다. 다음 장에서 소개하는 성격테스트의 사고 유형과 비교해 보면 재미있는 결과를 얻을 수 있을 것이다.

'행동 유형'은 낙천적이고 밝은 성격의 사람이 많고 사람 만남을 좋아하므로 현실적 사고를 한다. 일면 대충대충 일을 하고 싫증을 잘 내고, 덜렁거리는 경향이 있다.

따라서 이 테스트에서 70점 이상을 얻은 '행동 유형' 중에서도 다음 테스트에서 고득점을 받아 '사고 유형'에 속한 사람이 있다면 ─ 이런 예는 좀처럼 없지만 ─ 두 유형의 장점을 모두 갖춘 이상적인 성격의 소유자이다.

왜냐하면 행동 유형의 특질인 좋지 않은 부분이, 사고 유형이 가진 좋은 특질에 의해 보완되고 사고 유형의 특질인 단점이, 행동 유형의 장점에 의해 보완되기 때문이다. 다시 말하면 두 유형이 장점들만을 모은 성격이 되기 때문이다. 그러나 양 유형의 득점이 모두 낮은 경우는 반대라고 말할 수 있다. 그러나 사실 이런 이상적인 형으로 인성이 구성되는 경우는 없으며, 여기서 말하는 것은 테스트 결과에 대해 설명함에 있어 그렇게 이야기할 수 있다는 점이다. '하느님이 인간을 만듦에 있어 공평함을 인간에게 주셨다'는 이야기처럼, 인간에게는 단점과 장점이 모두 존재하며, 성격이 다양한 만큼 그 재능도 다양하게 주어진 것이다.

③ 성격

성격이나 인격이라는 말은 일상에서 많이 사용되지만 그것을 심리학적으로 정의하려면 어렵다. 성격과 인격은 이 두 가지 말의 어원[1]이나 사고 방식 등으로 생각하면 일단 구별하기는 편리하지만 현재에는 성격·인격으로 퍼스널러티(personality)[1] 라는 말이 일반화되었기 때문에 이를 사용하기로 한다.

註 1 퍼스널러티의 어원은 라틴어의 퍼스널(personal)로 연극을 할 때 얼굴에 가면을 쓰는 것을 말한다. 그것이 바뀌어 극중 인물의 역할, 신분, 특성 등을 의미하게 되었다. 그에 비해 성격(character)의 어원은 그리스어의 캐릭터(kharaktein)로 조각한다는 동사에서 나온 말로 '새겨진 각인'이라는 의미이다. 퍼스널은 인간이 갖춘 소질적인 것, 캐릭터는 태어난 후에 생겨진 것, 만들어진 것을 의미한다. 따라서 퍼스널러티는 인간이 타고난 성질·특성을 나타내고 가치적, 도덕적인 의미는 포함되어 있지 않는다. 영어로 캐릭터 테스트(character test)라고 하면 보통의 성격 검사가 아니고 도덕 테스트, 가치 테스트인 것이다.

註 2 성격 연구의 제일인자인 올포는 '성격의 정의는 그것을 정의하는 학자의 수와 거의 같다'라고 말했다.

그러면 '퍼스널러티'는 구체적으로 무엇을 의미하는가? 심리학적인 정의가 몇 가지 있으나 이는 독자에게 흥미가 없을 것이며 또 그럴 필요도 없다고 여겨지기 때문에 비교적 이해하기 쉽게 다음과 같이 정의해 보자.

'인간의 행동 양식 중 비교적 고정되고 지속적인 경향이 있다.'

'비교적 고정된'이라는 의미는 예를 들면 내향적인 사람은 비교적 말이 없고, 사교성이 적으며, 사소한 일에도 신경을 쓰는 특성이 있다. 외향성인 사람은 반대의 행동 반경을 갖는다. 시험적으로 이 책의 성격테스트를 1~2개월 차이를 두어 다시 체크해 보자. 하나하나의 항목은 전과 다른 대답이 나올 수 있지만 전체적으로는 대체로 비슷한 경향을 보일 것이다. 또 교실 등에서 수업을 들을 때 교수의 말하는 방법(말하는 속도나 신체 언어, 쓰는 방식, 글자의 크기)을 관찰해 보는 것도 재미있다. 언제나 대체로 비슷한 행동을 할 것이다.

■ 성격 검사의 효용

성격에 관한 연구, 학설, 측정 용구(성격 검사)는 그 수가 많고 진로 지도나 기업의 인원 채용, 카운셀링 등에 폭넓게 이용되어 그 타당성, 실용적인 가치도 꽤 높이 평가되고 있다. 그것들의 검사 이용의 가치나 성격을 조항별로 보자.

① 개인이 의식하고 있는 성격(자기 이해)으로 표면에 나타나는 행동(관찰·실험의 결과)은 반드시 그 사람 본래의 특성(능력·흥미·성격·가치관 등)을 나타내지는 않는다.
② 심리적 특성은 다면적·계속적·과학적으로 관찰해 종합하지 않으면 안된다.

③ 성격은 특수한 심리 요법에 의해 급변하는 것은 아니지만 본인이 자각하고 끈기있는 노력과 훈련을 계속하면 서서히 변할 수 있다.
④ 심리 테스트는 프로젝트 시대에 들어섰다.

이것들의 각 항목에 대해 해설할 여유는 없기 때문에 진로 적성에 특히 관계깊은 사항에 대해 간단히 설명해 보자.

■ 향성(向性)과 향성 검사

앞서 말한 정신 분석 학자 융의 창안에 의한 검사이다. 일종의 심리적인 에너지를 상정해 인간의 성격 유형을 생각했다. 이것이 향성설(向性設)이다.

성적 욕망이 외부로 향하고 그 인간의 흥미나 관심이 타인과 외적인 사물에 향해 있는 경향이 있는 사람을 외향성, 그 반대로 흥미, 관심이 자기 자신을 향해 있는 경향이 있는 사람을 내향성이라고 했다. 이 향성설에 근거해 어느 쪽의 상태가 어느 정도 고정되고 습관화된 것을 조사할 목적으로 만들어진 성격 조사를 향성 조사라고 한다. 질문지법에 의한 향성 조사는 우리 나라에서도 몇 가지 이용되지만 다른 성격 조사에도 향성이 포함되어 있다.

성격은 변할 수 있는가?

'습관은 제2의 천성'이라거나, '생활은 성격을 만든다'라는 말이 있듯이 어떤 습관 행동을 반복하면 그것이 성격이 되는 것을 의미한다.

이와 같은 경향이 있다고 할 수는 있지만, 습관과 환경의 영향으로 성격이 반드시 변하는 것은 아니다. 만약 반드시 변화한다면 성격 조사 등은 무용한 것이고 진로 적성의 진단 등도 불필요한 것이 된다. 어느 정도의 항상성(변하지 않은 것, 변하기 어려운 것)을 인정할 수밖에 없다. 검사 결과나 사례 연구에서도 이 항상성은 검증되었다. 따라서 성격은 변한다, 변하지 않는다라는 면이 있는 것의 증명도 된다. 기업 내에서도 지위나 책임이 변하면 태도와 행동, 대인 관계 등도 변한다. 평사원 시대와 완전히 같은 부·과장의 직무는 있을 수 없다. 물론 최근 유행하고 있는 성격 개조법으로 급히 변신하는 것은 무리이다.

주어진 역할과 임무를 충분히 이해하고 자각하여 자신을 바꾸는 노력을 반복하지 않으면 안된다. '로마는 하루에 이루어진 것이 아니다'라는 것처럼, 교육 심리학에서는 성격 형성 요인을 다음의 삼각형과 같다고 본다.

또 문화 인류학에서는 인간의 의식을 다음과 같이 설명한다.

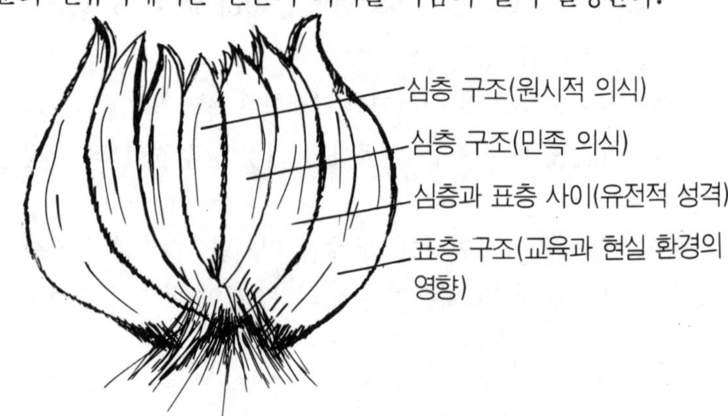

인간의 의식을 양파로 비유한다면 양파의 겉껍질만이 그가 현재 생각하는 의식이다. 그리고 양파의 맨 마지막 부분은 원시유전인자에 의한 의식이며, 그 속에서 밖으로 나옴에 따라 점차 현재의 의식으로 온다는 것이다. 때문에 인간의 공통적인 부분이 있는 것은 인간의 심층심리가 같기 때문이며, 그러면서 인종적 차이가 있는 것은 그 다음 층의 심리가 다르기 때문이며, 각각의 개성이 다른 것은 표층심리가 다르기 때문이다는 것이다.

심층 심리에서 설명하는 성격은 그것이 어떻게 형성되며, 또 변화되어 가는가를 그림과 같이 동심원의 층으로 나타내고 있다.

성격의 동심원

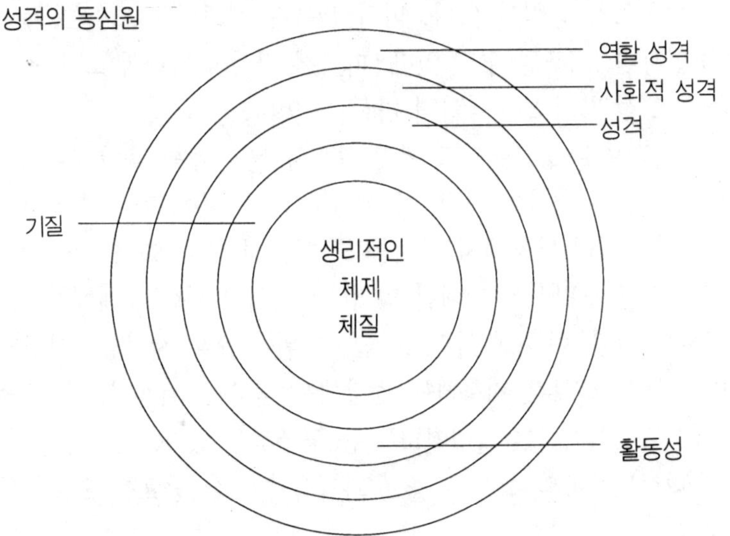

층의 표면에 가까운 성격일수록 변하기 쉽고 중심에 가까운 성격일수록 변하기 어렵다. 역할 성격이라고 하는 것은 개인에게 주어진 역할(직업, 지위 등)에 적응하도록 만들어진 성격이다. 사회적 성격은 가정, 학교, 지역 사회, 매스컴 등의 사회적·문화적 환경에 의해 만들어진 성격이다. 성격은 퍼스널러티의 지적인 면, 기

질은 정의적(情意的)인 면으로 구별하고 있다. 이 기질은 우리의 일상적인 말로는 근성이나 기질 등에 해당되고 직업에 연결되는 특이한 성격을 말한다. 직업 기질, 샐러리맨 근성 등이다.

성격을 근본적으로 변하는 것이라고 보기는 어렵지만 역할 성격·사회적 성격의 층까지는 노력과 훈련에 의해 많이 변할 수 있다. 그것은 그 사람의 바뀐 환경, 그의 의지와 교육에 의해 변한다. 우선 사람의 성격이 변하지 않는다든지 또는 환경적 요인에 의해서만 변한다면 그는 이미 사람으로 보기 어렵다. 그것은 사람을 너무 물질적인 면으로 또는 생물학적으로만 보는 것일 것이다. 사람에게는 창조적 능력이 있다. 따라서 표층 심리의 어느 정도는 변할 수 있으며, 개조될 수도 있다. 따라서 적성의 발견과 그 발전 방법 등으로 성격 개조는 상당히 바꿀 수 있다.

직업적으로 성공했다고 여겨지는 사람들, 예를 들면 '이익 추구에서 가치를 구하는 사람'이 금전적으로 만족하거나 재(財)를 쌓았거나 '심리 탐구에서 가치를 구하는 사람'이 그 업적을 세상에서 인정받고 명성과 명예를 얻거나 '권력에 의한 지배에서 가치를 구하는 사람'이 사회적으로 높은 지위에 오른 사람들, 성공의 의미는 틀려도 각각 지향하는 방향에서 목표를 달성한 사람들에게는 '자기 의지대로 살아간다'라는 공통점이 있다.

자신의 성격은 적성을 알고 파악하기 위한 중요한 요소의 하나이다.

성격의 분류에서 가장 흥미 있는 것은 외향성과 내향성이 아닐까 라고 전술한 바 있지만 융은 '외향성의 인간은 중요한 결정을 하거나 행동할 때에 대부분 자신이 가지고 있는 의견에 따르지 않고 객관적 사정에 좌우된다' 또, '내향성의 인간은 예를 들어 천 번의 경험이 흰 콩이라고 가르쳐 주어도 천 한 번째의 경우에서는

지금과는 달리 검은 콩일지도 모른다고 의심하는 습관적 사고에 의존하지 않는 경향이 있다고 한다.'

물론 외향성인 사람도 내향성인 사람도, 여러 가지의 성격 경향을 가지고 있다. 이는 순수한 외향성, 내향성이 존재한다는 의미는 아니며 혼합형이 있으며 또 그 외에도 정도의 차이가 있다. 내향성이기 때문에 또는 외향성이기 때문에 걱정할 필요는 없다. 성격은 해석의 차이에 의해 단점과 장점의 정의가 뒤바뀔 수 있다. 예를 들어 '소극적'이라고 하면 분명히 결점으로 보일 수 있다. 그러나 '신중'하다거나 '생각하고 행동한다' 등으로 말한다면 장점이 된다. 사고 방식의 차이이다.

장점은 유지하고, 결점은 장점으로 바꿔 놓으면서 자신의 의지나 창의적인 생각을 갖는다고 생각하며 자신있게 살아가면 그것이 성공의 길이며, 인생의 길이다.

또 같은 성격 경향이라도 원숙한 지 아닌 지에 따라 적성은 변한다. 원숙한 성격을 가진 사람은 난관을 타개하는 힘이 있다. 판단은 정확하고 자제심이 있고 현실을 직시하고 타인을 이해하며, 사정을 파악하는 것이 가능하기 때문이다. 현대의 청소년에게 가장 결여된 것은 '원숙한 성격'이라고 여겨진다.

2 성격 테스트(사고 유형)

1   **당신은 사고형 인간인가**

이 유형도 앞에서와 같이 일상의 생활 태도에서 당신의 성격 경향을 알기 위한 것으로 당신의 인간적 가치와는 전혀 관계가 없다. 편하게 답해 보자.

답하는 법

1~50의 각 문제를 읽고 당신 자신이 언제나 느끼거나 행동하는 것과 일치할 때에는 ○, 전혀 다를 때에는 ×, 어느쪽이라고 말할 수 없을 때에는 △로, 각각 번호란 아래에 준비되어 있는 사각의 틀 안에 기입하자.

예

	1	2	3	4	5	6	7	8	9	10	계
A	□								□		
B		□						□		□	
C			□				□				
D				□		□					
E					□						

문제

당신은 자기 자신을 어떻게 생각하는가?

1. 실생활에 직접 도움은 안돼도 필요한 것은 공부해 두고 싶다.
2. 남에게 무언가를 부탁받아도 경우가 나쁘면 확실하게 거절한다.
3. TPO를 잘 생각해서 행동하거나 말한다.
4. 시계는 언제나 정확히 맞춰 놓는다.
5. 생활태도는 '돌다리도 두드려보고 건넌다'의 쪽이다.

6. 기분은 변덕스럽지 않고 언제나 안정되어 있다.
7. 편지나 소포를 받으면 곧 답장을 보내는 편이다.
8. 무슨 일을 할 때에 실패가 없는가를 확실히 하고 한다.
9. 일을 할 때에는 전체의 순서를 생각해 보고 한다.

10. 타인이 하는 일은 가능한한 참견하지 않는다.
11. 일은 우선순위를 두어 바빠도 순서를 따라서 한다.
12. 자신의 생각을 정리·종합하여 말하는 타입이다.
13. 가지고 있는 물건을 분실하거나 망가뜨리는 일이 거의 없다.

	1	2	3	4	5	6	7	8	9	10	11	12	13	계
A	☐									☐	☐			
B		☐							☐			☐		
C			☐					☐					☐	
D				☐			☐							
E					☐	☐								

14. 노트의 글씨 크기나 형태는 처음부터 끝까지 변하지 않는
    다.

15. 포카 페이스라고 불린다.

16. 그 장소의 분위기에 좌우되는 일은 없다.

17. 결정한 일은 가능한한 지킨다.

18. 중요한 편지나 문장은 반드시 세로 쓰기를 한다.

19. 충동구매는 절대 안한다.

20. 먹는 것은 맛보다 영양바란스를 생각해 정한다.

21. 용무 이외에는 전화를 걸지 않는다.

22. 튜브에 들어있는 치약은 반드시 밑에서부터 말아서 사용한
    다.

23. 친구들의 한사람 한사람의 개성을 존중해 결코 혼동하지 않
    는다.

24. 조금 기분이 나빠도 맡은 일은 끝까지 완수한다.

25. 인생에는 돈으로 살 수 없는 것이 많이 있다.

26. 친구의 비밀을 얘기해 신뢰를 저버린 일은 절대 없다.

	14	15	16	17	18	19	20	21	22	23	24	25	26	계
A							□	□						
B				□					□					
C					□					□				
D	□			□							□			
E		□	□									□	□	

27. 빌린 물건은 반드시 기한내에 돌려준다.

28. 창이나 문은 대체로 닫아둔다.

29. 전화를 걸 때에는 우선 말할 순서를 생각하고 건다.

30. 실패할 때에는 철저히 원인을 조사한다.

31. 능률적인 노트의 방법을 생각해 독자적인 방법을 실행하고 있다.

32. 진학이나 취직에 대해서는 스스로 충분히 조사한다.

33. 일은 자세한 주의사항을 듣고 시작한다.

34. 타인이 규율을 무시해도 그것에 동조하지 않는다.

35. 인생은 재능보다도 근성이 중요하다.

36. 일은 솔선해서 하는 것보다도 오히려 정리를 확실히 하고 싶다.

37. 아무리 급해도 새치기는 하지 않는다.

38. 신문의 교정 실수를 잘 찾는다.

39. 외출시에 손을 씻을 때에는 우선 손수건을 꺼내 놓는다.

40. 한가할 때에는 퍼즐을 풀거나 책을 읽는다.

	27	28	29	30	31	32	33	34	35	36	37	38	39	40	계
A				□	□									□	
B			□			□							□		
C		□					□					□			
D	□							□			□				
E									□	□					

41. 힘든 일이 있어도 남에게 상담하지 않고 스스로 생각하는 주의이다.

42. 자기 나름대로의 예정표를 만들어 모두 계획대로 하려고 한다.

43. 편지나 레포트는 마음이 놓일 때까지 다시 읽는다.

44. 지금 하고 있는 일이 끝나지 않으면 새로운 일에 손을 뻗지 않는다.

45. 일하는 중에 누군가가 말을 걸어도 그다지 방해되지 않는다.

46. 서투른 일이라도 포기하지 않고 어떻게든 해본다.

47. 건강한 것은 생활이 규칙적이기 때문이다.

48. 일을 할 때에는 같은 일이라도 신중히 한다.

49. 밤에는 내일의 스케줄을 확인하고 잔다.

50. 한다, 하지 않는다 등을 구별해 계획을 세울 때가 제일 즐겁다.

총득점 (   )

	41	42	43	44	45	46	47	48	49	50	계
A	☐									☐	
B		☐							☐		
C			☐					☐			
D				☐			☐				
E					☐	☐					

득점 산출방법

○는 2점, △는 1점, ×는 0점으로 계산한다. Ⓐ 논리성, Ⓑ 계획성, Ⓒ 면밀성, Ⓓ 규율성, Ⓔ 안정성의 득점을 각각 가로로 집계해 합계란에 기입한다. 합계란을 세로로 합계한 것이 당신의 총득점이 된다

평가 방법

총득점이 70점 이상일 경우를 '사고유형' 40점 이하를 '비사고 유형', 41~69점을 중간 정도라고 본다. 앞의 성격 테스트, 행동 유형의 결과와 비교해 보면 비사고 유형이 반드시 행동유형이 아 닌 경우도 있기 때문에 재미있다. Ⓐ~Ⓔ에 대해서는 다음을 참조 하자.

② 사고형 인간의 분석

앞의 성격테스트, 행동유형에 이어 이번은 사고유형에 대해 말 해보자. 외향성의 특질 중 Ⓐ 활동성, Ⓑ 협조성, Ⓒ 개방성, Ⓓ 현실성, Ⓔ 유연성을 5개의 축으로 작성한 것이 성격테스트 행동 유형이며, 성격테스트 사고 유형은 내향성의 특질인 Ⓐ 논리성, Ⓑ 계획성, Ⓒ 면밀성, Ⓓ 규율성, Ⓔ 안정성을 5개의 축으로 한 다.

일반적으로 사고 유형의 사람은 꼼꼼하고, 계획성이 있고, 신중하고, 약속이나 결정된 사안을 반드시 지키지만, 생각이 많아서 결단이 느리고 행동하지 못하는 경향이 있다. 사고 방식도 현실 우선주의인 행동 유형에 반해 어디까지나 정도를 지키려고 하기 때문에 현실과의 타협이 어렵다. 따라서 때로는 이상적인 생각에 빠지기 쉽다. 대인 관계에서도 행동 유형이 가진 싹싹함과 친근함을 느낄 수 없는 경우가 많다. 행동 유형은 화려함이 없고 무엇을 생각하고 있는지 그 표정에서 관찰하는 것이 불가능하지만 하나의 사물에 대해 오래 지속하는 장점은 사고유형 특유의 것이다. 행동 유형과 사고 유형으로 나누는 것은 편의상 그런 것으로 어떤 개인이 어느 유형의 특질을 보다 많이 가지고 있는가를 스스로 확인하는 것에 의해 그 특질을 보다 더 발전시킬 수 있다는 정도의 의미이다.

인간은 사회생활 속에서 필요에 의해 타고난 성격을 조금씩 바꿔가는 것처럼 보이지만 그것도 한계가 있다. 어제까지 내성적이었던 사람이 오늘 갑자기 사교적으로 변신하는 등의 일은 우선 생각할 수 없다. 또 본인이 단점이라고 생각하며 괴로워하던 특질이 의외로 남이 보면 장점인 경우가 많을 수 있다. 따라서 성격 개조 등을 위해 시간을 소비하기보다 자기 자신과 남들의 좋은 점을 인정하고 발전시킨다고 생각하는 것이 현명하다.

3 **내향성과 외향성 중 어느 쪽이 출세하는가**

꽤 오래된 이야기이지만 어느 잡지가 '내향성과 외향성 중 어느 쪽이 출세하는가'라는 주제로 특집 기사를 게재한 일이 있다. 그

중 특히 흥미를 끈 기사는 내향성 지지자와 외향성 지지자의 지상 토론이다. 등장시킨 사람은 모두 저명한 학자, 평론가, 실무가(인사 담당자)로 각각 다섯 사람씩 선택했다. 거기서 직관적으로 느낀 것은 외향성 지지자가 지지하는 이유로 거론한 것이 앞장에서 거론한 행동형의 5가지 인자, Ⓐ 활동성, Ⓑ 협조성, Ⓒ 개방성, Ⓓ 현실성 Ⓔ 유연성이고 내향형 지지자가 지지하는 이유로 거론한 것은 사고형의 5가지 인자, Ⓐ 논리성, Ⓑ 계획성, Ⓒ 면밀성, Ⓓ 규율성, Ⓔ 안정성을 의미하는 것이 대부분이었다. 물론 완전히 같은 분류를 했다는 것이 아니고 표현의 방법은 틀리지만 의견의 내용은 그것에 해당하는 특질이었다. 이 기사는 '내향성, 외향성 어느쪽이 좋은가, 어느쪽이 성공하는가'라는 문제가 아니고, 내향성과 외향성이 가진 각각 특성에 대한 분석이다. 외향성의 사람은 그 행동력과 적극성을 충분히 살린 직업에 종사하는 것이 성공할 가능성이 높으며, 내향성의 사람은 계획적이며 논리적이고 안정적인 특성이 발휘되는 직업을 선택하여 정진하면 좋다는 것이다. 그러기 위해서는 자기를 알고, 직업을 아는 것이 선결 문제라는 의견이 대부분을 차지하고 있다.

그러나 여기서 유의할 것은 대학생활과 현장의 업무는 성격만으로 결정되는 것이 아니고 각각의 능력과 특성, 가정, 사회 정세와, 이와같은 내적성격을 충분히 발휘할 수 있도록 만들어주는 외적 조건들, 다시 말해서 기회제공의 시기와, 그 시기의 적절성으로 불릴 수 있는 운 등에도 좌우되기 때문에 적성 검사만으로 장래의 진로를 간단히 결정할 수 없다. 그러나 검사는 해보면 재미있고 또 결과보다도 검사를 받음으로 자신을 바로 알게 되며, 이런 자신에 대한 정보들이 자신을 성공으로 이끌어가는 데에 확률을 높일 수 있다는 점이다. 그러나 주의할 점은 이런 자신의 성격 검사 방법이

제시한 인성에 대해 너무 의지해서도 안되며, 과신해서도 안된다.

검사의 결과는 '가능성'의 문제이며, 확률의 문제이지 필연의 제시는 아니라는 것이다. 자신을 보는 눈이 변하면 새로운 자신을 발견하고 자신이 생기기도 한다. 이 책에 실려 있는 각종 테스트로 자기 발견의 길을 열었으면 한다. 물론 이들 테스트는 충분히 높은 타당성을 가지고 있기 때문에 결과를 보는 것보다도 이와 같은 심리 테스트에 대한 기초적인 지식을 접하고 더욱 그것을 시험해 '흥미'를 느끼는 것이다. 우선 테스트를 풀고, 후에 해설문을 자세히 읽는 것이 좋을 것이다. 이 책의 테스트의 기능으로 행동형과 사고형의 득점이 매우 낮은 경우에는 행동형과 사고형의 특질을 높은 수준으로 요구하는 직업은 선택의 틀에서 제외하는 것이 현명하다. 타당성은 그 테스트가 측정하려고 하는 심리적 특성이 어느 정도 확정되어 있는가를 조사하는 척도로 좋은 테스트의 중요한 조건이다.

---

4 내향성의 직업과 외향성의 직업은 구분되어 있는가

직업 선택의 넓은 틀 안에서 생각하면 내향성의 사람을 향한 직업과 외향성의 사람을 향한 직업은 있을까? 예를 들면 세일즈맨은 내향성의 사람보다도 외향성의 사람에게 어울린다고 일반적으로 생각한다. 그러나 일류라고 평가 받고 있으며 성과가 좋은 세일즈맨이 모두 외향성의 사람이냐고 한다면 반드시 그렇지는 않다. 내향성의 사람으로 성공한 세일즈맨도 많다.

'직업선택은 성격만으로 결정할 수 없다'라고 했다. 이 책에서 소개하고 있는 테스트의 종류를 보면 알 수 있듯이 성격 외에 지능과 흥미, 가치관, 건강 등 여러 특성을 검토해 직업을 선택하지 않으면 안된다. 직업적 성공은 성격에 좌우되는 면도 적지 않겠지만 그외의 특성과 여건들에 관련된 문제가 많이 있기 때문이다.

지구 위의 국가들이 두 쪽으로 나뉘어 세계가 전화에 휩싸였던 제2차 세계 대전 이후의 일이다. 이 대전을 통해 인간의 정신과 능력 등의 여러 특성이 새로이 발견되고 분석되었다.

미국 군사국은 '용감한 병사와 겁많은 병사의 차이는 학력, 지능 등의 차이가 아니고 병사의 가정이 평화로운가 아닌가에 원인이 있다'고 발표했다. 마찬가지로 그 전쟁의 결과로 알 수 있었던 사실은 각각의 경력과 직업을 가진 사람들이 고도로 전문화, 기술화된 군대의 임무를 경력과 직업에 관계없이 거의 비슷한 숙련도로 수행하는 것을 알 수 있다. 예를 들어 한 소상인이 한 기업의 기술자와 비슷한 수준으로 엔진의 조작을 습득해 임무를 다하게 되었던 것이다. 죽음과 공존하는 위험한 전장의 긴장감 속에서도 엄하고 바른 지도를 하고 한사람 한사람이 자각과 성실한 노력이 반복되면 단기간에 그 일에 필요한 능력을 몸에 익힐 수 있다는 증거이다.

이러한 경험과 그 후의 계속된 연구에 의하면 '특정한 일에 가장 잘 적응하는 특수한 적성을 가진 사람이 있다'라고 하는 종래의 사고 방식에 의문이 생겼다. 지능은 거의 모든 직업과 적극적인 상관이 있다는 것은 알았지만… 이와같은 까닭으로 적성이라는 면에서 다음과 같은 세 개의 그룹으로 나누는 것이 정당하다고 생각하는 전문가도 있다.

① 타인을 능가하는 특별한 적성이 없는 사람, 여러 적성에 있어 그 수준이 낮고 숙련이 필요하지 않은 일이나 반숙련적인 일만이 가능한 사람, 이와같은 사람은 적성 검사를

하여 특정 직업을 택하도록 지도하는 것은 무의미하다.

② ①과 반대로 모두 적성을 갖고 있어 거의 모든 직업과 전문에 종사해도 성공하는 사람, 이 경우에도 적성 검사는 무용하다.

③ ①과 ②의 중간에 있는 사람으로 여기에 대부분의 사람이 속한다. 이 사람들에게 적성 검사는 유효하다. 즉 대부분의 사람들은 어떤 직업에는 적성이 있지만 다른 직업에는 적성이 없는 상태이기 때문이다.

직업적성은 한사람 한사람의 심신의 성장, 성숙, 또는 직장 환경에 적응해가는 과정이라고 주장하는 전문가도 있다. 이 입장의 사람들은 다음과 같이 지적한다.

"자신이 선택하고 일하는 직업의 세계를 정확히 인식하고 파악해 프로로 통용되는 지식과 태도, 능력, 기술 등을 습득해 가는 중에 '적성'은 키워져 간다"

프로로서의 전문적인 지식, 기술을 습득해 숙련의 도를 더해가는 것만이 아니고 직업인으로서의 사회 생활을 통해 주위 사람들과 협조해 가는 삶의 방식을 익히면서 기력을 충실히 하고 적극성을 몸에 익혀 자신이 속한 단체에 유연하게 적응해 가는 것이다. 안정성과 원숙미, 책임감 있는 한 사람의 '어른'이 되는가의 여부를 직업 적성이라고 보는 것이다.

---

5   인간의 본성은 위기적 장면에서 나타난다

'일반적으로 갈등 장면, 말하자면 하나의 위기적 장면에서는 평범한 장면에서 감추어져 있던 그 사람의 인격이 적나라하게 나타난다. 따라서 인간의 성격을 보기 위해서는 이와 같은 갈등 장면에서의 그 사람의 행동을 관찰하면 좋은 경우가 많다.'

이는 한 심리학자의 말이다. 성격의 표현은 사회적 압력에 대해 은폐되어 있다고 볼 수 있다. 우리는 앞서 표층 심리와 심층심리에 대해 이야기했었다. 그 이전의 심리학자들은 프로이드가 구분한 이분법적방식, 즉 의식과 무의식적으로 표현했었다. 의식적 행동이란 물론 생각한 다음 행동하는 것이다. 이런 행동에는 대체로 질문이 보이지 않는다. 이는 교과서적이기 때문이다. 그러나 무의식적 행동은 미처 생각하지 못하고 불쑥하는 행동이다. 이 무의식 속에 프로이드는 '잠재적인 의식'이 있다고 한다. 우리 속담에 '취중의 말이 본심이다'라는 것과 비슷하다. 따라서 우리들은 표현된 행동과 말을 그대로 기계적으로 받아들이는 것만으로는 올바른 이해에 도달할 수 없다. 사람의 성격을 간파하기 위해서는 안정적인 상태에서의 관찰보다도 '위기적 장면'에 있어서의 관찰이 필요하다.

위기적 장면은 화나고, 슬프고, 무섭고, 무척 기쁘거나, 감정적으로 격한 흥분에 빠져 마음의 평정을 잃은 상태이다. 말다툼 등의 장면에서는 그 사람의 본성이 드러나기 때문이다. 전쟁은 최대의 위기이기 때문에 용감한 병사와 겁 많은 병사의 태도에서 보여지듯이 안성맞춤인 심리학적 실험장이였던 셈이다.

인간의 일생동안에는 그와 같은 중대한 위기적 장면에 몇 번이나 닥치지만 사람들의 인생 행로에서 겪는 벽은 입시나 입사의 시험 등이 이에 포함될 것이다.

입시나 입사도 시험의 합격·불합격이 결정하므로, 그에 따른 것들은 중요한 자료가 되기 때문에 이 시험에 대한 관심은 매우 높다. 미국 문화 인류학자 베네딕트 여사는 저서 '국화와 검'에서 경쟁에 대한 일본인의 심리를 다음과 같이 말했다.

일본인은 취업시 경쟁 시험에서 낙제하면 '수치심을 느낀다' 그리고 이 수치심은 많은 경우 위험한 의기 소침을 일으키는 원인이 된다. 그는 자신감을 잃고 우울해지거나 또는 공연히 화를 내는 상태가 되거나 혹은 동시에 양쪽 상태에 빠진다. 그의 노력은 저해된다. …… 우리들(미국인)은 경쟁을 '좋은 일'로 여기며 많이 의지한다. 심리 테스트는 경쟁이 우리를 자극해 최상의 노력을 하도록 도와 준다. 이 자극이 있으면 작업 능률은 상승한다.

그러나 일본인은 경쟁의 상태에 접하면 질지도 모른다는 불안에 마음을 뺏겨 문제를 푸는 마음이 소홀하게 된다.

졸업하고 직업 전선에 임하는 여러분은 귀가 아프게 들은 소리지만, 최선을 다했다면 부끄러운 일이 아니다. 부끄러운 일은 오히려 시험장에서 당황하여 최선을 다하지 못한 어리석은 생각이라고 생각해야 된다.

이 책에 의해 심리 테스트를 바르게 이해하고, 최선을 다해 분발하고, 그런 다음은 하늘이 내리는 심판을 기다린다는 마음가짐으로 시험에 임하는 것이다.

제3장

정신 건강 테스트

1. 정신 건강 진단 테스트

[1] 당신의 정신은 건강한가

몸의 병이나 쇠양함을 바로 알 수 있지만 정신과 마음의 상태는 좀처럼 알 수 없다.

이 테스트는 병을 조사하는 것이 아니고 당신의 정신의 건강도와 정상도를 시험하는 것이므로 흥미 위주로 해보기 바란다. 결과에 대해 그다지 신경쓰지 말도록 하자.

답하는 법

1~55의 각 문제를 읽고 '그와 같다'라고 생각하면 ○표, '전혀 틀리다'라고 생각될 때에는 ×표, '그렇게 느낄 때도 있다'라고 생각되면 △표를 각각의 번호에 준비되어 있는 사각 안에 표시한다.

	1	2	3	4	5	6	7	8	9	계
A	□									
B		□								
C			□							
D				□						
E					□					
F						□				
G							□			
H								□		
I									□	
J										□
K										

문제

1. 생각이 지나쳐 결단이 늦는 경우가 많다.
2. 재채기가 나면 바로 약을 먹는다.
3. 싫은 일을 생각하면 갑자기 몸의 상태가 나빠진다.
4. 타인에게 주의를 받으면 기분이 나빠진다.
5. 방을 정돈하고 나오지 않으면 편안하지 못하다.

6. 이유도 없이 갑자기 화가 날 때가 있다.
7. 살아가는 것이 무의미하다고 생각돼도 별 도리가 없다.
8. 이유도 없이(왠지 모르게) 참을 수 없는 기분이 된다.
9. 세상에는 이상한 사람이 너무 많다.
10. 텔레파시로 사람의 마음 움직임을 모두 알 수 있다.

11. 선생님을 욕한 일이 없다.
12. 만화책은 시시하기 때문에 교양서만 읽는다.
13. 누군가가 끊임없이 보고 있는 것 같은 기분이 든다.

	1	2	3	4	5	6	7	8	9	10	11	12	13	계
A	□													
B		□												
C			□											
D				□										
E					□									
F						□								
G							□							
H								□						
I									□					
J										□		□		
K											□	□		

14. 때때로 나는 천재라고 생각한다.
15. 생각보다 몸이 먼저 움직인다.

16. 모든 일을 운명이라고 체념해 버린다.
17. 공포영화나 스릴러물이 좋다.
18. '바보같다'라고 생각하면서도 그것이 머리에서 떠나지 않는다.
19. 무슨 일이든 지면 속상해서 잠을 잘 수가 없다.
20. 기분이 좋지 않으면 능률이 떨어진다.

21. 의사가 말하는 것을 신용할 수 없을 때가 있다.
22. '떨어진다면…' 이라는 생각 때문에 무서워서 비행기를 탈 수 없다.
23. 불행한 일이 일어날까봐 항상 걱정이다.
24. 배탈이 나면 안되기 때문에 외식은 하지 않는다.
25. 책상에 앉으면 위나 머리가 아프다.

	14	15	16	17	18	19	20	21	22	23	24	25	계
A									□	□			
B								□			□		
C							□					□	
D						□							
E					□								
F				□									
G			□										
H		□											
I	□												
J													
K													

26. 자신의 재능이 바르게 평가받지 못하고 있다고 생각한다.

27. 외출할 때 가스나 스위치는 몇 번 확인한다.

28. 때때로 자신의 행동을 제어할 수 없다.

29. 나는 안된다고 생각할 때가 많다.

30. 활동적으로 움직이는 것을 좋아한다.

31. 돌연 생각의 흐름이 끊길 때가 있다.

32. 자신에게 미래를 예언하는 능력이 있다고 생각한다.

33. 양친을 마음에서 존경하고 있다.

34. 타인보다 훌륭해지려고 생각한 적이 없다.

35. 자신의 아이디어가 타인에게 도용된 듯한 기분이 든다.

36. 인간의 일보다 사물이나 기계 쪽에 흥미가 있다.

37. 많은 인간을 자유로 움직이고 싶다.

38. 회색 인생은 바로 나의 일이다.

39. 단호한 행동으로 세상의 화제가 되고 싶다.

40. 면도칼의 날을 보면 등줄기가 서늘해진다.

	26	27	28	29	30	31	32	33	34	35	36	37	38	39	40	계
A																
B																
C																
D	☐															
E		☐													☐	
F			☐											☐		
G				☐									☐			
H					☐							☐				
I						☐					☐					
J							☐			☐						
K								☐	☐							

41. 성적이 오르지 않는 것은 나쁜 환경 때문이라고 생각한다.
42. 먹는 음식이나 사람의 좋고 싫음은 확실히 구분해 놓는다.
43. 몸의 여기저기가 언제나 마음에 걸린다.
44. 이제부터는 살기 어려워질 것이기 때문에 언제나 불안하다.
45. 마음 속을 들키지 않도록 울타리를 쳐둔다.

46. 사망기사의 사인이 오래도록 머리에서 떠나지 않는다.
47. 긴장하고 흥분한 후에는 배의 상태가 이상해진다.
48. 나에 대해 주위 사람들은 별로 이해해 주지 않는다.
49. 스케줄대로 움직이지 못하면 초조하다.
50. 이런 시시한 세상은 파괴되어 버리는 것이 낫다.

51. '인생의 벽'에 부딪히는 일이 종종 있다.
52. 인생이 즐겁기만 하다.
53. 마음 속에 누구도 모르는 비밀의 세계를 가지고 있다.
54. 지구 종말을 암시하는 불길한 예감이 든다.
55. 지금까지 거짓말을 한 적은 단 한번도 없다.

총득점 (　　　)

	41	42	43	44	45	46	47	48	49	50	51	52	53	54	55	계
A				☐	☐											
B			☐			☐										
C		☐					☐									
D	☐							☐								
E									☐							
F										☐						
G											☐					
H												☐				
I													☐			
J														☐		
K															☐	

득점 산출 방법

　○는 2점, △는 1점, ×는 0점으로 계산한다. A~K의 득점을 각각 가로로 집계해 제일 뒤의 합계란에 기입하고 그 숫자를 그대로 〈표 1〉에 옮기고 그래프를 완성한다.

평가 방법

　이론상으로 완성된 그래프가 건강을 나타낸다고 할 수 있다.
　일단 0~4를 정상 범위로 보고 7~10을 요주의라고 보자. 중간인 5~6은 약간 경향이 있다고 보면 될 것이다.

	경향		경향	득점		경향	득점
I	불안		VII	억울			
II	심기증		VIII	조상태			
III	심신증		IX	분열기질			
IV	히스테리		X	망상			
V	강박		XI	허언도			
VI	정신병질						

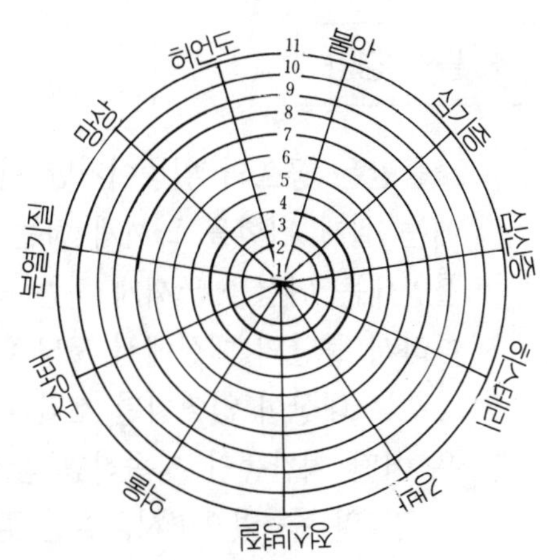

2 │ 정신 건강을 진단한다

이 검사는 정신 분열증, 노이로제 등의 병적인 장애자만이 아니고 건강한 사람들의 신체와 정신의 문제점을 다음 ①~⑪면에서 검사를 실시해 그 경향을 조사·진단하는 것이다.

① 불안
② 심기증(心氣症)
③ 심신증(心身症)
④ 히스테리
⑤ 강박
⑥ 정신병질
⑦ 억울
⑧ 조상태(躁狀態)
⑨ 분열기질
⑩ 망상
⑪ 허언도(虛言度)

이 결과는 정신 장애자의 예방, 진단, 카운셀링 등에 유용하게 쓰인다. 그렇다면 ①~⑪의 각 경향에 대해 어떤 의미가 있는지 설명해 보자.

◆ 불안 경향

불안은 공포의 일종이지만 단순한 공포와는 틀리다. 공포에는 실제 위험을 느끼게 하는 확실한 대상이 있다. 그러나 불안에는 위험을 느끼게 하는 확실한 대상이 없고 막연하다. 따라서 불안의 대상에서 도망치거나 또는 공격할 수가 없다. 공포는 대상이 없어지면 소멸하는 일시적인 감정이지만 불안은 어떤 기간동안 지속적인 감정이다. 설명할 수 없고 이유도 잘 알 수 없으면서, 벌벌 떨며 불안해하는 경향이 있다. 이 점이 높은 사람은 위협하지 않는 대상에게 공포를 느끼는 경향이 강한 형의 사람이라고 판정된다.

◆ 심기증(心氣症) 경향

정말 병이 난 것도 아닌데 언제나 신체의 상태가 나쁜 것은 아닌가? 불치의 장애가 있는 것은 아닌가? 이상할 정도로 자신의 건강에 대해 걱정하거나 불안해 하는 경향이 있는 것을 말한다. 득점이 높을 수록 심기증 경향이 많이 존재한다고 판단된다. 이 유형에 속한 사람은 병에 걸리기 쉽고 조금이라도 몸의 상태가 나쁘면 바로 일을 그만둔다.

◆ 심신증(心身症) 경향

심리적인 원인에 의해 신체에 이상이 생겨 정말 병에 걸리는 경향이다. 만점에 가까운 득점자일 수록 심신증적 경향이 강하다. 이 유형에 속한 사람은 바로 병이 된다. 스트레스 병이라고 여겨지는 알레르기나 소화성 궤양(위궤양·십이지장궤양), 본능성 고혈압 등에 걸리기 쉽다.

◆ 히스테리 경향

히스테리는 그리스어의 자궁(子宮)을 어원으로 하고 있기 때문에 여성 특유의 병이라고 오해하고 있는 사람이 많지만 남성에게 많이 보여지는 병으로 특히 일본이나, 동남아시아의 남성에게 적지 않다고 전해진다. 과거의 특수한 압박상황의 경험(원망·욕구)이 신체적 증상(신체의 여러 부분의 아픔과 사지의 마비, 시야가 좁혀지는 등)으로 전환된 병이다. 히스테리 경향이 현저한 사람은 자기 중심적이며 남보다 자기를 내세우고, 상사에게 높이 평가받고 싶고, 성격이 급하고, 불쑥 화를 내고, 성적 발달이 미숙한 특징을 가지고 있다. 점수가 높을수록 히스테리 경향이 강한 사람이다.

◆ 강박(強迫) 경향

어처구니 없는 감정과 사고에 사로 잡혀 시시하고 불합리한 것을 떠올리면서 몇번이나 반복해서 생각하는 것이 강박 상태이다. 본인에게 그러한 감정이나 사고가 머리에서 떠나지 않으면 매우 고통스럽기 때문에 그것을 잊으려고 노력하지만 잊어버리려고 생각하면 할수록 거기에서 빠져나오지 못하고 마음에 남아버리는 경향이다. 점수가 높을수록 강박 경향이 강한 것이다. 특히 주의해야 할 점은 이 경향이 강한 사람은, 일은 분명히 하지만 동작이 늦고 작은 주의나 질책에도 괴로워 하고 일의 능률이 저하되며 불면증에 걸리기 쉬운 것이다.

◆ 정신병질 경향

기분이 유쾌하고 활동적인 반면 우울하고, 소극적이며, 열등감을 가지고 있다. 또한 투쟁적으로 자기 신념을 주장하고, 허영심이 강하며, 돌연 기분이 나빠지고 우울해진다. 홍분을 잘하고 화를 잘 낸다. 비도덕적이며 반사회적이고 의지 박약하며 심기증이 되기 쉽다. 이와 같은 경향은 비행 소년 소녀에게 잘 나타나는 심리 경향이다. 점수가 높은 사람일수록 심리 경향이 강하고 불량화되거나 폭력 집단에 들어가거나 약물 중독이 되기 쉽다.

◆ 억울 경향

쓸쓸하고, 우울하고, 비관적이며, 자책적이고, 기쁨을 모르는 기분에 빠진 상태, 신체에 피로감이 있고, 인생이 어둡다고 느끼는 기분, 우울해지고, 장래의 희망이 없다고 여기는 심리 경향이다. 만점에 가까울수록 이런 경향이 강하게 존재한다고 판단된다.

◆ 조상태(躁狀態) 경향

유쾌해지고, 마구 행동하고, 말이 많고, 남의 일에 참견을 잘하며, 깊이 생각하지 않고 가볍게 행동한다. 과대 망상적 언동이 두드러진 경향도 있다. 점수가 높은 사람일수록 조상태의 경향이 강하다고 판단된다.

◆ 분열 기질 경향

신경질적이고 친구도 적어 고독하고 소극적이며 말도 많지 않다. 사회성이 결핍되었고 타인과 어울려 교제하는 것이 힘들며, 의심이 많고, 자신을 마음 속에 가둬버린다. 유머를 구사하지 못한다. 의존적이고 순종적이지만 상처받기 쉽고, 때로는 화를 폭발시키는 경향이 있다. 점수가 높을수록 경향이 강하다.

◆ 망상 경향

특히 근거가 없거나 불합리한 일, 비현실적인 것을 사실이라고 확신하거나 자신의 입장에서만 사물을 판단해 주위의 사람이 아무리 잘못을 입증해도 인정하지 않는 경향이 있다. 점수가 높은 사람일수록 피해 망상과 과대 망상 등이 강하다고 판정된다.

◆ 허언도(虛言度) 경향

이 항목에는 실현 불가능에 가까운 경향이 포함되어 있기 때문에 만약 그것에 대해 "예"라고 대답한 경우에 그 사람은 "거짓말"을 하는 것이 된다. 그 원인으로 ① 거짓말쟁이의 경향이 있다. ② 자신을 잘 보이기 위해 거짓말을 한다. ③ 판단 능력이 적다는 등의 경향이 있다고 여겨진다. 이 검사의 경우는 3개 이상의 "예"가 있으면 거짓말의 경향이 강하다고 판단된다.

3   건강이 정신력을 좌우한다

같은 정도의 능력을 가진 두 사람이 같은 시간에 같은 일과 공부를 하는데 방법은 틀리다. 이 경우 결과에 큰 차이가 생기는 경우가 있다. 기력의 유무에 따라 차이가 생기는 것이다. '어떤 일에 성공하는 제일 요인은 일에 대한 좋고 싫음이 아니고, 능력이 뛰어난가 아닌가의 문제도 아니다. 하고 있는 일과 공부에 전력을 다하고 무엇이든지 완수하겠다는 정신력의 문제이다. 정신력이 일의 성패를 결정한다'라고 주장하는 사람도 적지 않다.

타인에게 인정받고 싶다. 몸의 안전을 꾀하고 싶다. 권력을 잡고 싶다. 일을 완성해 만족감을 느끼고 싶다. 타인과의 경쟁에서 이기고 싶다. 자존심이 허락하지 않는다. 확실한 노력 목표가 있으면 인간은 끈기 있고 확고한 태도로 일과 공부에 임한다. 그러나 확실한 노력목표가 있어도 정신력이 없는 경우가 있다. 심신의 건강이 손상되어 있을 때이다.

인간은 정신적인 생활을 영위한다. 이것이 인간이 다른 동물과 다른 점이다. 이 정신적인 생활이 인간의 문명과 문화를 이처럼 발전시켰다. 그러나 한편으로 그 정신적인 면이 인간을 다른 동물보다 더욱 약하게 할 수도 있다. 그런 예들은 우리 삶의 주변에서 흔히 볼 수 있다. 학교 성적이 떨어지면 먼저 자신감이 약화된다. 그래서 일시적으로 무기력해지기도 한다. 아무리 힘겹더라도 입시나 입사 시험에 합격하고 나면 모든 피로가 다 풀린다.

사업에 실패한 사람이 암이나, 간경화 등의 병을 얻어 곧 죽는 경우도 흔하다. 이런 경우들은 모두 그 자신을 지탱해 주던 힘들이 빠져버려 자신을 육체적으로 지탱해 주는 힘이 없어졌기 때문이다.

육체가 정신을 건강하게 해주기도 한다. 반대로 정신적인 힘이 육체를 지탱시키고 힘을 불어 넣기도 한다. 그러므로 우리는 육체의 건강과 함께 정신적인 건강도 매우 중요하게 여기게 된다.

신체적인 건강이 손상되면 신체의 어딘가에 이상이 나타나기 때문에 바로 그것을 알 수 있다. 그러나 정신적인 이상이 나타나면 관찰이나 의논으로는 판단하기 어렵다. 자각 증상이 없는 것이 보통이다. 정신적인 건강의 판정은 매우 미묘하므로 전문가의 진단을 받지 않으면 위험하다. 그러나 일상 생활의 언동에서 어느 정도 그 사람의 정신 상태의 경향을 알 수 있다. 정신이 병적으로 기울어지면 다음과 같은 성격적 특징이 나타난다. '언어와 행동에 일관성이 없어지고 모든 일에 고집을 부리고 유연성과 순응성을 잃는다. 자신의 욕망과 행동을 지배할 수 없고, 사회의 규칙, 상식에 따라 살아가지 못한다. 적극성과 창조성을 잃어 성격의 안정성과 원만함이 없어지고 통일성이 결여된다'

심신의 건강은 역시 적성과 연관성이 높다. 건강 상태에 따라 기력이나 활동성에 큰 차이가 생기기 때문이다.

4 사회적 스트레스 정신 건강을 해친다

급격한 사회 변동에 따라 그 변화에 적응하지 못하고 파탄을 초래하거나, 그렇지는 않더라도 스트레스를 느끼고 호소하는 사람이 점점 늘어나고 있다는 통계 조사가 있다. 인간과 동물에 대해 지나치게 긴장을 강요하는 외적 부담을 갖게 되면 건강을 해친다.

이와 같이 사람에게 스트레스를 주는 원인은 다음과 같다.

① 추위와 더위, 방사선, 소음, 여러 과학 물질 등의 생리적 과학적 요인.

② 굶주린 자, 기생체의 침입, 과도한 육체 운동, 수면 부족, 임신 등과 같은 생물학적 요인.

③ 정신적 긴장, 공포, 흥분 등을 생기게 하는 사회적 요인.

등이 있다. 인간 한사람 한사람에 관한 외적 또는 내적인 모든 자극이 스트레스의 요인이 될 가능성이 잠재하고 있다.

인간을 둘러싼 환경에는 크게 나누어 자연 환경과 문화적 환경, 사회적 환경이 있다. 이들 환경에서 고루 영향을 받으면서 인간은 살아가고 있다. 특히 사회적 환경 속의 인간 관계는 중요하다. 인간은 항상 대인적 환경 속에서 살아가고 주위의 사람들의 관계에 매우 신경을 쓴다. 그리고 우리들이 받는 최대의 스트레스는 대인적인 관계에서 오는 자극이다. 바꿔 말하면 인간 관계에서 생기는 정신적인 피로, 심리적인 스트레스가 현대인에게 부적응과 파탄을 초래하는 가장 큰 자극이 아닐까?

기업의 관리직이 상사와 부하 사이에 끼여 이쪽을 내세우면 저쪽이 불평을 하므로 심리적인 압박 상태에서 빠져나오지 못해 신체적인 건강을 해치거나 정신적으로 병적인 상태에 이르는 것은 자주 듣는 이야기이다. 돌연사나 과로사의 원인이 되는 지주막하 출혈(蜘蛛膜下出血), 심근 경색(心筋梗塞), 위궤양과 고혈압 등의 심신증, 출근 거부나 귀택 거부증(歸宅拒否症) 등의 배경에도 지속적인 스트레스가 있다는 것은 주지의 사실이다. 대인 관계 등의 심리적 요인이 왜 신체적인 장애로 연결될까? 현재에는 그 원인이 확실히 해명되지 않았다. 또 심리적 자극을 스트레스로 느끼는지 아닌지는 인간의 정신력과 체력 등에 개인차가 있고 한사람 한사람의 삶의 방식, 가치관에 따라서도 많이 변화한다. 예를 들면 쉬지 않고 계속 일하는 상태가 스트레스의 원인이 된다고 느끼는 사람이 있으면, 반대로 바쁘게 일하는 상태가 스트레스 해소가 된다고 느끼는 사람도 있다. 대인 관계에서 오는 긴장감은 자신의 마음 상태에 따라 심리적 스트레스가 되기도 하고 반대로 스트레스 해소가 되기도 한다. 상대의 단점이나 결점만을 들어 이런저런 불만을 마음 속에 쌓아두고 있으면 그 상대와의 접촉은 스트레스의 원인이 된다. 그러나 상대의 장점을 보고 인정하는 마음을 갖고 있으면 그 상대와의 접촉은 마음이 편해져 쌓였던 스트레스가 발산이 된다.

스트레스를 어떻게 해소하느냐의 문제는 개인에 따라 각각 다른 방법이 있을 것이다. 그러나 가장 일반적인 것은 "노는 것" "운동하는 것"이다. 신체를 움직여 놀면 스트레스는 해소된다. '현대인 중 스트레스를 안 느끼는 사람은 전혀 없을 것이다. 이런 스트레스를 이기려면 우선 스트레스에서 회피하면 안된다. 회피나 도피하려하면 오히려 스트레스가 쌓일 위험이 있다. 현대인의 한사람으로서 스트레스와 공존해야만 한다고 마음을 바꿔먹는 정신이야말로 스트레스를 감소시키는 가장 좋은 방법이라고 생각한다'라고 말하는 사람도 있다.

5   정신적 건강의 표준

자신을 둘러싼 환경에 잘 적응하고 있으면 정신적으로도 신체적으로도 건강한 상태가 유지된다. 신체적인 건강이 손상되면 아픔과 발열, 피로 등 무언가 경고 반응이 있기 때문에 자신이나 주위 사람들도 건강 상태를 알 수 있다. 그러나 정신적인 건강이 손상되면 자신은 절대 알 수 없는 것이 일반적이다. 정신 이상자나 정신적으로 병적 상태에 이른 사람들의 최대 특징은 '나는 결코 이상하지 않다'라고 믿고 의심하지 않는 점이다. 주위 사람들도 전문가가 아니면 상대의 정신적인 건강이 손상되었는지 아닌지를 판단하는 것은 어렵지만 하나의 표준이나 기준으로 정신적으로 건강한 사람의 성격적 특징을 들어 볼 수 있다.

① 일관성이 있다 … 행동적으로도 사고 방식도 말에도 일관성이 있고 모순이 없다.

② 유연성이 있다 … 일관성이 있기 때문에 환경의 변화 등에 유연하게 대처한다. 확고한 사고 방식이 있으므로 자기 이야기에 완고한 고집이 없다.

③ 동조성이 있다 … 도덕과 법률을 지키고 집단의 바른 의견에는 동조한다. 원만한 인간 관계를 지키기 때문에 부화 뇌동(付和雷同)하지 않는다.

④ 독창성이 있다 … 환경에 잘 순응할 뿐 아니라 필요를 인정하면 창조적 방법으로 적극적으로 환경을 개선해 갈 의욕을 보인다.

⑤ 통일성이 있다 … 성격적으로 치우쳐짐이 없고 원만하고 안정적이라서 한사람의 인간으로서의 통합이 있다. 자신의 욕망과 충동을 적당히 억제하고 사회의 규율에 따라 살려고 하는 강한 의지가 있고 그 의지를 표현해 간다.

스트레스에 대처하고 스트레스를 해소해 정신적인 건강을 유지하고 더욱 증진시켜 나가기 위해서 신체적인 건강을 유지하고 증

진해 갈 필요가 있다. 심신의 건강은 불가분의 관계에 있어 어느쪽
의 건강이 손상되면 서로 크게 영향 받는다.

연습 문제

다음 글을 읽고 '예'와 '아니오'로만 대답해 주시오.

1. 선배의 말이나 충고를 순순히 받아들입니까?

　　　　　　　　　　　　　　　(예, 아니오)　(+1, −1)

2. 상대방이 무슨 말을 해도 냉정하게 들을 수 있습니까?

　　　　　　　　　　　　　　　(예, 아니오)　(+1, −1)

3. 누군가가 자신을 비난하면 곧 기분이 상합니까?

　　　　　　　　　　　　　　　(예, 아니오)　(−1, +1)

4. 다른 사람이 비난을 해도 그 사람을 피하지 않습니까?

　　　　　　　　　　　　　　　(예, 아니오)　(+1, −1)

5. 처음 만난 사람과 말하는 것이 피곤합니까?

　　　　　　　　　　　　　　　(예, 아니오)　(−1, +1)

6. 뭔가 바꾸고 싶은 일이 거의 없습니까?

　　　　　　　　　　　　　　　(예, 아니오)　(+1, −1)

7. 사람들과 쉽게 친하게 지내는 편입니까?

　　　　　　　　　　　　　　　(예, 아니오)　(+1, −1)

8. 선배에게 충고를 받으면 반발합니까?

　　　　　　　　　　　　　　　(예, 아니오)　(−1, +1)

9. 한 번 실패하면 다시 일어서기가 어렵습니까?

　　　　　　　　　　　　　　　(예, 아니오)　(−1, +1)

10. 자신의 잘못된 점을 지적해도 괜찮습니까?

　　　　　　　　　　　　　　　(예, 아니오)　(+1, −1)

11. 자신의 잘못된 점을 지적해도 신경 쓰지 않습니까?

　　　　　　　　　　　　　　　(예, 아니오)　(+1, −1)

12. 자신의 잘못된 점을 지적받으면 실의에 빠집니까?

(예, 아니오) (−1, +1)

13. 부족하고 모자라는 자신의 단점을 지적받고 싶습니까?

(예, 아니오) (+1, −1)

14. 과거에 집착하기보다는 미래의 일을 생각합니까?

(예, 아니오) (+1, −1)

15. 익숙치 못한 분위기에 있으면 피곤해 집니까?

(예, 아니오) (−1, +1)

16. 선생님께서 주의를 주시면 순순히 받아들입니까?

(예, 아니오) (+1, −1)

17. 기억 속에 쌓여 있는 그리운 과거에, 마음을 어떻게 할 수 없
을 정도입니까?

(예, 아니오) (−1, +1)

18. 선배에게 잘못을 지적당하면 반발심이 생깁니까?

(예, 아니오) (−1, +1)

19. 과거의 일보다 앞으로의 일을 더 생각합니까?

(예, 아니오) (+1, −1)

20. 자신에 대해 비난하는 사람은 피하는 편입니까?

(예, 아니오) (−1, +1)

21. 결점을 지적 받아도 아무렇지 않습니까?

(예, 아니오) (+1, −1)

22. 오래동안 마음 속에 두고 생각하는 편입니까?

(예, 아니오) (−1, +1)

23. 후회하는 일이 좀처럼 없습니까?

(예, 아니오) (+1, −1)

24. 빨리 회복이 됩니까?

(예, 아니오) (+1, −1)

25. 우울한 기분을 자주 느낍니까?

(예, 아니오) (−1, +1)

26. 일이 잘못된 것에 대해 괴롭게 생각하는 편입니까?

(예, 아니오) (−1, +1)

27. 새로운 환경에 적응하려면 피곤해집니까?

(예, 아니오) (+1, −1)

28. 새로운 변화가 신변에 생겨도 힘들어 하지 않습니까?

(예, 아니오) (+1, −1)

29. 다른 사람의 시선이 걱정됩니까?

(예, 아니오) (−1, +1)

30. 실패했던 기억이 생각나도 고민하지 않는 편입니까?

(예, 아니오) (+1, −1)

31. 실패해도 다시 시작할 수 있습니까?

(예, 아니오) (+1, −1)

32. 어디론가 떠나면 즐거움보다는 피곤함을 느끼는 편입니까?

(예, 아니오) (−1, +1)

33. 과거로 되돌아가고 싶다고 생각합니까?

(예, 아니오) (−1, +1)

34. 과거로 다시 돌아가고 싶지 않습니까?

(예, 아니오) (+1, −1)

35. 다른 사람의 비판을 들으면 싫습니까?

(예, 아니오) (−1, +1)

36. 피곤해도 편안하게 진정시킵니까?

(예, 아니오) (+1, −1)

37. 과거로 돌아가고 싶지 않습니까?

(예, 아니오) (+1, −1)

38. 지나치게 남을 인식해서 몸과 마음이 지치는 것을 느끼는 편
입니까?

(예, 아니오) (−1, +1)

39. 정신적인 피곤함을 쉽게 느끼는 편입니까?

(예, 아니오) (−1, +1)

40. 몸과 마음이 지쳐 있을 때도 명랑하게 행동합니까?

(예, 아니오) (+1, −1)

41. 자신의 자존심이 높다고 생각하지 않습니까?

(예, 아니오) (+1, −1)

42. 남들보다 자신이 못하다고 생각합니까?

(예, 아니오) (−1, +1)

43. 인정받지 못한 자신에 대해 화가 납니까?

(예, 아니오) (−1, +1)

44. 앞으로 무슨 목표를 가지고 있습니까?

(예, 아니오) (+1, −1)

45. 다른 사람이 자신을 무시해도 아무렇지 않습니까?

(예, 아니오) (+1, −1)

46. 다른 사람에게 무시당하면 반발심이 생깁니까?

(예, 아니오) (−1, +1)

47. 남보다 못하다는 생각을 가지는 것이 좋다고 생각합니까?

(예, 아니오) (−1, +1)

48. 뭐든지 열심히 하면 된다고 생각하는 편입니까?

(예, 아니오) (−1, +1)

49. 자존심이 강한 편입니까?

(예, 아니오) (−1, +1)

50. 자신의 존재에 대해 인정받으면 기쁩니까?

(예, 아니오) (+1, −1)

51. 자신의 행동의 목적에 분명한 자각이 있습니까?

(예, 아니오) (+1, −1)

52. 매일 목표를 세워 생활을 하고 있습니까?

(예, 아니오) (+1, −1)

53. 자기 자신이 남에게 쉽게 보이고 싶습니까?

(예, 아니오) (−1, +1)

54. 남보다 쉽게 우세한 자리나 위치에 서는 편입니까?

(예, 아니오) (+1, −1)

55. 자신의 존재를 자랑하고 싶습니까?

(예, 아니오) (−1, +1)

56. 자신의 자존심이 높다고 생각합니까?

(예, 아니오) (−1, +1)

57. 상대방이 자신을 무시하면 화가 납니까?

(예, 아니오) (−1, +1)

58. 열등감은 좋지 않다고 생각합니까?

(예, 아니오) (+1, −1)

59. 목적 의식이 뚜렷합니까?

(예, 아니오) (+1, −1)

60. 다른 사람과 같이 있으면 주눅이 잘 듭니까?

(예, 아니오) (−1, +1)

61. 다른 사람들이 자신을 존경하면 기쁩니까?

(예, 아니오) (−1, +1)

62. 남들보다 뛰어나다고 생각합니까?

(예, 아니오) (+1, −1)

63. 남에게 쉽게 보여도 아무렇지 않습니까?

(예, 아니오) (+1, −1)

64. 뭐든지 열심히 하면 된다고 생각하는 편입니까?

(예, 아니오) (−1, +1)

65. 자신이 무엇을 해야 좋을지 잘 모를 때가 많습니까?

(예, 아니오) (−1, +1)

66. 남들과 같이 있어도 주눅이 들지 않습니까?

(예, 아니오) (+1, −1)

67. 열등감으로 자주 힘들어 합니까?

(예, 아니오) (−1, +1)

68. 미래에 대한 당신의 희망이 있습니까?

(예, 아니오) (+1, −1)

69. 자신이 앞으로 무엇을 해야 되는지 알고 있습니까?

(예, 아니오) (+1, −1)

70. 자신이 나갈 길을 알고 있습니까?

(예, 아니오) (+1, −1)

71. 사람들로부터 존경받는 사람이 되고 싶습니까?

(예, 아니오) (−1, +1)

72. 자신이 쉽게 보이는 것은 싫습니까?

(예, 아니오) (−1, +1)

73. 자신의 분수에 넘치는 힘겨운 나날을 보내고 있습니까?

(예, 아니오) (+1, −1)

74. 자신의 처지를 잊어버릴 때가 있습니까?

(예, 아니오) (−1, +1)

75. 무슨 일이든지 자신을 가지고 할 수 있습니까?

(예, 아니오) (+1, −1)

76. 목적이 세워져 있기 때문에 정신적으로 안정되어 있습니까?

(예, 아니오) (+1, −1)

77. 장래의 목표가 있습니까?

(예, 아니오) (+1, −1)

78. 자신의 처지를 결코 잊지 않습니까?

(예, 아니오) (+1, −1)

79. 일을 하는 데도 자신이 없습니까?

(예, 아니오) (−1, +1)

80. 목적이 없으면 마음이 불안합니까?

(예, 아니오) (−1, +1)

81. 남들과 허물없이 지냅니까?

(예, 아니오) (+1, −1)

82. 일과 감정의 전환이 늦는 편입니까?

(예, 아니오) (−1, +1)

83. 논의의 주제를 잘 벗어나는 편입니까?

(예, 아니오) (−1, +1)

84. 다변한 편입니까?

(예, 아니오) (+1, −1)

85. 다투고 나서 식사 도중에 말을 합니까?

(예, 아니오) (+1, −1)

86. 사람 만나는 것을 좋아하는 편입니까?

(예, 아니오) (+1, −1)

87. 형이나 동생과 싸운 뒤 곧 잊어버립니까?

(예, 아니오) (+1, −1)

88. 형제끼리 싸움을 하고 다시 정상으로 돌아가는 데에 오래 걸리지 않습니까?

(예, 아니오) (+1, −1)

89. 남이 자신에게 감정의 전환이 빠르다고 합니까?

(예, 아니오) (+1, −1)

90. 사람들과 교제하는 것이 싫을 때가 있습니까?

(예, 아니오) (−1, +1)

91. 한 사람과 사귀는 것은 질색입니까?

(예, 아니오) (+1, −1)

92. 사람들이 당신에게 말이 없다고 하는 편입니까?

(예, 아니오) (−1, +1)

93. 상대편에서 먼저 말을 걸어주기를 기다리는 편입니까?

(예, 아니오) (−1, +1)

94. 싸운 다음, 식사 도중에는 말을 하지 않는 편입니까?

(예, 아니오) (−1, +1)

95. 당신이 먼저 말을 하지 않는 편입니까?

(예, 아니오) (−1, +1)

96. 누구하고나 어울려 이야기할 수 없습니까?

(예, 아니오) (−1, +1)

97. 어떤 사람이라도 사이좋게 이야기합니까?

(예, 아니오) (+1, −1)

98. 친구 말을 경청하는 편입니까?

(예, 아니오) (−1, +1)

99. 사람들과 많이 교제하는 것을 좋아하지 않습니까?

(예, 아니오) (−1, +1)

100. 한 사람과 교제를 하는 타입입니까?

(예, 아니오) (−1, +1)

101. 좋지 않았던 일은 좀처럼 잊지 못합니까?

(예, 아니오) (−1, +1)

102. 좋지 않았던 일은 금새 잊어버립니까?

(예, 아니오) (+1, −1)

103. 동료 사이에서 이야기 거리가 되는 편입니까?

(예, 아니오) (+1, −1)

104. 처음·대면한 사람과도 자연스럽게 이야기할 수 있습니까?

(예, 아니오) (+1, −1)

105. 모르는 사람에게도 선뜻 말을 걸 수 있습니까?

(예, 아니오) (+1, −1)

106. 친구에게 먼저 말을 하는 편입니까?

(예, 아니오) (+1, −1)

107. 친구와 싸우면 어색해집니까?

(예, 아니오) (−1, +1)

108. 친구만으로는 부족하다는 느낌이 듭니까?

(예, 아니오) (+1, −1)

109. 친구만 있으면 괜찮다고 생각합니까?

(예, 아니오) (−1, +1)

110. 낯선 사람과는 선뜻 이야기하지 못합니까?

(예, 아니오) (−1, +1)

111. 다른 사람과 이야기를 나누는 것이 싫습니까?

(예, 아니오) (−1, +1)

112. 친해진 사람하고만 허물없이 지냅니까?

(예, 아니오) (−1, +1)

113. 싸움으로 친구와 헤어진 경우가 있습니까?

(예, 아니오) (−1, +1)

114. 아는 사람이 그다지 많지 않았으면 좋겠습니까?

(예, 아니오) (−1, +1)

115. 상대방과 대화하는 것이 좋다고 생각합니까?

(예, 아니오) (+1, −1)

116. 언제나 이야기의 주제를 벗어나지 않습니까?

(예, 아니오) (+1, −1)

117. 낯선 사람과 말하는 것은 귀찮습니까?

(예, 아니오) (−1, +1)

118. 싸움으로 인해 친구와 헤어진 경우는 없습니까?

(예, 아니오) (+1, −1)

119. 아는 사람이 많아지는 것이 즐겁습니까?

(예, 아니오) (+1, −1)

120. 사람들과 교제하는 것이 즐겁습니까?

(예, 아니오) (+1, −1)

121. 새 친구를 사귀는데 어렵습니까?

(예, 아니오) (−1, +1)

122. 많은 사람 앞에서 말하는 것에 익숙하지 못합니까?

(예, 아니오) (−1, +1)

123. 마음에 들지 않는 사람의 병 시중도 할 수 있습니까?

(예, 아니오) (+1, −1)

124. 새로운 환경에 적응을 쉽게 하는 편입니까?

(예, 아니오) (+1, −1)

125. 자기 스스로 친구에게 다가가는 편입니까?

(예, 아니오) (+1, −1)

126. 낯선 사람과도 잘 어울립니까?

(예, 아니오)　(−1, +1)

127. 새 학급에 적응을 쉽게 못하는 편입니까?

(예, 아니오)　(−1, +1)

128. 다른 사람의 시중 드는 것을 싫어합니까?

(예, 아니오)　(−1, +1)

129. 우울한 기분으로 신학기를 맞이합니까?

(예, 아니오)　(−1, +1)

130. 자신의 생각을 여러 사람 앞에서 발표할 수 있습니까?

(예, 아니오)　(+1, −1)

131. 반편성이나 교실을 옮겨다니는 것은 싫습니까?

(예, 아니오)　(−1, +1)

132. 말재주에 능숙합니까?

(예, 아니오)　(+1, −1)

133. 수업 시간에 발표하지 않는 편에 속하십니까?

(예, 아니오)　(−1, +1)

134. 여러 사람들과 식사할 때 시중을 듭니까?

(예, 아니오)　(+1, −1)

135. 모임이 있을 때 자주 책임을 맡습니까?

(예, 아니오)　(+1, −1)

136. 가사 실습을 할 때 설거지를 해 본 적이 있습니까?

(예, 아니오)　(+1, −1)

137. 하고 싶지 않은 본인의 일을 남에게 부탁하는 편입니까?

(예, 아니오)　(−1, +1)

138. 하고 싶지 않은 일이라도 직접 합니까?

(예, 아니오)　(+1, −1)

139. 어떤 사람이라도 친하게 지내십니까?

(예, 아니오) (+1, −1)

140. 같은 나이가 아닌 사람과는 어울리지 못합니까?

(예, 아니오) (−1, +1)

141. 자신의 의견에 대해 여러 사람 앞에서 분명히 말할 수 없습니까?

(예, 아니오) (−1, +1)

142. 웅변 대회 같은데 나가는 것을 싫어합니까?

(예, 아니오) (−1, +1)

143. 새로운 환경에 쉽게 익숙해집니까?

(예, 아니오) (+1, −1)

144. 낯선 사람과는 어울리지 못합니까?

(예, 아니오) (−1, +1)

145. 말 재주가 서툽니까?

(예, 아니오) (−1, +1)

146. 수업 시간에 발표를 잘 하는 편입니까?

(예, 아니오) (+1, −1)

147. 다른 사람의 시중을 드는 것을 좋아합니까?

(예, 아니오) (+1, −1)

148. 새 학기가 빨리 시작되기를 언제나 바랍니까?

(예, 아니오) (+1, −1)

149. 가사 실습을 할 때 설거지를 해 본 적이 있습니까?

(예, 아니오) (−1, +1)

150. 자신 있게 여러 사람 앞에 나설 수 있습니까?

(예, 아니오) (−1, +1)

151. 사람이 많으면 앞에 나서지 못합니까?

(예, 아니오) (+1, −1)

152. 새로운 친구를 빨리 사귑니까?

(예, 아니오) (+1, −1)

153. 웅변 대회 같은 데도 본인 스스로 참가합니까?

(예, 아니오) (+1, −1)

154. 반편성이나 교실을 옮겨다니는 것을 좋아합니까?

(예, 아니오) (+1, −1)

155. 하고 싶지 않은 본인의 일은 남에게 부탁하는 편입니까?

(예, 아니오) (−1, +1)

156. 여러 사람 앞에서는 긴장되기 때문에 말을 하지 못합니까?

(예, 아니오) (−1, +1)

157. 스스로 먼저 허드렛일을 합니까?

(예, 아니오) (+1, −1)

158. 모임이 있을 때 책임을 맡은 적이 없습니까?

(예, 아니오) (−1, +1)

159. 새로운 환경에 적응하는 것이 어렵습니까?

(예, 아니오) (−1, +1)

160. 사람들 앞에서 본인의 의견을 분명히 말할 수 있습니까?

(예, 아니오) (+1, −1)

161. 계획이 없는 물건은 절대 사지 않습니까?

(예, 아니오) (+1, −1)

162. 오래동안 움직이지 않고 앉아 있을 수 있습니까?

(예, 아니오) (+1, −1)

163. 취미가 자주 바뀝니까?

(예, 아니오) (−1, +1)

164. 컨디션의 좋고 나쁨이 그날 행동에 영향을 줍니까?

(예, 아니오) (−1, +1)

165. 미리 정한 일을 자주 변경하는 편입니까?

(예, 아니오) (−1, +1)

166. 좋다고 생각하면서도 금방 달려들지 못합니까?

(예, 아니오) (+1, −1)

167. 익숙해진 옷입는 취향은 바뀌지 않고 그대로 입니까?

(예, 아니오) (+1, −1)

168. 물건을 소중하게 오래동안 다루는 편입니까?

(예, 아니오) (+1, −1)

169. 착수해야 할 일이 있다고 생각하면 안절부절 못합니까?

(예, 아니오) (−1, +1)

170. 기분이 컨디션의 좋고 나쁨에 따라 변합니까?

(예, 아니오) (−1, +1)

171. 새롭게 시작하는 일에 대해 신중히 생각합니까?

(예, 아니오) (+1, −1)

172. 주위를 언제나 살피는 편입니까?

(예, 아니오) (−1, +1)

173. 헤어스타일을 자주 바꿉니까?

(예, 아니오) (−1, +1)

174. 자신의 생각은 자주 바뀌지 않는 편입니까?

(예, 아니오) (+1, −1)

175. 다른 사람이 가지고 있는 물건이 좋아 보입니까?

(예, 아니오) (−1, +1)

176. 헤어스타일의 변화를 거의 주지 않습니까?

(예, 아니오) (+1, −1)

177. 좋다고 생각되면 적극적으로 달려듭니까?

(예, 아니오) (−1, +1)

178. 정해진 목적지를 기분에 의해 바꾸기도 합니까?

(예, 아니오) (−1, +1)

179. 오래된 것은 지저분해 보입니까?

(예, 아니오) (−1, +1)

180. 무슨 일을 시작할 때 충동적으로 합니까?

(예, 아니오) (−1, +1)

181. 짧은 사이에 자주 생각을 바꿉니까?

(예, 아니오) (−1, +1)

182. 똑같은 일을 지속적으로 할 수 있습니까?

(예, 아니오) (+1, −1)

183. 오래동안 움직이지 않고 앉아 있으면 괴롭습니까?

(예, 아니오) (−1, +1)

184. 물건을 살때 CM의 영향을 받습니까?

(예, 아니오) (−1, +1)

185. 새 것을 보면 욕심이 별로 생기지 않습니까?

(예, 아니오) (−1, +1)

186. 취미는 오래동안 계속됩니까?

(예, 아니오) (+1, −1)

187. 언제나 감정에 좌우되지 않고 차분합니까?

(예, 아니오) (+1, −1)

188. 새 것에 대해서 호기심이 생깁니까?

(예, 아니오) (−1, +1)

189. 움직이지 않고 가만히 있어도 견딜 수 있습니까?

(예, 아니오) (+1, −1)

190. 한번 사귄 친구는 오래동안 지속되는 편입니까?
(예, 아니오) (+1, −1)

191. 한번 정한 일은 변경하지 않는 편입니까?
(예, 아니오) (+1, −1)

192. 자신이 기분에 따라 행동한다고 생각합니까?
(예, 아니오) (−1, +1)

193. 친구가 자주 바뀌는 편입니까?
(예, 아니오) (−1, +1)

194. 다른 사람의 물건은 자신의 것보다 좋아 보입니까?
(예, 아니오) (+1, −1)

195. 일을 시작할 때 충분히 생각하고 시작합니까?
(예, 아니오) (+1, −1)

196. 유행에 따라 자신의 패션을 바꿉니까?
(예, 아니오) (−1, +1)

197. 계획에 없는 물건도 잘 사는 편입니까?
(예, 아니오) (−1, +1)

198. 오래된 물건이라도 아끼며 잘 씁니까?
(예, 아니오) (+1, −1)

199. 행동이 기분에 의해 변하지 않는 편입니까?
(예, 아니오) (+1, −1)

200. 따분하고 재미없는 이야기라도 오래동안 들을 수 있습니까?
(예, 아니오) (+1, −1)

201. 자신이 신중하게 생각하지 못한다고 생각합니까?
(예, 아니오) (−1, +1)

202. 모든 일을 밝고 희망적인 방향으로 생각합니까?
(예, 아니오) (+1, −1)

203. 시험이 닥쳐와도 긴장감 없이 놀 수 있습니까?

(예, 아니오) (+1, −1)

204. 항상 모든 일을 긍정적으로 받아들일 수가 있습니까?

(예, 아니오) (+1, −1)

205. 에스컬레이터에서는 뛰거나 걷지 않습니까?

(예, 아니오) (+1, −1)

206. 급하지 않은데도 걸음걸이가 빨라집니까?

(예, 아니오) (−1, +1)

207. 잘못한 일에 대해 반성해야 할 일이 많다고 생각합니까?

(예, 아니오) (−1, +1)

208. 마음과 몸이 모두 느긋합니까?

(예, 아니오) (+1, −1)

209. 횡단 보도에서 신호등이 바뀌기를 기다리는 데에도 조바심
이 납니까?

(예, 아니오) (−1, +1)

210. 고민을 쉽게 잊어 버릴 수 있습니까?

(예, 아니오) (+1, −1)

211. 계산해야 할 자리를 피합니까?

(예, 아니오) (−1, +1)

212. 사놓은 물건 중에 쓰지 않은 것이 많이 있습니까?

(예, 아니오) (−1, +1)

213. 자신이 잘못한 일에 대해 반성을 거의 하지 않습니까?

(예, 아니오) (+1, −1)

214. 모든 일에 대해 지나치게 신중하게 생각하는 편입니까?

(예, 아니오) (−1, +1)

215. 일을 느리게 하는 것을 싫어합니까?

(예, 아니오) (+1, −1)

216. 미용실에서 오래동안 기다리게 되면 짜증이 납니까?

(예, 아니오) (−1, +1)

217. 모든 행동을 신중하게 생각하고나서 실행에 옮깁니까?

(예, 아니오) (+1, −1)

218. 다른 사람이 낙천적이라고 말해 줍니까?

(예, 아니오) (+1, −1)

219. 느긋하다는 말을 듣습니까?

(예, 아니오) (+1, −1)

220. 적신호라도 마음을 조이지 않고 기다립니까?

(예, 아니오) (+1, −1)

221. 심각한 고민에 대해서 그다지 생각하지 않습니까?

(예, 아니오) (+1, −1)

222. 모든 일을 심각하게 생각하는 것이 싫습니까?

(예, 아니오) (+1, −1)

223. 매사를 희망없이 생각하는 편입니까?

(예, 아니오) (−1, +1)

224. 모든 일을 걱정없이 태연하게 보아 넘기는 편입니까?

(예, 아니오) (−1, +1)

225. 에스컬레이터에서 걷습니까?

(예, 아니오) (+1, −1)

226. 미장원이나 이발소에서 기다리는 것에 대해 아무렇지 않습니까?

(예, 아니오) (+1, −1)

227. 상대방이 약속 시간에 오지 않으면 안달합니까?

(예, 아니오) (−1, +1)

228. 불가능한 일을 원래의 상태로 잘 돌려 놓습니까?

(예, 아니오) (−1, +1)

229. 약속 시간보다 늦게 당도할 것 같으면 조바심이 납니까?

(예, 아니오) (−1, +1)

230. 자신이 조심성이 없다고 자주 느낍니까?

(예, 아니오) (−1, +1)

231. 행동을 할 때 신중하게 생각하지 않는 편입니까?

(예, 아니오) (−1, +1)

232. 매사를 성급하게 판단하여 떠맡는 편입니까?

(예, 아니오) (−1, +1)

233. 좋은 쪽으로 생각하는 편입니까?

(예, 아니오) (+1, −1)

234. 상대가 약속 시간을 어겨도 안달하지 않습니까?

(예, 아니오) (+1, −1)

235. 행동에 있어 충동적이지 않은 편입니까?

(예, 아니오) (+1, −1)

236. 다른 사람들이 성격이 급하다고 합니까?

(예, 아니오) (−1, +1)

237. 어떠한 일을 깊게 생각하는 편입니까?

(예, 아니오) (−1, +1)

238. 전화를 걸었을 때 통화중이면 자꾸 전화를 겁니까?

(예, 아니오) (−1, +1)

239. 계산하는 자리를 피하지 않습니까?

(예, 아니오) (+1, −1)

240. 낙천주의라고 자신을 생각하지 않습니까?

(예, 아니오) (−1, +1)

241. 감사하는 마음으로 식사를 합니까?

(예, 아니오) (+1, −1)

242. 혼자 있으면 재미없고 따분합니까?

(예, 아니오) (+1, −1)

243. 호의적으로 상대방의 말을 받아들입니까?

(예, 아니오) (+1, −1)

244. 무슨 일을 할 때 다른 사람의 의견을 듣고 행동으로 옮깁니까?

(예, 아니오) (+1, −1)

245. 매일 즐거운 생활에 만족하고 있습니까?

(예, 아니오) (+1, −1)

246. 학교 생활에 불만을 가져보지 않았습니까?

(예, 아니오) (−1, +1)

247. 좀더 잘 생긴 얼굴이었으면 하고 생각합니까?

(예, 아니오) (−1, +1)

248. 용돈이 부족합니까?

(예, 아니오) (−1, +1)

249. 매달 용돈에 만족하지 않습니까?

(예, 아니오) (−1, +1)

250. 칭찬도 좋게 받아들이지 않습니까?

(예, 아니오) (+1, −1)

251. 다른 사람의 말을 호의적으로 받아들이지 않는 편입니까?

(예, 아니오) (−1, +1)

252. 혼자 있을 때 좋습니까?

(예, 아니오) (−1, +1)

253. 혼자서 무엇이나 하는 편입니까?

(예, 아니오) (−1, +1)

254. 좀더 멋지거나 꽤 좋은 모습이었으면 하고 생각합니까?

(예, 아니오) (−1, +1)

255. 불만을 느끼는 선배가 있습니까?

(예, 아니오) (−1, +1)

256. 모든 일에 감사하는 편입니까?

(예, 아니오) (+1, −1)

257. 자신의 생각대로 하는 편입니까?

(예, 아니오) (−1, +1)

258. 행동할 때 자신의 생각을 중요시합니까?

(예, 아니오) (−1, +1)

259. 자신이 손해를 보고 있다고 생각합니까?

(예, 아니오) (−1, +1)

260. 자신이 이익을 보고 있다고 생각합니까?

(예, 아니오) (+1, −1)

261. 상대방의 의견을 존중합니까?

(예, 아니오) (+1, −1)

262. 칭찬을 받으면 기쁘게 생각하지 않습니까?

(예, 아니오) (−1, +1)

263. 상대방의 행동을 호의적으로 보는 편입니까?

(예, 아니오) (+1, −1)

264. 상대방에게 무슨 말을 들어도 들은 척하지 않습니까?

(예, 아니오) (−1, +1)

265. 친구가 마음에 차지 않습니까?

(예, 아니오) (−1, +1)

266. 무슨 일이든지 고맙게 받아들이는 편입니까?

(예, 아니오) (+1, −1)

267. 어떠한 상황이라도 만족할 수 있습니까?

(예, 아니오) (+1, −1)

268. 상대방의 말을 좋지 않는 쪽으로 해석하는 편입니까?

(예, 아니오) (−1, +1)

269. 누군가가 칭찬을 하면 솔직히 기뻐합니까?

(예, 아니오) (+1, −1)

270. 만족스러운 친구가 있습니까?

(예, 아니오) (+1, −1)

271. 혼자보다는 여럿이 함께 있을 때가 즐겁습니까?

(예, 아니오) (+1, −1)

272. 좋은 쪽으로 상대방의 말을 해석합니까?

(예, 아니오) (+1, −1)

273. 하루하루의 생활이 힘들고 괴롭습니까?

(예, 아니오) (−1, +1)

274. 자신의 생각대로 일을 추진하지 못합니까?

(예, 아니오) (+1, −1)

275. 선배에게 부족함이 없습니까?

(예, 아니오) (+1, −1)

276. 불행함을 스스로 느낍니까?

(예, 아니오) (−1, +1)

277. 상대방의 의견을 절대 참고하지 않습니까?

(예, 아니오) (−1, +1)

278. 자신의 학교 생활이 즐거웠다고 느낍니까?

(예, 아니오) (−1, +1)

279. 학교 생활에 만족하고 있습니까?

(예, 아니오) (+1, −1)

280. 불만이 있는 선생님이 있습니까?

(예, 아니오) (−1, +1)

281. 기분 나쁜 일은 빨리 잊어버리는 편입니까?

(예, 아니오) (+1, −1)

282. 슬픈 일이 있어도 쉽게 잊어버릴 수 있습니까?

(예, 아니오) (+1, −1)

283. 주위에 있는 사람에게 인사하는 것이 귀찮습니까?

(예, 아니오) (−1, +1)

284. 동요되었다가도 쉽게 행동이 침착해집니까?

(예, 아니오) (+1, −1)

285. 다른 사람들이 자신을 어떻게 평가하든 개의치 않습니까?

(예, 아니오) (+1, −1)

286. 자신에 대해 떠도는 말에 관심을 기울입니까?

(예, 아니오) (−1, +1)

287. 슬럼프에 빠져도 쉽게 다시 시작할 수 있습니까?

(예, 아니오) (+1, −1)

288. 자신이 주위 사람들에게 인정받고 있다고 생각합니까?

(예, 아니오) (+1, −1)

289. 윗사람과 대화하는 것이 고통스럽습니까?

(예, 아니오) (−1, +1)

290. 자신에 대해서 평가하는 상대방들의 말에 신경이 쓰입니까?

(예, 아니오) (−1, +1)

291. 쉽게 선배들과 친해집니까?

(예, 아니오) (+1, −1)

292. 긴장하지 않는 상태에서 선생님과 이야기할 수 있습니까?

(예, 아니오) (+1, −1)

293. 다른 사람들이 자신에 대해서 어떻게 생각하고 있는지 신경
이 쓰입니까?

(예, 아니오) (−1, +1)

294. 주눅들지 않고 윗사람하고 이야기할 수 있습니까?

(예, 아니오) (+1, −1)

295. 마음의 동요가 일어나면 무엇을 해야 좋을지 모르게 됩니
까?

(예, 아니오) (−1, +1)

296. 슬럼프에 빠지면 헤어나기가 어렵습니까?

(예, 아니오) (−1, +1)

297. 평정을 쉽게 되찾을 수 있습니까?

(예, 아니오) (+1, −1)

298. 마음이 동요되었다가도 쉽게 평정을 되찾습니까?

(예, 아니오) (+1, −1)

299. 자연스럽게 윗사람을 대할 수 있습니까?

(예, 아니오) (+1, −1)

300. 상대방에게 의식(意識)을 받으면 기쁩니까?

(예, 아니오) (−1, +1)

301. 윗사람과 이야기하는 것에 대해 불편함을 느낍니까?

(예, 아니오) (−1, +1)

302. 다른 사람이 자신의 이야기를 하는 것이 기쁩니까?

(예, 아니오) (−1, +1)

303. 어떤 경우라도 냉정하게 옳고 그름을 판단할 수 있습니까?

(예, 아니오) (+1, −1)

304. 상대방의 눈을 의식하는 편입니까?

(예, 아니오) (−1, +1)

305. 자의식이 너무 강하다고 느낀 적이 있습니까?

(예, 아니오) (−1, +1)

306. 주눅들지 않고 윗사람과 이야기합니까?

(예, 아니오) (−1, +1)

307. 다른 사람들이 침착하지 못하다고 합니까?

(예, 아니오) (−1, +1)

308. 당황하지 않고 긴급 사태를 해결하기 위해 행동할 수 있습
니까?

(예, 아니오) (+1, −1)

309. 동요되면 쉽게 얼굴에 나타납니까?

(예, 아니오) (−1, +1)

310. 스스럼없이 선생님과 지내는 편입니까?

(예, 아니오) (+1, −1)

311. 마음속의 흔들림이 금새 밖으로 나타납니까?

(예, 아니오) (−1, +1)

312. 소문에 자신이 휘말려도 좋습니까?

(예, 아니오) (−1, +1)

313. 침착하지 못한 편입니까?

(예, 아니오) (−1, +1)

314. 다른 사람들이 침착하다고 합니까?

(예, 아니오) (+1, −1)

315. 어머니 친구분들이 오셨을 때 잘 대접할 수 있습니까?

(예, 아니오) (+1, −1)

316. 어머니의 친구분을 접대하는 것이 귀찮습니까?

(예, 아니오) (−1, +1)

317. 깜짝 놀라면 어리둥절해 하는 편입니까?

(예, 아니오) (−1, +1)

318. 마음에 동요가 일어도 표정으로 나타나지 않습니까?

(예, 아니오) (+1, −1)

319. 주위 사람들 사이에 평판이 좋다고 생각합니까?

(예, 아니오) (+1, −1)

320. 다른 사람들의 눈은 신경쓰지 않습니까?

(예, 아니오) (+1, −1)

321. 기호에 맞지 않으면 받아들이지 않는 편입니까?

(예, 아니오) (+1, −1)

322. 상대방과 통화할 때 언제나 부드럽게 말합니까?

(예, 아니오) (+1, −1)

323. 나쁜 뜻 없이 한 말은 한쪽 귀로 듣고 흘려 버립니까?

(예, 아니오) (+1, −1)

324. 상대방을 비판할 때가 있습니까?

(예, 아니오) (−1, +1)

325. 틀렸다고 생각하면 필사적으로 부정합니까?

(예, 아니오) (−1, +1)

326. 거칠게 전화를 끊는 경우가 있습니까?

(예, 아니오) (−1, +1)

327. 가만히 아무것도 하지 않을 수 있습니까?

(예, 아니오) (−1, +1)

328. 화를 아무데서나 내는 편입니까?

(예, 아니오) (−1, +1)

329. 흥분을 여간해서는 하지 않는 편입니까?

(예, 아니오) (+1, −1)

330. 상대편이 옳다고 판단되면 금방 물러납니까?

(예, 아니오) (+1, −1)

331. 자신이 좋아하는 연예인을 비방하면 화가 나지 않습니까?

(예, 아니오) (+1, −1)

332. 여유 있는 시간이 생기면 기쁩니까?

(예, 아니오) (+1, −1)

333. 흥분을 쉽게 하는 편입니까?

(예, 아니오) (−1, +1)

334. 가만히 아무것도 하지 않고 있을 수 있습니까?

(예, 아니오) (+1, −1)

335. 성질이 나면 물건을 집어던집니까?

(예, 아니오) (−1, +1)

336. 너무나 많은 여유가 주어지는 것은 싫습니까?

(예, 아니오) (−1, +1)

337. 신경이 곤두서면 감정을 밖으로 풀어내어 없앱니까?

(예, 아니오) (−1, +1)

338. 옳다고 생각하면 추진해 나갑니까?

(예, 아니오) (−1, +1)

339. 상대방들이 정색하고 기분이 상할 화제를 올릴 때가 있습니까?

(예, 아니오) (−1, +1)

340. 싸우다가 굴복할 때도 있습니까?

(예, 아니오) (−1, +1)

341. 남이 자신이 좋아하는 연예인을 욕하면 화가 납니까?

(예, 아니오) (−1, +1)

342. 뜻 없이 한 말에도 화를 냅니까?

(예, 아니오) (−1, +1)

343. 일을 시킬 때까지는 하지 않습니까?

(예, 아니오) (−1, +1)

344. 화가 나더라도 물건을 집어던지지 않습니까?

(예, 아니오) (+1, −1)

345. 쉬는 날에는 아무것도 하고 싶지 않습니까?

(예, 아니오) (+1, −1)

346. 상대방의 의견과 다를 때도 양보하지 않는 편입니까?

(예, 아니오) (−1, +1)

347. 언제나 무슨 일을 해야만 합니까?

(예, 아니오) (+1, −1)

348. 상대방과 의견이 다를 때는 한발 양보합니까?

(예, 아니오) (+1, −1)

349. 싸움을 해도 객관적으로 판단할 수 있습니까?

(예, 아니오) (+1, −1)

350. 쉬는 시간에는 편히 있고 싶습니까?

(예, 아니오) (+1, −1)

351. 쉬는 시간에도 일하고 싶습니까?

(예, 아니오) (−1, +1)

352. 조롱을 당해도 정색하며 화를 내는 경우는 없습니까?
          (예, 아니오) (+1, −1)

353. 다투거나 싸움을 하면 절대로 항복하지 않습니까?
          (예, 아니오) (+1, −1)

354. 싸우다가 물건이 찌그러지거나 부서진 일은 없습니까?
          (예, 아니오) (+1, −1)

355. 자신이 옳다고 생각해도 상대방의 의견에 따릅니까?
          (예, 아니오) (+1, −1)

356. 자신의 일을 적극적으로 찾아 합니까?
          (예, 아니오) (+1, −1)

357. 자신을 망각하고 이야기에 빠져들 때가 있습니까?
          (예, 아니오) (−1, +1)

358. 상대방에 대해 비판하는 것을 싫어합니까?
          (예, 아니오) (+1, −1)

359. 화가 나면 화를 표현합니까?
          (예, 아니오) (−1, +1)

360. 조롱과 무시를 당하면 금방 화를 냅니까?
          (예, 아니오) (−1, +1)

361. 싫은 사람과도 힘을 모아 같이 일할 수 있습니까?
          (예, 아니오) (+1, −1)

362. 걱정거리가 생기면 머리 속에서 계속 맴도는 편입니까?
          (예, 아니오) (−1, +1)

363. 싫어하는 사람과 눈이 마주쳐도 피하지 않습니까?
          (예, 아니오) (+1, −1)

364. 일과 감정의 전환이 어렵습니까?
          (예, 아니오) (−1, +1)

365. 산다는 것이 힘들다고 느낀 적은 없습니까?

(예, 아니오) (+1, −1)

366. 행복하고 기쁜 일만 기억하고 있습니까?

(예, 아니오) (+1, −1)

367. 마음에 들지 않는 사람하고도 인사 정도는 합니까?

(예, 아니오) (+1, −1)

368. 걱정거리가 생기면 하루종일 그 일만을 떠올립니까?

(예, 아니오) (−1, +1)

369. 싫어하는 사람은 안만나려고 노력합니까?

(예, 아니오) (−1, +1)

370. 사람은 너무 힘들고 어려운 일들이 많다고 생각합니까?

(예, 아니오) (−1, +1)

371. 산다는 것이 힘들다고 자주 느낍니까?

(예, 아니오) (−1, +1)

372. 마음에 들지 않는 사람과는 협력할 수 없습니까?

(예, 아니오) (−1, +1)

373. 매일 힘들고 어려운 일들이 너무 많습니까?

(예, 아니오) (−1, +1)

374. 시간이 지나면 대부분 즐거운 기억으로 남습니까?

(예, 아니오) (+1, −1)

375. 지금까지 힘들고 어려웠던 일은 별로 없습니까?

(예, 아니오) (+1, −1)

376. 싫어하는 사람하고도 만나려고 노력합니까?

(예, 아니오) (+1, −1)

377. 마음에 걸리는 일이 머리속에서 계속 떠오릅니까?

(예, 아니오) (−1, +1)

378. 힘들고 언짢은 일도 피하지 않습니까?

（예, 아니오）　（+1, −1）

379. 보고 싶지 않는 사람은 피합니까?

（예, 아니오）　（−1, +1）

380. 힘겹고 어려운 일은 피하는 편입니까?

（예, 아니오）　（−1, +1）

381. 시험 보기 전에 노는 계획이 세워집니까?

（예, 아니오）　（+1, −1）

382. 걱정되는 일이 있으면 잠을 잘 수가 없습니까?

（예, 아니오）　（−1, +1）

383. 시험을 치르기 전에는 절대로 놀지 않습니까?

（예, 아니오）　（−1, +1）

384. 아쉬운 일이 생기면 다음 기회에 기대를 가져봅니까?

（예, 아니오）　（+1, −1）

385. 마음이 아픈 일만 머리속에 남습니까?

（예, 아니오）　（−1, +1）

386. 걱정되는 일이 생기면 공부를 할 수가 없습니까?

（예, 아니오）　（−1, +1）

387. 하루하루가 당신에게 뜻이 있다고 생각합니까?

（예, 아니오）　（+1, −1）

388. 매일 멋진 삶이 앞으로 펼쳐질 것이라고 생각합니까?

（예, 아니오）　（+1, −1）

389. 일과 감정의 전환을 잘 합니까?

（예, 아니오）　（+1, −1）

390. 즐거운 일보다는 힘들고 어려운 일이 많습니까?

（예, 아니오）　（−1, +1）

391. 걱정되는 것이 있어도 쉽게 잊어버립니까?

(예, 아니오)　(+1, −1)

392. 당신의 마음을 잘 알아주는 사람과 같이 있고 싶습니까?

(예, 아니오)　(−1, +1)

393. 싫어하는 상대에게 한발 양보할 수 있습니까?

(예, 아니오)　(+1, −1)

394. 좋지 않은 일들만 기억에 남습니까?

(예, 아니오)　(−1, +1)

395. 좋지 않은 일보다 즐거운 일이 많습니까?

(예, 아니오)　(−1, +1)

396. 오랫동안 삶을 영위하고 싶습니까?

(예, 아니오)　(+1, −1)

397. 행복하고 기쁜 일만 생각합니까?

(예, 아니오)　(+1, −1)

398. 마음에 들지 않은 사람이라도 인사를 합니까?

(예, 아니오)　(+1, −1)

399. 마음에 들지 않는 사람하고는 인사도 하지 않습니까?

(예, 아니오)　(−1, +1)

400. 시험보기 전에 긴장합니까?

(예, 아니오)　(−1, +1)

평가 방법

1. 문제별 인성 테스트의 구분은 다음과 같다.

(1) 문제 1~40

성격이 밝은가 어두운가를 보는 문제이다.

(2) 문제 41~80

수동적 성향인가 자주적 성향인가를 보는 문제이다.

(3) 문제 81~120

내향성인가 외향성인가 보는 문제이다.

(4) 문제 121~160

고립성과 지도성을 보는 문제이다.

(5) 문제 161~200

감정의 흐름이 급한가 침착한가를 보는 문제이다.

(6) 문제 201~240

포용성의 크고 작음을 보는 문제이다.

(7) 문제 241~280

이기적인가 아닌가를 보는 문제이다.

(8) 문제 281~320

참을성의 여부를 보는 문제이다.

(9) 문제 321~360

공격적인가 아닌가를 보는 문제이다.

(10) 문제 361~400

독선적인가 수용적인가를 보는 문제이다.

2. 이상의 총합을 다음 〈표1〉에 적어 넣으면 자신의 성향을 구체적으로 알 수 있다. 또 〈표2〉는 A에서 E까지의 등분한 구분이다.

〈표1〉

		−40	−30	−20	−10	0	+10	+20	+30	+40	
1	음기적										양기적
2	의존적										자주적
3	내향적										외향적
4	고립적										지도적
5	격정적										냉정적
6	비포용적										포용적
7	이기적										관용적
8	비인내적										인내적
9	공격적										자제적
10	독선적										협력적

〈표2〉

A	+25 ~ +40
B	+10 ~ +25
C	−10 ~ +10
D	−25 ~ −10
E	−40 ~ −25

제4장
지능 테스트

1. 언어 능력 테스트

1 | 말이 모든 것의 기본이다

답하는 법

1~4의 각 문제를 읽고 각각의 준비되어 있는 답 중에서 적당한 것을 골라 그 기호를 □에 기입해라.

언어 능력 테스트

1 다음 ①에서 ④의 □에 넣어 문장의 의미가 통하지 않는 말이 각각의 ㉠~㉣ 중 1개씩 들어있다. 그것을 찾아 기호로 답해 보자

① 평상시에 싫어하던 음식이라도 공복시□ 맛 있게 먹을 수 있다.
  ㉠ 에는   ㉡ 는   ㉢ 조차   ㉣ 면

② 휴일□ 이윽고 끝에 가까워진다.
  ㉠ 도   ㉡ 이   ㉢ 은   ㉣ 에

③ 파티에는 우리들□ 접대 역할을 하도록 하였다.
  ㉠ 이   ㉡ 로   ㉢ 도   ㉣ 을

④ 커피 외에 녹차□ 홍차도 준비했다.
  ㉠ 는   ㉡ 랑   ㉢ 와   ㉣ 에

② 다음 ①～④까지의 문제는 단어를 이룬 글자(형태소)와
단어의 순서(어순)가 섞여 있으므로 그대로는 의미를 알
수가 없다. 그러므로 글자의 잘못된 순서를 바로잡고 어순
을 맞게 재배열하여 질문에 답하라.

① ⓐ 날는개   ⓑ 장몇   ⓒ 까있을   ⓓ 의잠자리
답 ㉠ 2 ㉡ 4 ㉢ 6 ㉣ 8

② ⓐ 의능강   ⓑ 까있을   ⓒ 에쪽어느   ⓓ 은울서
답 ㉠ 東 ㉡ 西 ㉢ 南 ㉣ 北

③ ⓐ 요일일까무슨   ⓑ 일전은   ⓒ 일요의월
답 ㉠ 日 ㉡ 月 ㉢ 火 ㉣ 水

④ ⓐ 하는가이라무엇   ⓑ 많은나이   ⓒ 다보자기
ⓓ 자남   ⓔ 제형를
㉠ 兄   ㉡ 姉   ㉢ 弟   ㉣ 妹

③ 다음 ①에서 ④의 문장중 Ⓐ Ⓑ에 들어가는 말을 A군, B군
의 ㉠～㉢중 골라 기호로 답하라.

① 영희의 입은 매우 크다. 입이 너무 큰 사람은 미인이라고 말
할 수 없다.

Ⓐ 영희는 미인 Ⓑ
A군 ㉠ 그렇다치더라도 ㉡ 그렇다고 해서 ㉢ 그렇다면
B군 ㉠ ～이 아니면 안된다 ㉡ ～임에 틀림없다 ㉢ ～일리가
없다.

② 나는 너보다 키가 크다.
Ⓐ보다 키가 작다.

Ⓑ 나는 그보다 키가 크다고 할 수 없다.
　┌A군 : ㉠ 너는 그　㉡ 그는 나　㉢ 그는 너
　└B군 : ㉠ 그러나　㉡ 그렇지 않으면　㉢ 이것만으로는

③ Ⓐ보다도 성적이 나쁘다고는 할 수 없다. Ⓑ는 철수보다도
　성적이 나쁘다.
　┌A군 : ㉠ 영수는 철수　㉡ 철수는 민기　㉢ 민기는 철수
　└B군 : ㉠ 철수　㉡ 민기　㉢ 영수

④ 영희, 순이, 경희의 나이는 같지 않다. 제일 어린 사람은 영
　희가 아니다.
　Ⓐ보다 연상이다. 따라서 경희는 나이 많은 사람부터 세어서
　Ⓑ가 아니면 안된다.
　┌A군 : ㉠ 순이는 경희　㉡ 영희는 순이　㉢ 영희는 경희
　└B군 : ㉠ 1번째　㉡ 2번째　㉢ 3번째

④ 다음 A~H의 단문을 순서대로 나열하면 의미가 통하는 문장
　이 된다. ㉠~㉤중에서 바른 순서를 골라 기호로 답하라.

A. 헤이즐은 곧바로 토끼들을 누에콩밭까지 데려와 저녁까지 숨
　어서 쉴 곳을 찾았다.
B. 지금까지 이런 것을 본 적이 없었다.
C. 그러나 지금까지도 안전히 숨어 있을 수 있어서 모습을 보이
　지 않고 탈출할 수 있었다.
D. 소맥이나 대맥은 알고 있지만, 무밭에는 한번도 간 일이 없
　다.
E. 그러나 이 식물은 토끼에게 먹일 수 없다.
F. 헤이즐은 일어서서 작고 엷은 청색의 나무가 흑백 얼룩의 꽃

을 피우는 그 숲을 바라보았다.

G. 그러나 이곳은 어느 밭과도 달라 왠지 마음이 끌리고 건강에
좋을 것 같았다.

H. 그것을 냄새로 알았다.

㉠ F-E-C-H-D-B-G-A
㉡ F-B-E-H-C-D-G-A
㉢ F-E-D-G-H-C-B-A
㉣ F-D-G-H-B-E-C-A
㉤ F-B-D-G-E-H-C-A

답과 배점

1 ① ㄷ ② ㄹ ③ ㄹ ④ ㄱ (각 5점)
2 ① ㄴ ② ㄴ ③ ㄱ ④ ㄱ (각 5점)
3 ① A ㄷ B ㄷ ② A ㄱ B ㄷ ③ A ㄷ B ㄷ ④ A ㄱ B ㄷ
  (AB 모두 맞으면 각 10점)
4 ㉤ (20점)

총득점(점)

득점 산출 방법

정답과 배점을 합해 총 득점을 계산하자.

평가 방법

60점을 일반적 기준점으로 하고 80점 이상을 얻은 사람은 자신의 잠재능력에 자신을 가져도 좋다.

② 지능이란 무엇인가

지능의 정의는 매우 어렵다. 많은 학자들에 의해 여러 학설이 발표되어 있다. 이는 지능이라는 말이 널리 알려지고, 입에 자주 오르내림에도 불구하고 지능의 실체가 아직 충분히 파악되고 있지 못하다는 사실을 말하고 있다.

지능은 머리의 좋고 나쁨과 깊은 관계가 있다고 알고 있지는 않은가? 머리의 좋고 나쁨은 학교 성적과 입학 시험, 입사 시험의 결과만으로 알 수 있다고 믿고 있는 사람도 많다.

그러나 그것은 잘못이다. 지능에는 여러 인자가 있어 페이퍼 테스트로 계산되는 인자도 계산되지 않은 인자도 있기 때문이다. 결단력과 판단력, 통찰력 등은 계산되지 않은 지능 인자이다.

계산되는 인자는 40여 종류이지만 계산되지 않은 지능 인자는 70종류나 된다고 하는 전문가도 있다고 앞서 말한 바 있다. 현재 인간의 지능에 대해 대체로 승인된 것은 다음의 4종류이다.

① 새로운 환경에 적응하는 능력
② 학습하는 능력
③ 복잡하고 추상적인 재료를 다루는 능력
④ 통찰력

이것이 지능의 일반적인 정의이다. 그러나 아직 충분하지는 않다. 그래서 '지능이란 무엇인가'를 문제삼지 않고 지능의 측정과 그 이용이라는 면에 노력이 기울여지고 있다. 그것은 물리학에 있어서의 이론과 응용의 관계를 닮았다. 옛날 물리 학자는 열의 정의를 확실히 모르는 상태에서 온도계를 발명했다. 이 온도계를 사용하여 실험을 반복하여 여러 열현상을 연구하고 중요한 원리나 사실을 밝혀냈다. 지능 검사도 그와 마찬가지로 지능 자체의 본질은 아직 충분히 해명되지 않았지만 인간의 지적 능력이 검사에 의해 측정되고 교육 지도나 인사 관리에 유용하게 이용되는 것을 알 수 있다. 그 결과 '지능은 지능 검사에 의해 측정되는 능력'이라는 정의조차 나오고 있다.

지능 테스트에도 여러 종류가 있고 분류 방법도 다양하지만 그 사용 목적에서 보면 두 가지의 분류가 생긴다. '이 아이의 IQ는 얼마며, 편차치가……'등으로 검사의 결과를 지수나 편차치로 나타내 지능을 종합적으로 나타내고 있는 검사를 예견 검사(豫見檢査)라고 하고 그와 같은 지능을 '일반 지능'이나 '일차적 능력'이라고 부른다.

그에 비해 인간의 지능을 몇 개의 인자로 나누고 어느 면에 특히 결함이나 문제가 있는가를 조사하는 검사를 진단 검사(診斷檢査)라고 한다. 이것은 앞에서 서술한 바 있다.

지능 지수와 지능 편차치

지능은 유전적 자질이기 때문에 지능 지수는 일생을 통해 변하지 않는다고 생각되어져 왔다. 그러나 지능은 교육과 환경에 따라

110

꽤 변한다는 것이 많은 학자의 연구에서 밝혀졌다. 그러나 변화한다해도 환경과 교육 등의 조건을 발전적으로 개선하면 얼마든지 좋아진다는 뜻은 아니다. 또 어떤 훈련이나 치료 등의 인스턴트 훈련법으로 갑자기 좋아지는 것도 아니다. 역시 유전에 의해 규정된 한계가 있다. 그 한계는 어느 정도일까? 지능 지수로 어느정도인지 확실히 알 수는 없지만 통상 10~15정도가 아닐까 생각한다.

지능 지수=IQ는 Intelligence quotient의 약칭이다. 인간의 정신 연령의 연령에 대한 비를 100배한 수로 나타난다.

$$지능 \ 지수(IQ) \ = \frac{정신 \ 연령}{연령} \times 100$$

이것이 지능 지수이다. 정신 연령과 연령이 같은 사람은 지능 지수가 100이 된다. 지능 편차치=SS는 Standard Score(표준 특점), 또는 Sigma Score(편차치)의 약칭이다. 지능 편차치는 지능의 발달 정도를 동일 연령의 평균적인 값과 비교해 그 사람의 지능점이 어느 정도에 있는 가를 나타내는 숫자이다.

$$지능 \ 편차치(SS) = \frac{개인의 \ 지능점 - 같은 \ 연령의 \ 평균 \ 지능점}{0.1 \times 표준 \ 편차} + 50$$

의 공식으로 산출한다. 만약 그 연령에 해당하는 성적이라면 지능 편차치는 50, 평균보다 뛰어나면 50보다 크고, 못하면 50보다 작다.

적성안의 지능

젊은 세대는 지능 테스트를 접한 일이 많고 편차치나 지능 지수라는 말의 의미를 잘 알고 있을 것이기 때문에 여기에서는 간단한 설명으로 그치겠다.

인간은 각각 다른 얼굴을 가지고 또 독자적인 능력을 가지고 있는데 이 능력의 방향을 결정하는 것이 지능 인자이다. 지능 지수의 고저에 기뻐하고 화내기 보다는 자신이 가진 지능 인자의 질과 방향을 아는 것이 더 중요한 의미이다.

몇십 년 전까지는 사람들의 가치관이 단일하여 타인보다 나아지는 것이 인생의 목표였기 때문에 지능 지수의 수가 그대로 사회적 성공에 연결되는 듯한 착각을 일으킨 사람이 많았다. 그러나 직업 가치관 테스트의 결과에서도 알 수 있듯이 인생의 목적은 쾌적한 생활을 보내는 것으로 취미를 살리는 생활과 가족 화목을 중심으로 한 가정적인 형을 지향하는 사람이 늘고 있다. 또 직업의 선택도 타인에게 존경을 받는 것보다 즐겁게 일할 수 있는 직장 등과 같이 옛날과는 다른 경향이 되어가고 있다.

따라서 지능에 대한 사고 방식도 성격과 흥미 등과 마찬가지로 적성의 일부에 지나지 않음을 이해하고 지능 지수보다는 오히려 지능 인자를 진로 결정과 직업 선택에 중요한 조건으로 삼는다.

■ 지능 인자는 무엇인가

지능 지수와 정신 연령이라는 말은 지능을 통합된 능력으로 보는 것에서 출발한 것으로 그것을 분석한 것이 지능 인자이다.

연관된 지능 인자를 크게 나누면

　① 언어 능력

　② 수리 능력

　③ 공간 능력

이의 세 가지 능력으로 분류된다.

언어 능력이라는 용어는 정식 학술 용어가 아니다. 구체적으로 말하면 말하기, 듣기, 읽기, 쓰기의 능력, 즉 일반 '언어'를 의미하지만 다른 두 개, 수적 능력과 공간 능력과는 달리 너무 일상적이기 때문에 언어 인자는 국어능력 테스트를 문자 퍼즐 등과 구별하기 어려워졌다.

학력 테스트와 지능 테스트의 결정적인 차이는 전자가 지식을 테스트하는 것임에 비해, 후자는 잠재력을 발견하는 것을 목적으로 하는 것이다.

그러나 일상성이 높은 언어 능력을 계산하려면 문화, 즉 기성의 지식을 제외하면 생각할 수 없다는 점에 지능 테스트의 문제가 있다. 따라서 관점을 바꿔 생각하면 가로 세로 낱말 넣기 퍼즐 등은 언어 능력 없이는 불가능하며, 게다가 재미를 느끼면서 잠재 능력의 발견 역할을 하기 때문에 이것은 일종의 언어 능력 테스트라고 할 수 있지 않을까?

이 외에 언어 능력이 다른 능력과 다른 점은 페이퍼 테스트는 물론, 대인 관계나 면접에 이르기까지 이것을 필요로 하지 않는 부분은 거의 없다. 수적 능력과 공간 능력이 아무리 높아도 문제를 이해할 수 없거나 다르게 해석하면 정답이 틀리는 것은 당연하다.

또 마찬가지로 어휘가 적고 표현력이 치졸하면 악의가 없어도 사람을 화나게 하거나 오해를 받거나 혹은 면접에서 떨어지거나 하는 결과가 되는 것이다. 이와 같이 언어 능력은 모든 기본이 되는 능력으로 무시할 수 없는 능력이다.

③ 언어 능력은 무엇일까

　언어 능력은 언어의 의미와 언어에 연결되어 있는 개념을 이해하거나 그것들을 훌륭히 사용하는 능력과 또, 언어와 언어의 관계를 이해하여 문장 전체나 문절의 의미를 이해하는 능력과 지식과 개념을 명료하게 표현하는 능력 등을 가리킨다. 앞에서도 말했듯이 우리들의 실생활에는 매우 중요한 능력이고 문화가 발전하면 발전될수록 그 중요성이 더해가는 능력이다. 사회인으로서 또는 직업인으로서 언어 능력은 특히 균형을 유지하는 데에 필요하고 우리들 생활의 기본적 능력을 형성하는 요소이다.

　모든 사고는 언어에서 시작된다. 언어 능력의 수준에 의해 그 사람 전체에 대한 종합력을 알 수 있기 때문이다. 언어 능력에 뛰어난 사람은 예외 없이 어렸을 때부터 풍부한 언어 속에서 생활한다. 양친과의 대화나 양친끼리의 대화, 친구와의 논의와 독서, 일기 쓰기 등 말과 많이 접하며 살아온 사람은 무의식 중에 언어 능력이 향상되어 있다. 경험이 쌓이면 누구라도 일정 수준에 이를 수 있는 것이 언어 능력이다.

　이장의 테스트에서 만족할 만한 점수를 받지 못한 사람은 상식을 익히고 일상 생활에서 많이 읽고 쓰는 일을 끊임없이 반복하면 점진적으로 언어 능력을 향상시킬 수 있다.

　독서의 속도는 독해력에 정비례한다. 그러나 천천히 숙독하여 음미하는 것도 좋으며, 현대와 같이 막대한 정보량이 넘치고 있는 세상에서는 정확히, 또 빨리 읽는 능력도 필요하다. 그것은 그 독

서의 내용에 따라 결정될 것이다. 그것이 불가능하면 직업적 성공
은 어려울 것이다.

연습 문제

1 어휘 능력 (1)

다음 단어의 동의어 또는 반대말을 a~d 중에서 골라, 부호로 쓰시오.

(1) 연약	a. 강력	b. 강성	c. 강경	d. 약자
(2) 중량	a. 질량	b. 무게	c. 소량	d. 함량
(3) 협의	a. 상담	b. 자립	c. 협상	d. 대화
(4) 안면	a. 안색	b. 친분	c. 용모	d. 용안
(5) 형식	a. 내용	b. 모양	c. 식사	d. 외형
(6) 걷다	a. 꺼지다	b. 흔들리다	c. 가다	d. 달리다
(7) 복잡	a. 간단	b. 복식	c. 혼잡	d. 복수
(8) 어둡다	a. 높다	b. 검다	c. 가볍다	d. 밝다
(9) 볼모	a. 유인	b. 인질	c. 협박	d. 복수
(10) 통달	a. 교육	b. 통독	c. 능숙	d. 능통
(11) 고갈	a. 소멸	b. 보중	c. 해소	d. 해갈
(12) 단결	a. 단합	b. 자유	c. 속박	d. 단체
(13) 용감	a. 만용	b. 용기	c. 용서	d. 후퇴
(14) 벗다	a. 서두르다	b. 약하다	c. 이르다	d. 입다
(15) 일반적	a. 추상적	b. 기초적	c. 보편적	d. 구체적
(16) 기립	a. 침실	b. 착석	c. 결석	d. 출석
(17) 해후	a. 상봉	b. 이별	c. 해방	d. 해산
(18) 조락한	a. 낡은	b. 침침한	c. 밝은	d. 쇠퇴한

(19) 여명	a. 새벽	b. 빛	c. 안개	d. 어두움
(20) 발달	a. 도착	b. 부흥	c. 발명	d. 출발
(21) 부흥	a. 부유	b. 재건	c. 발전	d. 풍족
(22) 채택	a. 채광	b. 택일	c. 채굴	d. 선정
(23) 이익	a. 이용	b. 공익	c. 권익	d. 수익
(24) 구성	a. 조직	b. 완성	c. 구도	d. 후생
(25) 광명	a. 일월	b. 암흑	c. 일광	d. 섬광
(26) 정화	a. 청결	b. 순화	c. 고상	d. 정돈
(27) 강렬	a. 강국	b. 강인	c. 미약	d. 강력
(28) 대중	a. 공중	b. 청중	c. 군중	d. 보통
(29) 안스럽다	a. 섭섭하다	b. 무섭다	c. 가엾다	d. 기쁘다
(30) 해석	a. 석명	b. 해결	c. 설명	d. 해법
(31) 한랭	a. 냉해	b. 온냉	c. 한기	d. 온난
(32) 세심	a. 세공	b. 대담	c. 심장	d. 유약
(33) 경계	a. 경호	b. 경찰	c. 감시	d. 고발
(34) 발생	a. 성장	b. 발견	c. 소멸	d. 발휘
(35) 과오	a. 신의	b. 정직	c. 성실	d. 잘못

■해 답

(1) c	(2) b	(3) c	(4) b	(5) a	(6) d	(7) a
(8) d	(9) b	(10) d	(11) b	(12) a	(13) b	(14) d
(15) c	(16) b	(17) a	(18) d	(19) a	(20) c	(21) b
(22) d	(23) d	(24) a	(25) b	(26) b	(27) c	(28) c
(29) c	(30) a	(31) b	(32) b	(33) c	(34) c	(35) d

2 어휘 능력 (2)

다음 단어를 의미가 통하는 문장이 되도록 ( )안에서 적당
한 단어를 골라 기호로 답하시오.

(1) 해외여행이   되었다   지금은
    (a. 일반화 b. 막연히 c. 변화 d. 특별한 e. 확실히)

(2) 온천이   관광객이   산에   늘었다
    (a. 유행하자 b. 찾아 c. 차츰 d. 가자 e. 숫자)

(3) 공부하니까   넘겠지요   밤   늦게까지   합격선은
    (a. 그러니까 b. 최소한 c. 마치 d. 아직 e. 그런데)

(4) 콘센트에   완전하게   플러그는   꽂아   주십시오
    (a. 느슨하게 b. 여기까지 c. 반드시 d. 끝까지
    e. 대단히)

(5) 나는   이러한   예가   이밖에   모른다
    (a. 있을 b. 대답하는지 c. 있는지 없는지
    d. 나오는지 e. 있다고)

(6) 외국에   계획이었는데   생겼다   나는   집에   나갈
    (a. 가족이 b. 사정이 c. 걱정이라서 d. 얼마전부터
    e. 어떻게)

(7) 일어나서   일을   아침일찍   생각했다
    (a. 과거에 b. 절대로 c. 특별한 d. 공통되는
    e. 여러 가지)

118

(8) 정말로   만나니   새롭다   감회가
   (a. 쓸데없이   b. 금방   c. 자주   d. 그런데
   e. 오랜만에)

(9) 속도로   서론은   말해   주십시오
   (a. 빠르게   b. 재빨리   c. 적당한   d. 앞뒤로
   e. 될 수 있는)

(10) 날씨가   좋아서   역까지   걸어갔다   오늘은
    (a. 될 수 있는 한   b. 겨우   c. 별로   d. 피곤해서
    e. 천천히)

(11) 속으로   낫다   앓는 것 보다   표현하는   것이
    (a. 잘   b. 솔직히   c. 크게   d. 지금을   e. 보편적인)

(12) 있다   5시까지   책임받은   끝낼   일은
    (a. 예정이   b. 수가   c. 준비가   d. 길게   e. 이유가)

(13) 2와   들어가는데   5 안에는   3이   다음은   몇입니까
    (a. 6   b. 10   c. 8   d. 2   e. 4)

(14) 1시간이나   하지 않으면   벌써   약속시간이
    곤란합니다.   지났는데
    (a. 괜히   b. 적당히   c. 확실히   d. 빠른   e. 진짜로)

(15) 날고   새는   물속을   하늘을   물고기는
    (a. 뛴다   b. 헤엄친다   c. 가볍다   d. 둘러싼다
    e. 날다)

(16) 당신도 했습니다 드디어 졸업이라니 내년이면
(a. 고생 b. 정말 c. 열심히 d. 상당히 e. 수고)

(17) 그 공원까지 여기에서 갈 수 있습니다
당신 걸음으로
(a. 매우 b. 10분 이상이나 c. 직접 d. 겨우
e. 3분이면)

(18) 시키는 것이 문장의 목적은 중요하다 이해
(a. 상대방에 b. 독자에게 c. 표현 d. 더욱
e. 어렵게)

(19) 찾는데 이 책을 힘이 들었다
(a. 이리저리 b. 빨리 c. 무척 d. 겨우 e. 별로)

(20) 이 티켓을 누구나 신청하면 그냥 드리겠습니다
(a. 원하는 사람은 b. 전할 사람은 c. 판 사람은
d. 예약할 사람은 e. 살 사람은)

■ 해 답

(1) a	(2) e	(3) b	(4) d	(5) c	(6) b	(7) b
(8) e	(9) c	(10) e	(11) b	(12) b	(13) e	(14) c
(15) b	(16) e	(17) e	(18) b	(19) c	(20) a	

3 어휘 능력 (3)

다음 단어의 상호관계를 생각할 때 ( ) 안에 들어갈 적당한 단어를 a~e에서 골라 기호로 쓰시오.

(1) 크레용 : 도화지 = 못 : ( )
   a. 집   b. 판자   c. 망치   d. 나무   e. 도구

(2) 새 : 물고기 = 하늘 : ( )
   a. 땅   b. 남색   c. 배   d. 바다   e. 물

(3) TV : 브라운관 = 회중전등 : ( )
   a. 렌즈   b. 전류   c. 전지   d. 빛   e. 전구

(4) 전압 : V = 저항 : ( )
   a. V   b. G   c. S   d. R   e. A

(5) 짐 : 길 = 들다 : ( )
   a. 올리다   b. 차   c. 고속도로
   d. 걷다   e. 메다

(6) 빽빽하다 : 헐겁다 = 맵다 : ( )
   a. 달다   b. 가늘다   c. 시다
   d. 알칼리성   e. 핥다

(7) 기차 · 자동차 = 레일 : ( )
   a. 도로   b. 멈추다   c. 속도
   d. 다수   e. 타이어

(8) 볼펜 : 대패 = 쓰다 : (　)
　　a. 쏠다　　　　　b. 두드리다　　　c. 부수다
　　d. 밀다　　　　　e. 자르다

(9) 수은 : 알루미늄 = 중금속 : (　)
　　a. 경금속　　　　b. 전기분해　　　c. 용도
　　d. 녹는다　　　　e. 녹지 않는다

(10) 눅눅 : 습도 = 반짝반짝 : (　)
　　a. 색　　b. 기후　　c. 빛　　d. 크기　　e. 소리

(11) 난초 : 원예식물 = 버스 : (　)
　　a. 승용차　　　　b. 교통기관　　　c. 기차
　　d. 운수　　　　　e. 교통

(12) 시 : 시장 = 도 : (　)
　　a. 주민　　b. 지사　　c. 정치　　d. 대표자　　e. 선거

(13) 가을 : 봄 = 코스모스 : (　)
　　a. 튤립　　　　　b. 선인장　　　c. 개나리
　　d. 장미　　　　　e. 목련

■해 답

(1) b	(2) e	(3) e	(4) d	(5) d	(6) a	(7) a
(8) d	(9) a	(10) c	(11) b	(12) b	(13) c	

4 어휘 능력 (4)

주어진 단어의 상관관계를 잘 이해한 다음 그 단어와 뜻이 통하는 단어를 골라 기호로 답하시오.

1. TV·브라운관―백열등·(   )
   (a. 전류 b. 빛 c. 렌즈 d. 형광등 e. 전구)

2. 볼펜·지우개―(   )·지우다
   (a. 자르다 b. 깎다 c. 나누다 d. 붙이다 e. 쓰다)

3. 양·산―고래·(   )
   (a. 바다 b. 강 c. 하늘 d. 높다 e. 물)

4. 고소(告訴)·변호(辯護)―혹평(酷評)·(   )
   (a. 평판(評判) b. 악덕(惡德) c. 악평(惡評)
   d. 절찬(絶讚) e. 비평(批評))

5. 톱·나무―바늘·(   )
   (a. 물 b. 종이 c. 산 d. 천 e. 공기)

6. 귤·과일―양파·(   )
   (a. 무기질 b. 논 c. 야채 d. 생선 e. 식품)

7. 자동차·기차―도로·(   )
   (a. 레일 b. 핸들 c. 달리다 d. 기어 e. 속도)

8. 난(蘭)·민들레―재배(栽培)·(   )
   (a. 고가(高價) b. 야외(野外) c. 4계(四季)
   d. 잡초(雜草) e. 자생(自生))

9. 기쁘다·슬프다―빠르다―(   )

(a. 맛있다 b. 늦다 c. 달다 d. 어렵다 e. 길다)

10. 견식(見識)·달견(達見)—풍설(風說)·(   )
   (a. 풍문(風聞) b. 해설(解說) c. 난해(難解)
   d. 풍아(風雅) e. 설명(說明))

11. 밝다·어둡다—짧다·(   )
   (a. 틀리다 b. 길다 c. 가늘다 d. 작다 e. 높다)

12. 개·동물—도라지·(   )
   (a. 봄 b. 화분 c. 꽃 d. 나무 e. 식물)

13. 반짝반짝·태양—(   )·비
   (a. 번쩍번쩍 b. 찔끔찔끔 c. 부슬부슬 d. 줄줄
   e. 꿈틀꿈틀)

14. 물고기·새—물·(   )
   (a. 바다 b. 강 c. 산 d. 육지 e. 하늘)

15. 오르다·산—(   )·물건
   (a. 무겁다 b. 뛰다 c. 기차 d. 들다 e. 자동차)

16. 연못·깊다—산·(   )
   (a. 짧다 b. 높다 c. 길다 d. 낮다 e. 두텁다)

17. 반짝반짝·빛—축축·(   )
   (a. 색깔 b. 습도 c. 모양 d. 날씨 e. 비)

18. 가을·여름—오이풀·(   )
   (a. 태양 b. 4계 c. 코스모스 d. 해바라기 e. 벚꽃)

19. 1·가—2·(   )
   (a. 다 b. 나 c. 마 d. 라 e. 가)

20. 벚꽃·코스모스—튤립·( )
   (a. 단풍 b. 연 c. 국화 d. 아카시아 e. 나팔꽃)

21. 나무·철—( )·타지 않는다
   (a. 가볍다 b. 쉽다 c. 부드럽다 d. 무겁다 e. 탄다)

22. 저항(抵抗)·R—전압(電壓)·( )
   (a. R b. A c. V d. S e. G)

23. 남산·청평호—산·( )
   (a. 호수 b. 하늘 c. 크다 d. 넓다 e. 바다)

24. 운동(運動)·정지(停止)—자유(自由)·( )
   (a. 속박(束縛) b. 음지(陰地) c. 양지(陽地)
   d. 태타(怠惰) e. 분방(奔放))

25. 회(會)·회장—구(區)·( )
   (a. 정치 b. 수상 c. 구청장 d. 투표 e. 주민)

26. 우표·그림엽서—책상·( )
   (a. 종이 b. 도구 c. 의자 d. 상자 e. 철)

27. 우미(優美)·속악(俗惡)—경원(敬遠)·( )
   (a. 우수(優秀) b. 사양(辭讓) c. 경어(敬語)
   d. 존중(尊重) e. 친근(親近))

■해 답

(1) e	(2) e	(3) a	(4) d	(5) d	(6) c	(7) a
(8) e	(9) b	(10) a	(11) b	(12) e	(13) c	(14) e
(15) d	(16) b	(17) b	(18) d	(19) b	(20) c	(21) e
(22) c	(23) a	(24) a	(25) c	(26) c	(27) e	

⑤ 문장력 (1)

다음 단어를 연결시켜 의미가 통하는 문장으로 만들려면 아래의
a~e 중 어느 말을 사용하면 좋은가?

(1) A와   사이에는   E의   오는데   다음에   B가
    오는 것은   무엇일까요
    a. C의 b. D의 c. B의 d. A의 e. E의

(2) 뭐니뭐니해도   이해   문장의 목적은   중요하다
    시키는 것이
    a. 읽는 사람에게   b. 표현해서   c. 불필요하게
    d. 말하는 사람을   e. 어려워서

(3) 외래어가   것은   영어계의   한자랑   잘 알려져 있다
    우리말에
    a. 도저히   b. 함부로   c. 많다는
    d. 굳이   e. 반드시

(4) 누구에게든지   이 책을   신청하면   드리겠습니다
    a. 쓰고 싶은 사람은   b. 원하는 사람은
    c. 사고 싶은 사람은   d. 갖고 싶은 사람은
    e. 먹고 싶은 사람은

(5) 애먹었다   발견하는 데에   출구를
    a. 군데군데   b. 상당히   c. 빠르게

    d. 겨우   e. 용케

(6) 헤엄친다　새는　물속을　물고기는　공중을
    a. 기면   b. 뛴다   c. 날고
    d. 달리면   e. 무겁지만

(7) 집까지　잘못탔기 때문에　나는　안되었다　막차를
    걷지 않으면
    a. 그렇게   b. 고단해서   c. 용케
    d. 쭉   e. 겨우

(8) 오늘을 충실하게　이것 저것　사는 것이　중요하다
    궁리만 하지 말고
    a. 기본적으로   b. 그러니까   c. 꼭
    d. 그런데   e. 먼저

(9) 온천이　관광객이　산에　늘었다
    a. 찾아   b. 솟자   c. 유행하자
    d. 가자   e. 많이

(10) 속으로　표현하는 것이　낫다　않는 것보다
    a. 결국   b. 구태여   c. 정말   d. 잘   e. 지금은

■해　답

(1) a	(2) a	(3) c	(4) b	(5) b	(6) c	(7) d
(8) e	(9) b	(10) b				

6 문장력 (2)

다음 빈 자리에 아래 예에서 맞는 말을 찾아 기호로 써 넣어 문
장을 완성하십시요.

(1) 이것은 ___ 저의 서명입니다. ___ 없습니다.
    a. 틀림   b. 잘못   c. 확실히
    d. 실수   e. 아마   f. 투명한

(2) 점심 때부터 날씨가 ___ 나빠졌다. 내일은 ___ 비가 올 것
    같다.
    a. 어느새   b. 매우   c. 부자
    d. 아마   e. 마치   f. 대해서

(3) 이제 서두는 ___ 하고, 본론을 빨리 말씀해 주세요.
    a. 특별히   b. 조속히   c. 적당히
    d. 대단히   e. 마땅히

(4) 그녀는 입시문제를 걱정한 ___ 노이로제에 ___
    a. 낫다고 한다.   b. 순간에   c. 나머지
    d. 걸렸다고 한다   e. 바람에   f. 때에

(5) 학생시절에 일본어를 배워둔 ___, 일본에서 ___ 힘들지 않
    았다.
    a. 바람에   b. 절대로   c. 나중에
    d. 덕분에   e. 순간에   f. 그다지

128

(6) 집은 초라 ___ 사는 사람의 마음 씀씀이가 훌륭 ___ 집 같은 것은 문제될 것이 없다.
   a. 하게   b. 했을 때는   c. 하다면
   d. 하고   e. 하다고 해도   f. 하지 않으면

(7) 사람은 누구든지 칭찬 ___ 좋아한다.
   a. 받으려면   b. 받는 것을   c. 때에
   d. 하고   e. 하기가

(8) 그밖에 이런 예가 ___ , 나는 모른다.
   a. 있는지 없는지 b. 나오면   c. 이야기되면
   d. 말해지고   e. 있을 것을

(9) 이번 모의고사는 ___ 때문에 좋은 성적을 받을 수 있을 것 같다.
   a. 적당했기   b. 특별했기   c. 어려웠기
   d. 쉬웠기   e. 무리했기

(10) 개인의 삶의 방식이 ___ 공공의 이익과 합치한다면 그 보다 나은 것은 없다.
   a. 결국   b. 마치   c. 그런데
   d. 그대로   e. 모름지기

(11) 만일 그렇다고 하면, ___ 잘 생각해 보지 않으면 안된다.
   a. 보통이라고   b. 내년에   c. 마음만
   d. 늦기 전에   e. 적당한

(12) 플러그는 콘센트에 ＿＿ 제대로 꽂아 주십시오.

　　a. 적당히　　　　b. 깊숙히　　　　c. 그 때까지

　　d. 결코　　　　e. 대단히

(13) 그 사람이 참견한 ＿＿ 에 일이 엉망이 되었다.

　　a. 때문　　　　b. 탓　　　　　c. 덕분

　　d. 곳　　　　　e. 것

(14) 전해 들은 ＿＿ 에 의하면, 내일 야유회는 취소됐다고 합니
다.

　　a. 것　　　　　b. 사람　　　　c. 때

　　d. 이유　　　　e. 바

(15) 사용한다고 하는 것은 필요 ＿＿ 것이다. 즉 욕구에 따르는
것이다.

　　a. 가 있는　　　b. 에 있는　　　c. 로 한다는

　　d. 를 찾는　　　e. 에 쫓기는

■해 답

(1) c,a	(2) b,d	(3) c	(4) c,d	(5) d,f	(6) e,c	(7) b
(8) a	(9) d	(10) d	(11) d	(12) b	(13) b	(14) e
(15) c						

2 수적 능력 테스트

1   당신의 수적 능력은 어느 정도인가

답하는 법

1~10 의 각 문제를 읽고, 답을 (　)안에 기입하자.

(제한 시간 45분)

1 3명이 3분간 3개의 짐을 트렁크에 실을 수 있다. 그 비율로 99개의 짐을 1시간 39분에 실으려면 몇명이 필요한가?

답(　명)

2 ?의 란에 어떤 수를 넣으면 좋을까?

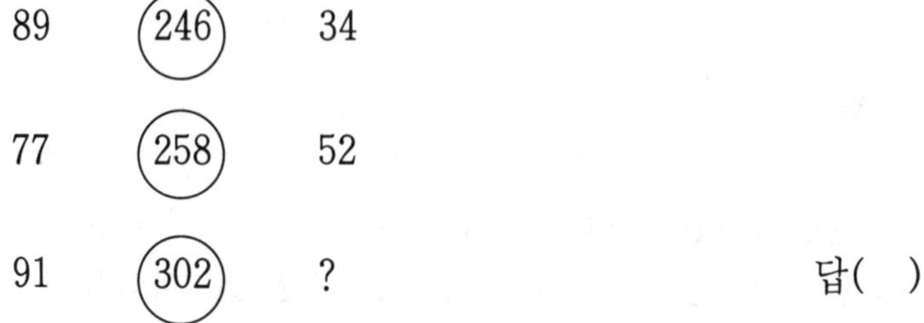

답(　)

3 100원으로 3발 쏠 수 있는 과녁이 있다. 3발 전부가 과녁에 맞을 때에는 구슬을 1개 받는다. 500원으로 최고 몇 발을 쏠 수 있을까?

답(　발)

4 ?의 란에 어떤 수를 넣으면 좋을까?

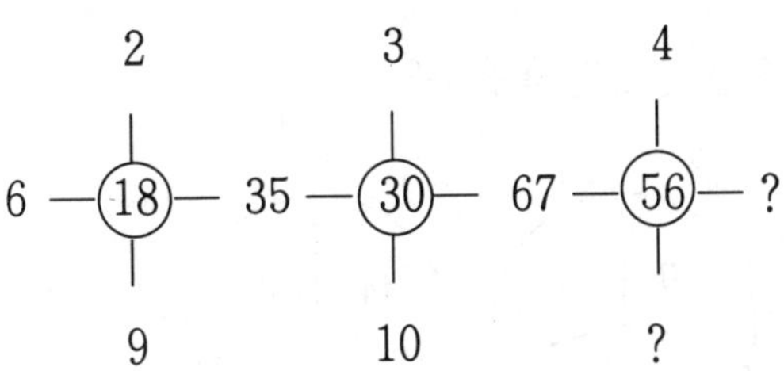

답( )( )

5 천칭과 4개의 추로 1g에서 40g까지 정수의 추로 모두 재고 싶다. 어떤 추가 있어야 가능할까?

답( )( )( )( )

6 ?의 란에 어떤 수를 넣으면 좋을까?

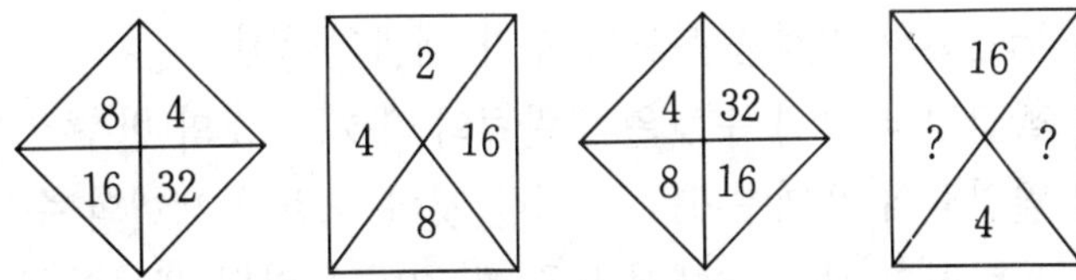

답( )( )

7 형이 자동차를 사려고 해서 같이 갔다. 15대나 보았지만 결국 모두 마음에 들지 않았다. 14대는 예산을 넘었고 8대는 휘발유를 사용해야 하므로 경제성이 없다. 9대는 기능성이 없고 4대는 디자인이 마음에 들지 않는다. 여기에서 이것들의 결점을 2개 이상 가지고 있는 차를 대상 외로 하였다. 2대는 4개, 4대는 3개의 결점을 가지고 있다. 그럼 조건에 맞는 차는 몇

대일까?

답(　　대)

8 ?의 란에 어떤 수를 넣으면 좋을까?

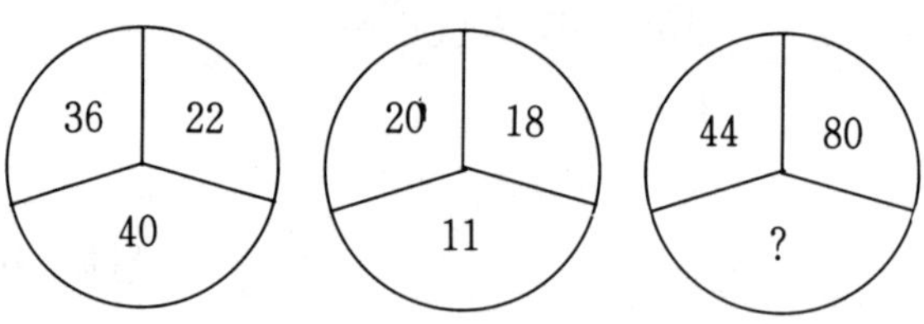

답(　　)

9 다음 ①에서 ⑤의 메모를 기초로 하여 아래의 공란에 각각 적당한 수를 기입해 합계를 계산하자.

① 빨간털의 부모와 노란털의 수컷은 동수

② 노란털의 암컷은 부모의 수가 새끼의 3배

③ 빨간털의 새끼 수컷은 노란털의 새끼 수컷의 반수

④ 빨간털의 새끼수에 1을 더한 것이 노란털 새끼의 수

⑤ 노란털의 부모 수에서 5를 뺀 것이 노란털 새끼의 수

분　　류		수컷	암컷	계
빨간털	부모		5	
	새끼	2		
노란털	부모			11
	새끼			
계				

답(　　)

10 ?의 란에 어떤 수를 넣으면 좋을까?

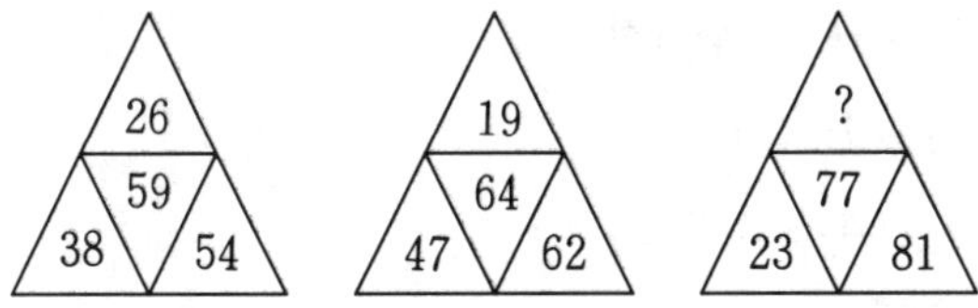

답(   )

득점 산출 방법

답을 기입한 해답란을 다음의 '답과 배점'과 대조해 합계를 계산한다. 문제 4, 5, 6의 배점은 2개 또는 4개의 답이 모두 맞지 않으면 0점이다.

평가 방법

60점을 일반적인 기준점으로 하고 80점 이상 받은 사람은 자신의 잠재력에 자신을 가져도 좋다.

답과 배점

1 3명(5점)
2 60(5점)

$\boxed{3}$ 22발(10점)

$\boxed{4}$ 오른쪽＝8, 아래＝14(5점)

$\boxed{5}$ 1, 3, 9, 27 (15점)

$\boxed{6}$ 왼쪽＝2, 오른쪽＝8(5점)

$\boxed{7}$ 3대(15점)

$\boxed{8}$ 72(10점)

$\boxed{9}$ 31(20점)

$\boxed{10}$ 50(10점)

당신의 총득점(　　　점)

$\boxed{2}$ **수적 능력과 수적 필링**

이번의 테스트는 어땠는가? 언어 능력 테스트와 비교해 어느쪽
이 더 어려웠는가? 숫자를 풀기 위해서는 수식(數式)이 필요하므
로 답만으로는 설명이 불충분해 납득할 수 없는 부분도 있기 때문
에 간단히 설명해 둔다.

$\boxed{\text{해　설}}$

문제 $\boxed{1}$ 은 무심히 읽어 내려가면 1명 또는 99명 등으로 대답
하기 쉬운 문제이다. 조급한 사람은 잘 틀릴 것이다.

문제 $\boxed{2}$ 에서 문제 $\boxed{10}$ 까지의 짝수 번호는 수열(數列)의 변형이
다. 형식이 틀릴 뿐이고 내용은 모두 수열(數列) 문제이

다. 문제 ②에서는 원 안의 수는 좌우 수의 2배가 되어 있다.

문제 ③은 최후 마크의 존재를 잊으면 불가능하다.

문제 ④는 원 안의 수가 상하·좌우의 곱인 것에 주목하면 좋다.

문제 ⑤에서는 겹친 동사의 차에 신경을 쓰면 간단하다.

문제 ⑥은 회전 방향이 포인트이다. 언제나 오른 방향은 아니다. 선입관을 버려라. 각 수를 반으로 나눠 왼쪽으로 45° 회전시켜 오른쪽으로 이동, 그 다음 각 수를 2배로 하여 또 45°회전시켜 오른쪽으로 …, 이것을 교대로 반복한다. 이렇게 언어로 쓴 것을 읽는 것보다 10초 정도 생각한 다음 답하는 것이 편하다면 이것이 수적 필링이다.

문제 ⑦은 문제의 처음 부분에 있는 '모든 점에서 마음에 든 차가 한대도 없었다'를 간과하면 불가능하다. 결점의 합계가 35, 이중 대상 외인 6대 분의 결점이 20이고 남은 9대 분의 결점수가 15라고 하면 그 내역은 결점 수 2개가 6대, 1개가 3대가 된다. '2개 이상'이라는 말의 의미도 놓치면 안된다. 앞장에서 말한 언어 능력의 영향이 이런 형태로 나타난다는 한 예이다.

문제 ⑧은 왼쪽 원 안의 각 수를 반으로 나누어 오른쪽으로 회전시키면 중앙 원 안의 수가 되고 그 각수를 4배, 즉 원래의 수를 2배하여 왼쪽으로 회전시킨 것이 아니다. 이것이야 말로 진짜 수적 필링에 대한 문제이기 때문에 푸는 사람에게 해설은 필요하지 않다. 답을 보아도 알 수 없는 사람은 해설에 의지하여 푸는 사람이 많다. 이것도 넓은 의미에서의 수적 능력이다. 따라서 가능한한 숫자와 친해져 필링을 키워 보자.

문제 9는 아는 것부터 차례로 메우자. 그 실마리는 메모③에 있다. 여기에서 황색털 새끼의 수컷을 알면 나머지는 자연히 답할 수 있다. 초조해 하는 것은 금물이다. 번거롭지만 단서를 찾는 것이 유일한 방법이다.

문제 10은 중앙의 수가 외측의 수 3개의 합을 2로 나눈 것이다.

3 | 수적 능력은 무엇인가

수적 능력이라는 말을 들으면 바로 복잡한 계산 문제나 어려운 응용 문제를 연상해 마음이 무거워지는 사람도 많을 것이다. 숫자를 푸는 능력은 물론 수적 능력에 포함되지만 여기서 말하는 수적 능력은 지능 인자로서의 능력, 어디까지나 수학적인 재능의 기초가 되는 잠재적인 수적 능력이라는 의미이다.

수적 능력은 교육과 경험에 의해 지금까지 습득한 수학의 지식과 기능이 아니다. 따라서 수학이 가능한지 아닌지에 대한 문제가 아니라 수학에 대한 잠재 능력과 소질, 수학이라고 하기보다 산수의 극히 초보적이며 기초적인 지식을 자유 자재로 사용할 수 있는 능력과 복잡해 보이는 문제에서 포인트를 찾아 착실하고 빠르게 논리적으로 파악할 수 있는 능력 등을 측정하는 것이다. 따라서 공식과 정리(定理) 등을 알지 못해도 풀 수 있는 능력만을 골라 소개했다.

테스트 후의 해설에서도 말했지만 머리 회전이 빠르고 사고의 유연성이 있는 사람과 수 그 자체가 좋은 사람, 걸을 때에도 무의식적으로 계단의 수를 세거나 끊임없이 머리 속에서 수를 가지고 계산하는 것을 좋아하는 사람들, 즉 수적 센스나 수적 필링 등이 좋은 사람들은 그러한 행동 자체에 수적 능력이 있다는 것을 증명한다. 흥미도 능력의 일부라는 것을 잊어서는 안된다.

수적 능력은 예를 들어 같은 거리에서도 뛰면 걷는 것보다 빨리 목적지에 도착할 수 있다고 어른에게 말로 설명을 듣고 체험하여 배운 사람은 거리와 스피드, 시간과의 관계를 나타내는 "공식"과 접했을 때, 어린 시절의 이미지를 공식에 적용시켜 본다. 욕실 물의 양은 체중이 많은 사람일수록 안에 들어갈 경우 많아진다고 하는 체험을 하고 어른에게 그 이유를 들은 사람은 무게와 체격과의 관계를 나타내는 "공식"을 배울 때 공식은 단순한 기호가 아닌 하나의 장면으로 이미지를 그릴 수 있는 것이다. 수적 능력이 높은 사람은 무미 건조해 보이는 수나 수식을 로맨틱한 상상 속에서 취급하는 것이 아닐까?

일반 기업의 비즈니스맨 세계에서도 수적 능력을 필요로 하는 경우는 점점 증가해 간다고 측정된다. 훈련에 의해 높아지는 지능 인자이다. 이 테스트에서 출제된 것과 같은 문제를 평소에 접하며 훈련을 게을리 하지 않는 것이다.

연습 문제

1 수적 능력 (1)

다음 수를 추리하여 □ 속에 알맞는 수를 답란에 적어 넣으십시요.

(1) 12, 23, □, 45, □, 67, 78   ( ) ( )

(2) 11, 5, 12, □, 13, 15, 14, 20, □   ( ) ( )

(3) 187, 187, 176, 176, □, □, 154, 154   ( ) ( )

(4) 5, 4, □, 2, 1, □, 3, 4, 5   ( ) ( )

(5) 9, 12, □, 9, 3, 6, 0, 3, □   ( ) ( )

(6) 1, 2, 6, □, 120, 720, □   ( ) ( )

(7) 5, 16, 28, □, 55, □, 86   ( ) ( )

(8) 90, 80, □, □, 50, 40, 30   ( ) ( )

(9) 2, 3, 4, 6, □, 12, □, 24   ( ) ( )

(10) 3, 5, 9, 15, □, 33, □   ( ) ( )

(11) 20, 38, □, 68, 80, □, 98   ( ) ( )

(12) 2, 5, □, 17, 26, □, 50   ( ) ( )

(13) 12, 13, 14, 23, 24, □, 34, □, 36   ( ) ( )

(14) 1, 4, 9, □, 25, 36, □   ( ) ( )

(15) 2, □, 12, 20, 30, □, 56, 72   ( ) ( )

(16) □, 174, 153, 132, □   ( ) ( )

(17) 17, 12, 16, 11, 15, □, □, 9   ( ) ( )

(18) 1, 20, 2, 19, 3, 18, □, □, 5, 16   ( ) ( )

(19) 1, 2, □, 4, 1, 2, 3, □, 2, 1   ( ) ( )

(20) 6, 11, □, 24, 32, 41, 51, □   ( ) ( )

(21) 1, 5, 10, □, 1, 4, □, 4, 1   ( ) ( )

(22) 1, 2, 2, 3, 4, □, □, 6, 6   ( ) ( )

(23) 5, 4, 6, 10, □, 12, □, 12, 18   ( ) ( )

(24) 11, 23, □, 47, □, 71   ( ) ( )

(25) 5, 9, 13, 4, □, 12, 3, 7, □   ( ) ( )

(26) 1, 2, 2, 1, 2, 2, □, □, 2   ( ) ( )

(27) 16, 14, 12, □, 13, 11, 14, □, 10   ( ) ( )

(28) 1, □, 3, 2, 4, 4, □, 5, 5   ( ) ( )

(29) 2, 4, □, 9, 12, 14, □, 19   ( ) ( )

(30) □, 6, 5, 4, 6, 5, □, 5, 4   ( ) ( )

(31) 9, □, 21, 24, □, 24, 21, 16, 9   ( ) ( )

(32) 1, □, 2, 17, 3, 15, □, 13   ( ) ( )

(33) 85, □, 66, 58, 51, □, 40   ( ) ( )

(34) 6, 5, 4, 5, 4, 3, 4, □, □, 3, 2   ( ) ( )

(35) 5, 4, □, 6, 5, 4, □, 6, 5   ( ) ( )

(36) 300, 301, □, □, 401, 402, 500, 501, 502   ( ) ( )

(37) 0, 2, 10, 13, 20, □, □, 35   ( ) ( )

(38) −5, −3, −1, □, 3, 5, 3, □, −1, −3   ( ) ( )

(39) 13, □, 12, 8, □, 9, 10   ( ) ( )

(40) 100, 10, □, 200, □, 2, 300, 30, 3   ( ) ( )

(41) 1, 2, 1, 2, □, 2, 3, □, 3   ( ) ( )

(42) 8, 16, 24, □, 14, 21, 6, □, 18   ( ) ( )

(43) −1, −4, □, −5, 1, −6, □   ( ) ( )

(44) 99, 98, □, 87, 77, 76, □   ( ) ( )

(45) 1, 2, □, 5, 7, 8, □, 11, 13   ( ) ( )

(46) 3, 12, □, 30, 39, 48, □   ( ) ( )

(47) 1, 3, 11, □, □, 23, 31, 33   ( ) ( )

(48) □, 5, 4, 6, 5, 7, □, 8, 7   ( ) ( )

(49) 4, 3, □, 3, 2, 4, □, 3, 4   ( ) ( )

(50) 360, 340, □, 180, 170, □, 90, 85, 80   ( ) ( )

(51) 1, 2, 1, □, 3, 2, 3, □, 3, 4   ( ) ( )

(52) 8, 9, 7, 7, 8, □, 6, □, 5   ( ) ( )

(53) 2, 3, □, 4, 6, 5, □, 6   ( ) ( )

(54) 1, 2, □, 3, 3, 3, □, 4, 4, 4   ( ) ( )

(55) 1, 8, 27, □, 125, □   ( ) ( )

(56) 1, 2, 3, 2, □, 3, 3, 2, 3, □   ( ) ( )

(57) 3, 3, □, 12, 24, 48, □, 192   ( ) ( )

(58) □, 5, 4, 4, 4, □, 3, 3, 3   ( ) ( )

(59) 1, 2, 2, 2, 2, □, 3, 2, □   ( ) ( )

(60) □, 3, 8, □, 24, 35, 48   ( ) ( )

(61) □, 56, 49, □, 35, 28, 21   ( ) ( )

(62) 1, □, 1, 2, 3, 1, 2, □, 4, 1   ( ) ( )

(63) 34, 32, 30, □, 26, 24, □   ( ) ( )

(64) 99, □, 66, 33, −11, □   ( ) ( )

(65) 34, 33, □, 28, 24, 19, □, 6   ( ) ( )

(66) 1, □, 3, 3, 9, □, 27, 27   ( ) ( )

(67) 1, −1, 2, −2, □, □, 4, −4   ( ) ( )
(68) 1, 3, 4, 2, 4, □, 3, □, 6   ( ) ( )
(69) 15, 16, 30, 31, □, 46, 60, □   ( ) ( )
(70) 1, 0, 1, 0, □, 0, 1, □   ( ) ( )

■해 답

(1) 34, 56	(2) 10, 15	(3) 165, 165	(4) 3, 2
(5) 6, −3	(6) 24, 5040	(7) 41, 70	(8) 70, 60
(9) 8, 16	(10) 23, 45	(11) 54, 90	(12) 10, 37
(13) 25, 35	(14) 16, 49	(15) 6, 42	(16) 195, 111
(17) 10, 14	(18) 4, 17	(19) 3, 1	(20) 17, 52
(21) 5, 8	(22) 4, 5	(23) 8, 15	(24) 35, 59
(25) 8, 11	(26) 1, 2	(27) 15, 12	(28) 3, 3
(29) 7, 17	(30) 7, 4	(31) 16, 25	(32) 19, 4
(33) 75, 45	(34) 3, 2	(35) 3, 7	(36) 302, 400
(37) 24, 30	(38) 1, 1	(39) 7, 11	(40) 1, 20
(41) 3, 4	(42) 7, 12	(43) 0, 2	(44) 88, 66
(45) 4, 10	(46) 21, 57	(47) 13, 21	(48) 3, 6
(49) 2, 2	(50) 320, 160	(51) 2, 4	(52) 6, 7
(53) 4, 8	(54) 2, 4	(55) 64, 216	(56) 2, 4
(57) 6, 96	(58) 5, 3	(59) 2, 2	(60) 0, 15
(61) 63, 42	(62) 2, 3	(63) 28, 22	(64) 88, −66
(65) 31, 13	(66) 1, 9	(67) 3, −3	(68) 5, 5
(69) 45, 61	(70) 1, 0		

② 수적 능력

① 다음을 계산하여라.

(1) $4\times3\div12\times1+6$

(2) $8-4\div2+3\times5$

(3) $5+7\times4-81\div27$

(4) $9\times7-28\div4+13$

(5) $9\times3-25\div5-4$

(6) $8-36\div9+3\times4$

(7) $38\div2-5\times3+6$

(8) $13\times4-72\div12-23$

(9) $8\times3-24\div6-13$

(10) $4+12\times6\div9+3$

(11) $3-8\times5\div4+9$

(12) $36\div4+3\times8-18$

(13) $23-42\div3-8+4$

(14) $12\times4-72\div6-29$

(15) $16\div2-7+5\times3$

(16) $7+34\div2-8\times3$

(17) $1-18\div3+3\times4$

(18) $4+18\times3-63\div3$

(19) $8+12\times6\div8-13$

(20) $26\div13+24-9\times2$

(21) $21\div3\times4-60\div12$

(22) $7-18\div6+8\times4$

② 다음을 계산하여라.

(1) $6\times2-72\div9-2$

(2) $6\times5-17-72\div8$

(3) $7\times3-13-36\div6$

(4) $6\times3-72\div8-7$

(5) $8-6\div2\times4+7$

(6) $7-4\times3+48\div8$

(7) $32\div4+9-2\times8$

(8) $4\times2+32\div8-7$

(9) $4-8+42\div7+3$

(10) $32\div4+6\times2-19$

(11) $1+3\times2+1-6$

(12) $56\div8+9-6\times2$

(13) $6-5\times2+28\div4$

(14) $3\times2-28\div4+6$

(15) $6-4\times3+45\div5$

(16) $2\times2-10+48\div6$

(17) $5\times8-35-6\div3$

(18) $18\div9-4\times2+10$

(19) $7\times4-3\times6-8$

(20) $1-45\div5+3\times4$

(21) $9\times2-14\div2-8$

(22) $8+48\div8-5\times2$

③ 다음 괄호 안에 알맞는 숫자를 써 넣어라.

(1) $\square \times 8+6=22$

(2) $18-\square \times 5=3$

(3) $19-\square \times 4=7$

(4) $2 \times \square -3=5$

(5) $\square \times 7+6=20$

(6) $\square \times 4-9=7$

(7) $8-5 \div \square =3$

(8) $\square +2 \times 4=11$

(9) $4+\square \times 3=13$

(10) $21-5 \times \square =6$

(11) $27-19 \div \square =8$

(12) $7 \times 2-\square =9$

(13) $3+\square \times 8=19$

(14) $11-45 \div \square =2$

(15) $3 \times \square -6=9$

(16) $36 \div \square +8=17$

(17) $\square \div 2+8=10$

(18) $\square -48 \div 12=1$

(19) $\square \times 8-3=5$

(20) $\square \times 5-7=13$

(21) $8-12 \div \square =2$

(22) $7 \times \square -19=9$

④ 다음 계산의 답을 ①~⑤ 안에서 골라 번호로 답하여라.

	①	②	③	④	⑤
(1) $6 \times 3-8+10$	2	6	20	36	11
(2) $5-12 \div 3+13$	1	0	9	14	34
(3) $17+6-4 \times 3$	0	1	4	8	11
(4) $14 \div 7 \times 4+7$	7	11	12	15	17
(5) $12 \div 3+6-4$	12	6	4	17	34
(6) $6 \div 3 \times 4+9$	7	17	36	63	72
(7) $7+9 \times 1-8$	2	3	8	9	24
(8) $10-9 \div 1+9$	7	9	10	11	18
(9) $14-5 \times 3+8$	20	35	8	7	10
(10) $15-9 \div 3 \times 5$	1	10	30	0	12

144

	①	②	③	④	⑤
(11) $5-2\times3+9$	1	18	8	24	12
(12) $8-16\div8+4$	4	3	0	16	10
(13) $8\div8+8\times1$	10	8	16	25	9
(14) $18-12\div2\div2$	3	2	18	21	15
(15) $12+12\div4-14$	16	18	0	1	3
(16) $3\times6+9\times1$	18	27	24	19	46
(17) $12+14\div7-1$	9	13	7	15	32
(18) $13+15\div5-11$	5	27	7	16	6
(19) $13-2\times6+9$	5	2	8	10	11
(20) $4\times2-15+7$	0	2	4	30	18
(21) $13\times1+6-9$	11	8	10	9	28
(22) $13\div1-6\times2$	1	14	18	3	5

5 괄호 안에 계산한 답을 써 넣어라.

(1)   (   )

$43\overline{)\,2494\,}$

(2)   394
  $\times\,218$
  (   )

(3)   6224
  $-\,3987$
  (   )

(4)   5732
  $-\,879$
  (   )

(5)   9648
  $-\,7806$
  (   )

(6)   342
  $\times\,75$
  (   )

(7)   4361
  $+\,2986$
  (   )

(8)   58
  $\times\,13$
  (   )

(9)   (   )

$23\overline{)\,6601\,}$

(10)
$$61\overline{)\,29463}\quad(\quad)$$

(11)
$$\begin{array}{r}42513\\+\ 14789\\\hline(\quad)\end{array}$$

(12)
$$\begin{array}{r}3437\\+\ 4867\\\hline(\quad)\end{array}$$

(13)
$$\begin{array}{r}736\\\times\ \ 54\\\hline(\quad)\end{array}$$

(14)
$$\begin{array}{r}8324\\-\ 6829\\\hline(\quad)\end{array}$$

(15)
$$\begin{array}{r}956\\+\ 432\\\hline(\quad)\end{array}$$

(16)
$$\begin{array}{r}452\\\times\ \ 18\\\hline(\quad)\end{array}$$

(17)
$$\begin{array}{r}584\\297\\+\ 432\\\hline(\quad)\end{array}$$

(18)
$$\begin{array}{r}294\\361\\+\ 709\\\hline(\quad)\end{array}$$

(19)
$$31\overline{)\,5146}\quad(\quad)$$

(20)
$$\begin{array}{r}583\\265\\+\ 749\\\hline(\quad)\end{array}$$

(21)
$$\begin{array}{r}83291\\-\ 46724\\\hline(\quad)\end{array}$$

(1) ■해 답

(1) 7	(2) 21	(3) 30	(4) 69	(5) 18	(6) 16	(7) 10
(8) 23	(9) 7	(10) 15	(11) 2	(12) 15	(13) 5	(14) 7
(15) 16	(16) 0	(17) 7	(18) 37	(19) 8	(20) 8	(21) 23
(22) 36						

(2) ■ 해 답

(1) 2　(2) 4　(3) 2　(4) 2　(5) 3　(6) 1　(7) 1
(8) 5　(9) 5　(10) 1　(11) 2　(12) 4　(13) 3　(14) 5
(15) 3　(16) 2　(17) 3　(18) 4　(19) 2　(20) 4　(21) 3
(22) 4

(3) ■ 해 답

(1) 2　(2) 3　(3) 3　(4) 4　(5) 2　(6) 4　(7) 1
(8) 3　(9) 3　(10) 3　(11) 1　(12) 5　(13) 2　(14) 5
(15) 5　(16) 4　(17) 4　(18) 5　(19) 1　(20) 4　(21) 2
(22) 4

(4) ■ 해 답

(1) ③　(2) ④　(3) ⑤　(4) ④　(5) ②　(6) ②　(7) ③
(8) ③　(9) ④　(10) ④　(11) ③　(12) ⑤　(13) ⑤　(14) ⑤
(15) ④　(16) ②　(17) ②　(18) ①　(19) ④　(20) ①　(21) ③
(22) ①

(5) ■ 해 답

(1) 58　(2) 85,892　(3) 2,237　(4) 4,853　(5) 1,842
(6) 25,650　(7) 7,347　(8) 754　(9) 287　(10) 483
(11) 57,302　(12) 8,304　(13) 39,744　(14) 1,495　(15) 1,388
(16) 8,136　(17) 1,313　(18) 1,364　(19) 166　(20) 1,597
(21) 36,567

3 공간적 능력 테스트

□1□ 당신이 사물을 생각하는 능력은 어느 정도인가

공간적 능력은 확실한 사실에서 불분명한 부분을 추리하는 능력
으로 기술적인 직업에 없어서는 안되는 능력이다.

답하는 법

1∼5의 각 문제를 읽고 해답란에 답을 기입하자.

1 다음 ①에서 ④는 왼쪽의 두 방향에서 본 주사위이고 오른쪽
  에 그 전개도가 나타나 있다. 여기에 나타난 각각의 전개도 6
  개면 중 어느 2개의 면의 수가 틀렸다. 어느 면과 어느면이 틀
  렸는지 ㉠∼㉫ 중에서 기호로 답하라.(단 상응하는 면의 합은
  7)

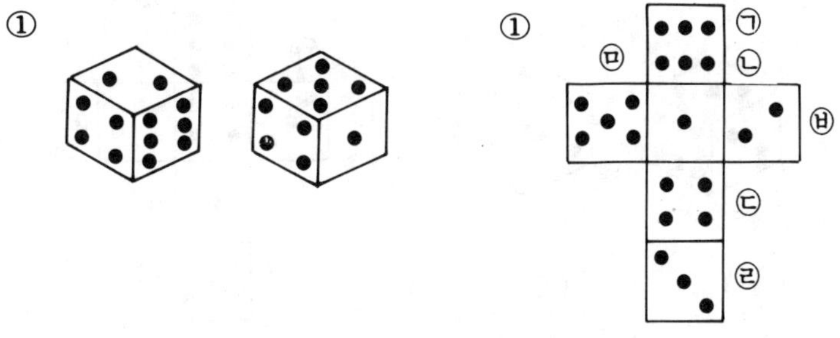

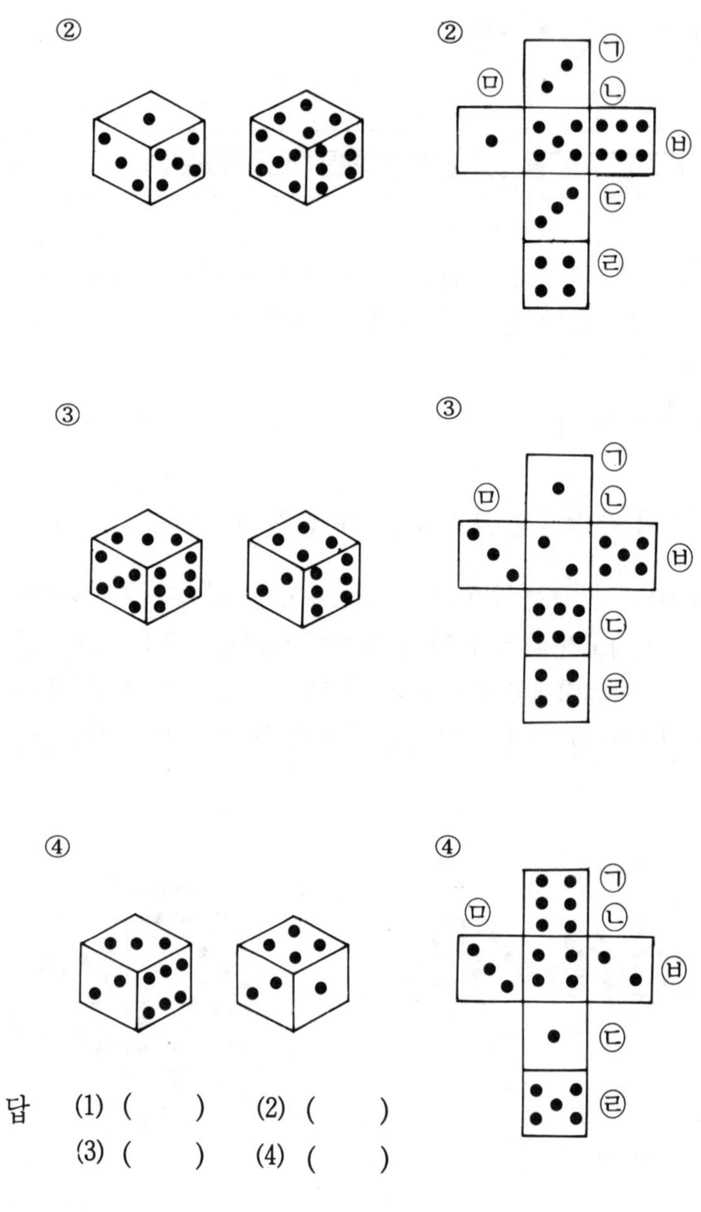

답 (1) (   )   (2) (   )
    (3) (   )   (4) (   )

2 다음 ①~④의 도식 Ⓐ~Ⓓ에 들어갈 도형을 ㉠~㉤ 중에
서 골라 기호로 답하라.

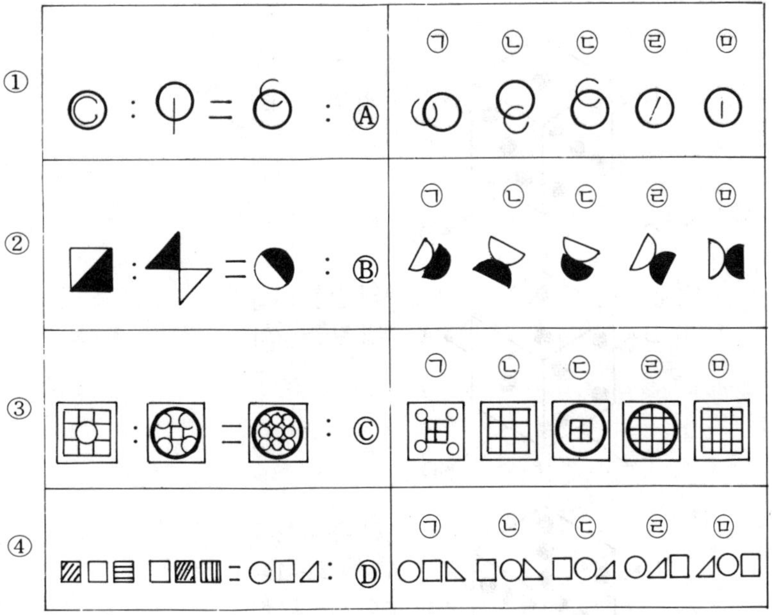

답　(1)　(Ⓐ　　)

　　(2)　(Ⓑ　　)

　　(3)　(Ⓒ　　)

　　(4)　(Ⓓ　　)

③ 다음 ①~④의 주사위를 지시의 방향으로 굴렸을 때 위에 나올 눈의 수는 각각 몇일까? 이 주사위 면과 반대쪽과의 수의 합은 어쨌든 7이 된다.

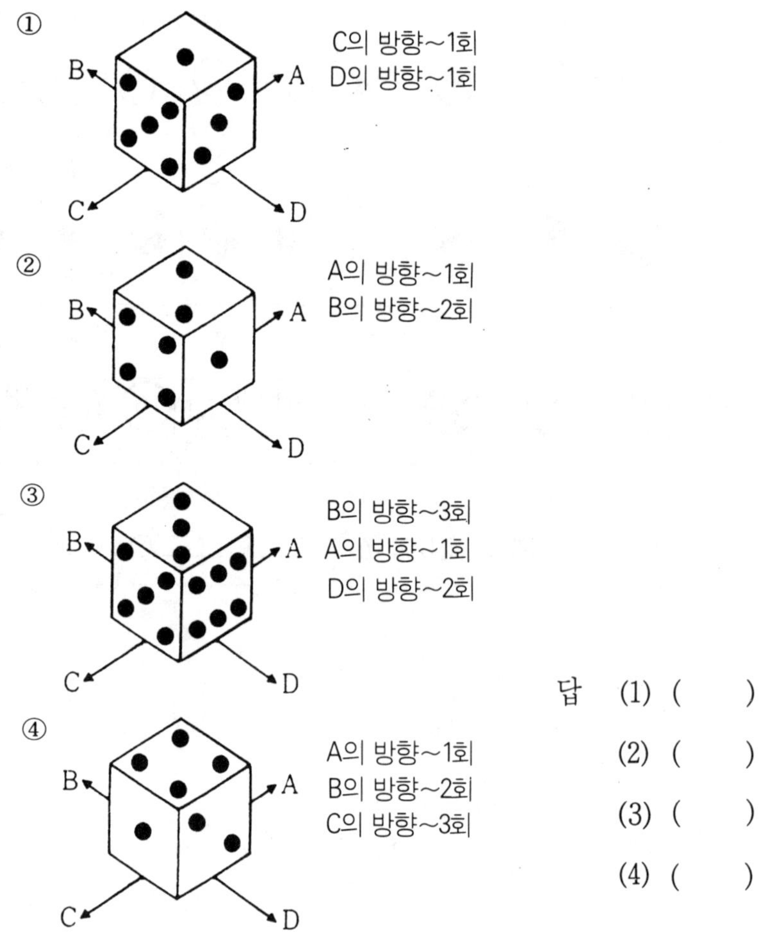

답 (1) (   )

　　(2) (   )

　　(3) (   )

　　(4) (   )

4 전학가는 A를 위해 B, C, D, E, F의 5명이 송별 파티를 열었다. 6명의 멤버가 그 특징에 따라 안경, 키다리, 원숭이, 여드름, 수염, 고무신 등으로 불린다. 아래 그림과 같이 테이블에 주인공인 A를 둘러싸고 착석했다. 그 좌석 순서는 다음과 같다.

① 키다리는 B의 정면에 있다.

② 여드름과 수염의 사이에는 E가 있다.

③ 안경은 키다리의 옆에 고무신의 정면에 있다.

④ D는 수염과 마주보고 있다.

⑤ 키다리는 수염의 왼쪽, 안경의 오른쪽에 있다.

⑥ 여드름은 A와 F에 마주보고 있는 사람 사이에 끼여 있다.

⑦ F와 고무신은 마주보고 있지 않다.

안경, 키다리…는 각각 누구인가? 또 누가 어디에 앉아 있는가?

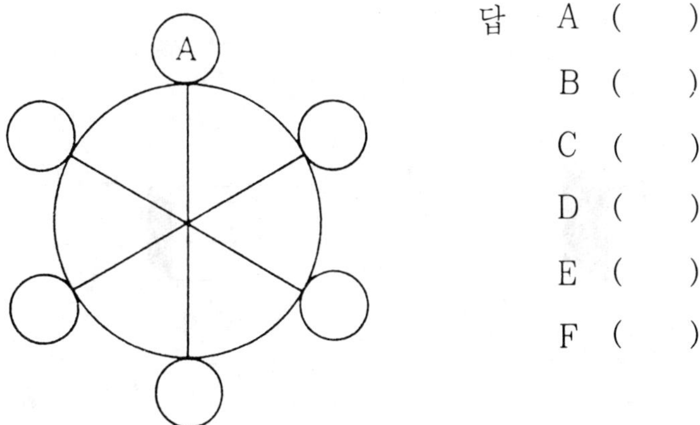

답 A (   )
　　B (   )
　　C (   )
　　D (   )
　　E (   )
　　F (   )

152

5 다음 ①, ②의 물체를 지시대로 움직일 경우, 각각 ㉠~㉫의
어느것이 될까? 회전은 시계침의 방향대로 움직이는 것으로
한다.

① A의 방향으로 쓰러져 270°회전한다.

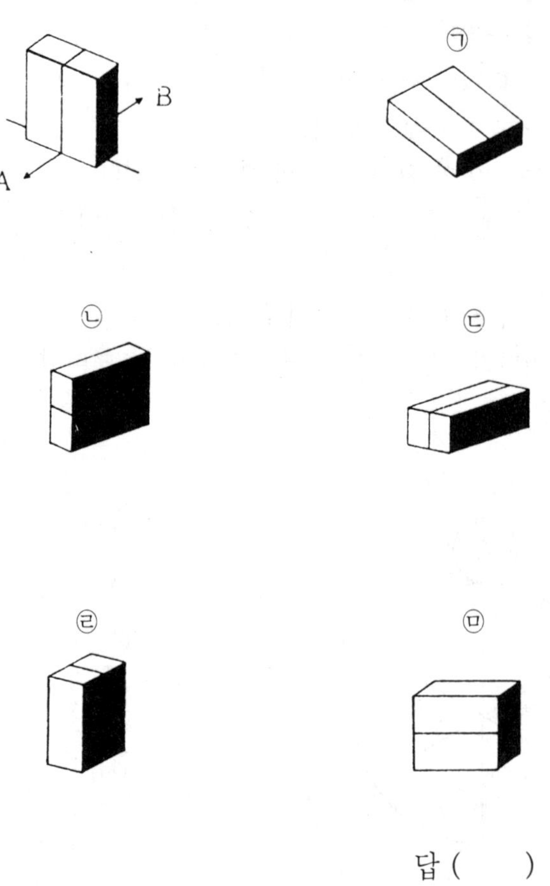

답 (   )

② A의 방향으로 쓰러져 180°회전해 A의 방향으로 쓰러진다.

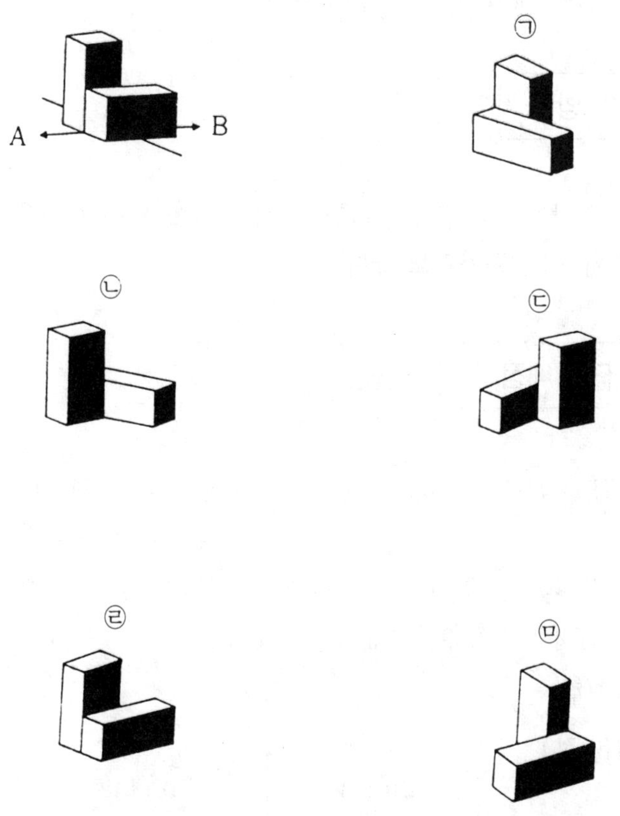

득점 산출 방법

아래의 '답과 배점'을 보고 합계 득점을 계산한다.

평가 방법

60점을 일반적 기준점으로 하고 80점 이상을 얻은 사람은 자신의 잠재력에 자신을 가져도 좋다.

답과 배점

문제 1 ① ㉠, ㉣   ② ㉠, ㉣   ③ ㉣, ㉂   ④ ㉡, ㉂
　　　　　　　　　　　　　　　　　　　　　　　　(모두 맞아야 각 5점)

2 ① ㉣   ② ㉡   ③ ㉡   ④ ㉡   (각 5점)

3 ① 4   ② 3   ③ 2   ④ 3   (각 5점)

4 그림

(30점)

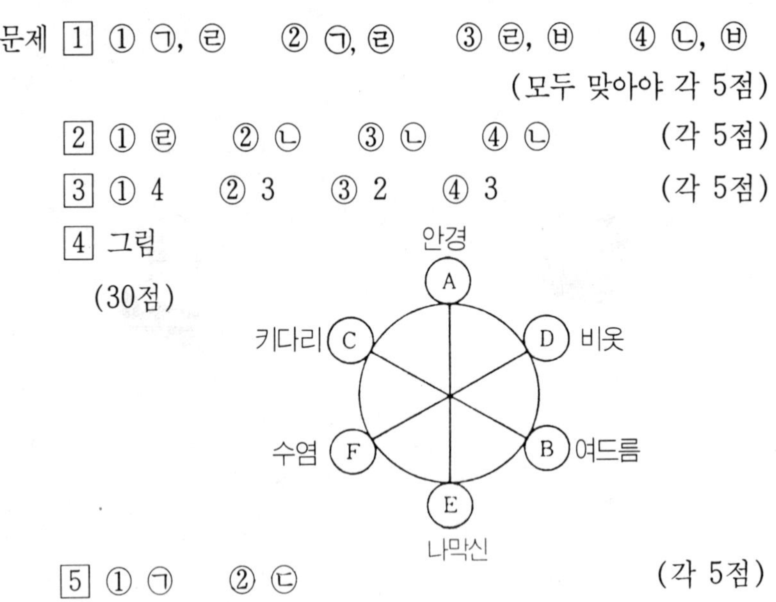

5 ① ㉠   ② ㉢   (각 5점)

당신의 총득점(점)

2 공간적 능력이란 무엇인가

'언어 능력·수리 능력은 문자를 보는 것만으로 이해가 가능하지만, 공간적 능력에 있어 "공간"이란 무엇일까? 우리는 구름을 잡은 듯이 정확히 이해되지 않는다' 라는 이야기를 잘 듣는다. 어떤 뜻일까? 하늘을 날고 있는 슈퍼맨이 잠시 연상되기도 하고, 그것은 초능력의 일종은 아닐까? 등으로 생각하기 쉽다.

'공간'은 3차원을 나타내는 단어이지만 공간적 능력이 되면 반드시 3차원이라는 사실에 얽매일 필요는 없다. 오히려 공간적 사고로 구체적인 행동을 동반하지 않고 머리 속에 그려 도형이나 물체를 전개하거나 구성하는 능력, 바꿔 말하면 공간에 있어서 여러 물체의 형태를 이해하거나 평면도와 입체도의 관계를 이해하는 능력, 즉 2차원, 3차원의 사물을 머리에 그리는 능력이다. 이는 추상적이다. 그러므로 한마디로 간단히 표현할 수는 없다.

추상성과 논리성의 면에서 말하면 수리 능력이나 언어 능력의 문장을 구성하는 인자, 모순을 발견하는 인자 등과 닮았다.

공간적 능력은 추리력이라고 하는 말도 있듯이 이미 해명된 사실에서 불분명한 부분을 추정하는 능력이기도 하다. 면밀한 논리성은 물론이지만 집중력과 문제의 본질을 간파하는 힘 등도 요구된다.

통찰력이나 선견성이 공간적 능력의 연장선 위에 있다고 말할 수도 있다. 이를 다른 말로 하면 사물을 볼 때에 언제나 1차원적인 방법만 가능한 사람 또는, 눈앞에 있는 것을 그 표면에 나타난 것만 보려하고 본질을 파악하지 못하는 사람은 공간적 능력이 없다고 말할 수 있다.

공간적 능력은 언어 능력과 수적 능력과 함께 인류를 현재까지 발전시켜 온 힘의 원천이라고 해도 과언이 아니다.

공간적 능력은 기술적인 직업에는 특히 필요한 능력이다. 한 예로서 차의 운전을 잘하는 사람은 공간적 지능이 우수하다고 해도 좋다. 실제, 운전의 안전 테스트에는 공간적 지능 테스트가 이용되고 있으며, 이 테스트의 결과가 좋지 못한 사람은 내일부터 운전할 때 주의를 기울이기 바란다.

수적 능력, 언어 능력에서도 말했지만 그 중에서도 특히 공간적 능력은, 타고나는 자질에 좌우되는 경우가 많다. 그러나 좋은 환경에서 주의력과 집중력 등의 훈련에 의해 어느정도 개발된다. 또 쉬면서 이 테스트에 출제된 것과 같은 문제에 친근해지는 것도 좋은 훈련이 된다.

사무계, 기술계의 직장만이 아니고 컴퓨터가 차지하는 위치가 매 년 커지는 현대 사회에서는 직업적인 성공이 가능한 사람은 공간적 능력이 높은 사람이 아닐까하고 예측할 수 있다.

그러나 공간적 능력에 뛰어난 것은 큰 장점임에 틀림없지만 다른 능력이 수반되지 않으면 사회적인 부적응자가 되기 쉬우므로 주의하지 않으면 안된다. 현실 감각을 잃어 정확하고 구체적인 문제에 흥미가 없어지고, 대인 관계를 기피하는 고독한 사고의 세계에 갇혀버리는 경향이 있기 때문에 공간적 능력에 뛰어난 사람은 이 점을 충분히 주의했으면 한다.

3   지능과 직업적 성공

요즘, 웬만한 사람이라면 '지능'을 '능력'과 비슷하다고 여기는 사람은 없을 줄 안다. '지능'은 '능력'과 구분되며, 또 판단력이나 분석력 등과도 구분된다. 그러나 후자의 판단력이나 분석력은 지능지수와 중요한 관계를 맺고 있는 것은 사실이다. 그럼 지능이란 무엇을 말하는가? 이렇게 물을 수 있다. 지능은 그가 다다를 수 있는 '지적 가능성'이라고 볼 수 있다. 그것은 지능이 낮은 사람(백치 상태를 이야기하거나 이에 가까운 사람을 말하는 것이 아니다)보다 지능이 높은 사람은 그만큼 지적 수준에 이를 가능성이 높은 사람임을 말한다. 약간 복잡한 듯한 이런 이야기는 무엇 때문인가에 대해 설명한다. 그것은 지능지수가 높게 나타났다고 해서 지적인 것에 속하며 무엇이든 높은 성과를 보일 수는 없기 때문이다. 공부를 잘하는 학생(학습 그 자체에 능한 학생)이 시험을 그만큼 잘 볼 수는 없다. 그가 시험에 높은 성적을 얻기 위해서는 출제되는 방식에 따라 문제 푸는 훈련이 있어야 한다. 예를 들면 객관식 출제는 그 나름의 특징을 지니고 있다. 또 주관식 출제나 논술식 출제도 그 나름의 특징을 지니고 있다. 때문에 그에 적당한 훈련을 별도로 해야 한다. 판단력이나 분석력이 다 같이 지적인 결과의 소산이나 그래도 그에 대한 훈련이 필요하다. 업무에 관한 것도 마찬가지로 '주식의 변화에 대한 예측 분석'이라면, 그에 필요한 지식과 분석 훈련이 요구된다. 이렇게 이야기를 듣고 보면 앞의 주장이 너무 당연한 것을 공연히 어리둥절하게 해놓는다고 생각할지 모른다. 그러나 이런 식의 문제는 그것이 어느 지적인 것과 관련된 것이라고 해도 모두 같다. 따라서 여기에 나타나는 여러분의 검사 결과는 하나의 가능성으로 봐야 한다는 것을 강조하고 싶다. 또하나 '가능성'이 '필연성'과 동의적 의미이거나 유사한 뜻으로 생각해서도 안된다. 다만, 가능성이 많은 쪽을 택하는 것이 '쉬운 길'을 가는 것이다. 이 길을 놔두고 공연히 '어려운 길'을 택할 필요는 없지 않은가? 실 사회에 나가 직업을 가졌을 경우 지능이 높은 사람은 어떤 특성을 보일까?

(1) 현명한 직업 선택이 가능하다

지능이 우수한 사람은 자신의 능력에 대해서도, 직업에 필요한 조건에 대해서도 올바르고 뛰어난 능력을 가지고 있다. 현재의 사회는 일반적인 경향으로 많은 사람이, 보다 높은 수준의 직업에 종사하고 싶어한다.

높은 수준의 직업에서 성공하려면 지능의 높은 수준은 좋은 선천적 조건이다.

(2) 취직의 기회에서 혜택을 받는다

많은 기업은 불경기가 되면 될수록 학력 시험을 엄격하게 실시하거나 학업 성적 증명서를 중시하고 "우수하다"라는 기준에 의해 희망자를 선별하고 채용한다. 최근의 기업은 활동력과 협조성, 책임감, 매력적인 개성 등을 중시하는 경향도 보이지만 같은 조건이라면 우수한 쪽을 선택한다.

(3) 교육·훈련에 성공한다

직업 훈련의 성공, 실패에도 지능은 관련된다고 볼 수

있다. 기업에 채용되고 매일 출근하게 되면 신입 사원은 기능적, 기술적, 전문적인 직업 교육 훈련을 받는 것이 일반적이다. 그 경우 보다 높은 수준의 과정을 수행하고 우수한 성적을 남기느냐에 따라 상사에게서의 평가나 기업 내의 지위가 좌우된다. 높은 과정에 도달할수록 높은 지능이 요구된다. 직업 교육, 훈련은 "학문"적 요소가 많기 때문에 지능 수준은 큰 열쇠가 된다.

⑷ 특수한 직무를 습득할 수 있다

　전문적, 기술적으로 특수한 분야 등의 고도의 지적 직업에는 그에 어울리는 지능 수준이 없으면 직무에 필요한 기능이 습득되지 않고 성공은 바랄 수 없다.

⑸ 고급 직업으로의 승진 기회가 있다

　근대 사회에서는 사회적, 경제적으로 지위가 높은 전문적인 직업일수록 창조성과 통솔력 등을 포함한 활동적인 지능이 요구된다. 지능이 높은 사람은 이런 능력을 구비하고 있는 경우가 많기 때문에 그러한 직업에 취직할 기회가 많아져 승진 기회에도 유리하다. 사회적, 경제적 지위가 높은 직업일수록 높은 지능을 필요로 한다. 따라서 지능은 물질 면에서나 정신면에서도 큰 자산이 된다.

　위의 세가지 구체적인 항목은 그 앞의 이야기와 모순되거나 불일치를 보이는 것처럼 느껴질 수 있겠다. 그러나 지능이 갖는 이점과 역할에 대해 구체적으로 제시하다보니 그렇게 보일 뿐이다. 지능이 높은 것은 그만큼 복이라 할 수 있고 여러 면에서 유리하다.

그러나 사람이 사회 생활을 하거나, 인생을 살아감에 있어 지능만큼 필요한 요소들이 있다. 적극성이 그렇고, 끈기나 승부 근성이 그렇다. 또 참고 기다릴 줄 안다거나 원만한 대인 관계도 그렇다. 그것을 직접적으로 지능과 관련 있다고 이야기할 수는 없다. 현대 사회는 능력 위주의 인사 채용 방식으로 점점 흘러가고 있다.

그러나 아직도 동양 사회는 지능보다 인성을 중요시하는 경향이 있으며, 자신이 몸담고 있는 기업에 대한 애정을 그보다 더욱 요구하는 경향이 있다. 또 길이나 배경을 크게 도외시하지도 못하는 것이 현실이다. 지금은 교수가 된 어떤 분의 젊었을 때 이야기다. 그가 교수를 지망하며, 때마다 지도 교수 등을 찾아 다니며 문안도 하고 새해 인사도 했다고 한다. 그때 그 노교수는 다음과 같이 이야기했다고 한다.

"이보게 ○군 세상은 배경으로만 살 수는 없네, 실력이 있어야지"

또 다른 교수는 다음과 같이 이야기했다고 한다.

"이보게 ○군 세상은 실력만으로 살 수는 없네 배경이 있어야지."

그런데 아이러니컬하게도 전자는 배경으로 교수가 된 분의 이야기이며, 후자는 실력으로 교수가 된 분이라고 전했다. 지능은 우리가 사회 생활을 하고, 승진을 하고, 또는 기업 경영을 하거나 정치 지도자가 될 때 필요한 요소이다. 그러나 그것이 충분 조건이 아님을 잊지 말아야 한다는 점이다. 우리 나라 속담에 "나무를 잘타는 사람은 나무에서 떨어진다"는 말이 있다. 지능을 과신하는 것은 매우 위험한 일이다. 그러나 반드시 갖춘다면 경쟁 사회에서 여러 가지로 유리할 수 있다. 다만, 사회적으로 성공한 사람들은 '성실성'이나 '노력' 등을 더욱 중요시하며 그를 권한다. 유명한 에디슨

의 말은 여러분도 잘 알 것이다. '천재란 99의 노력과 1의 지능
이다'

  지능이 높은 것에 대한 반론 같은 주장은 지능 지수가 낮은
결과에 너무 낙심하지도 말고 또, 높은 점수를 믿고 게을러서도
안된다는 생각에서이다. 많은 독자가 '지능이 높다'거나 '지능이
낮다'는 것을, 외향성이라거나 내향성이라는 결과와는 달리 받아
들인다. 외향성이라든지 내향성은 어떤 물체가 세모라든가 네모라
는 형태의 모습처럼 생각하면서도, 지능 지수에 대한 인식은 사뭇
다르다. 그것은 마치 신이 판정한 '선택'되었거나 '제외'된 것처럼
생각하기 쉽다. 인간의 행동이란 하나의 인자에 의해 움직여지는
것이 아니다. 인간의 행동이란 여러 요소가 복합적으로 작용하여
나타난다. 만약 지능지수가 높다는 것으로 우등생이 될 수는 없다.
  배우려는 의지와 노력이 없다면 그 지능인자는 아무일도 해내지
못한다. 그 점을 유의하기 바란다.

연습 문제

1️⃣ 공간 이해 능력 (1)

다음 □ 속의 도형과 같은 것을 예제와 같이 맞는 것을 골라 ( ) 속에 기호로 적어 넣으십시요.

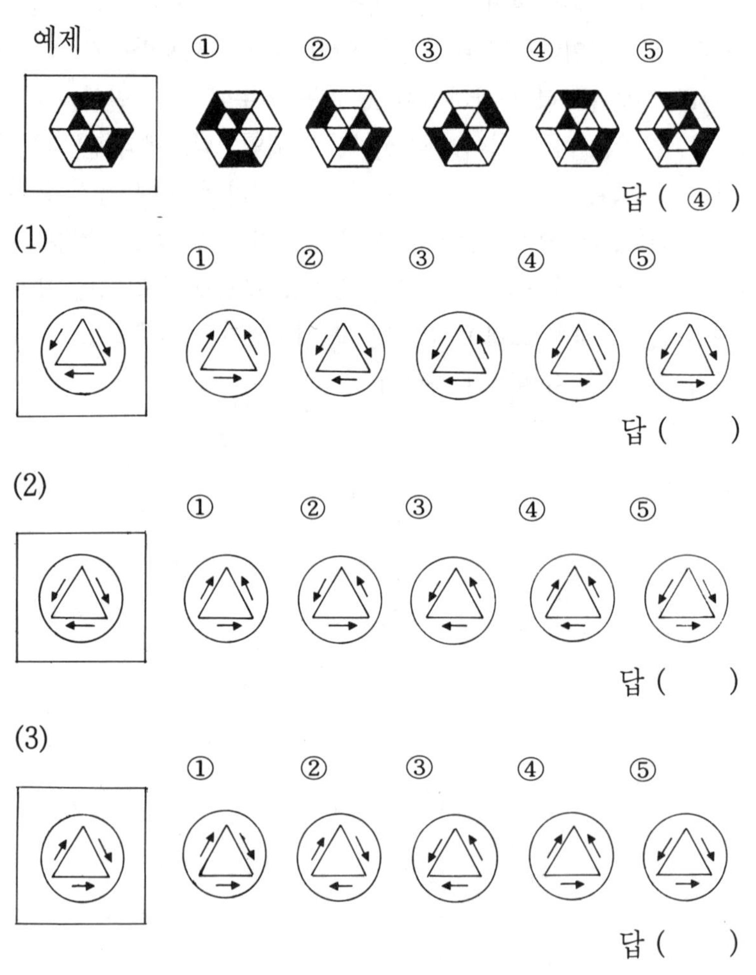

(4)

① ② ③ ④ ⑤

답 (　　)

(5)

① ② ③ ④ ⑤

답 (　　)

(6)

① ② ③ ④ ⑤

답 (　　)

(7)

① ② ③ ④ ⑤

답 (　　)

(8)

① ② ③ ④ ⑤

답 (　　)

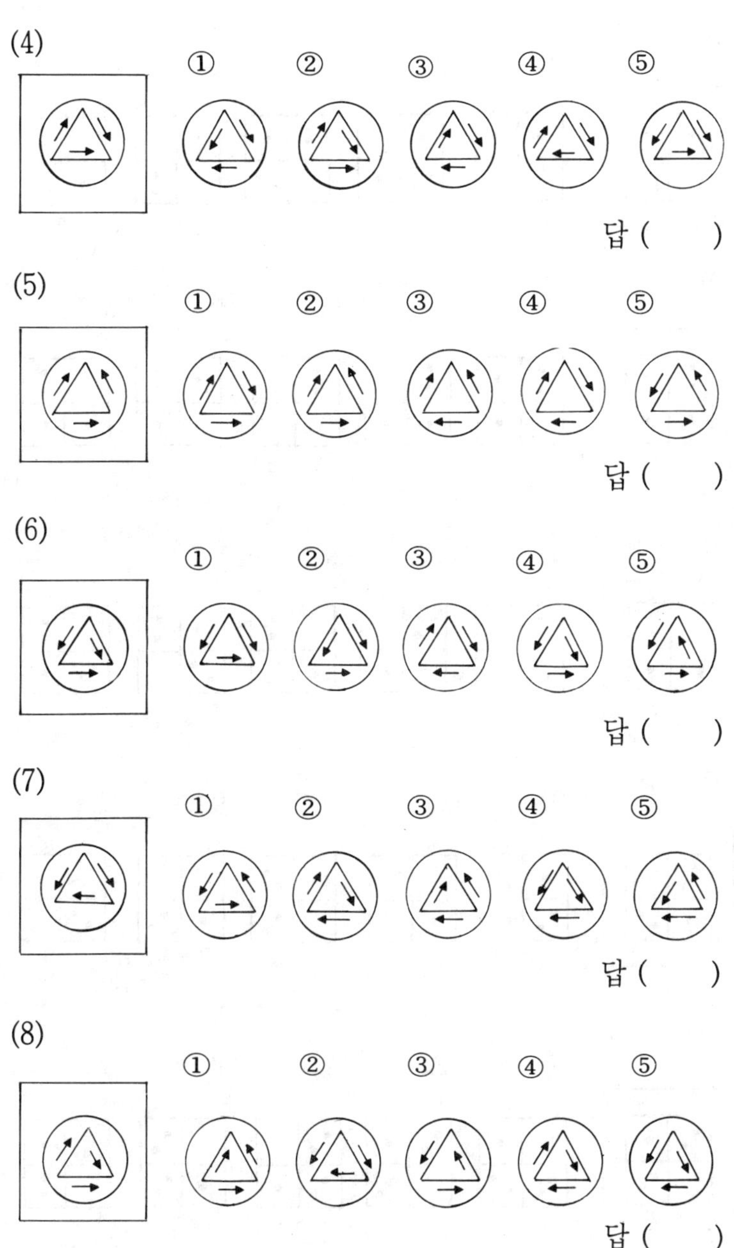

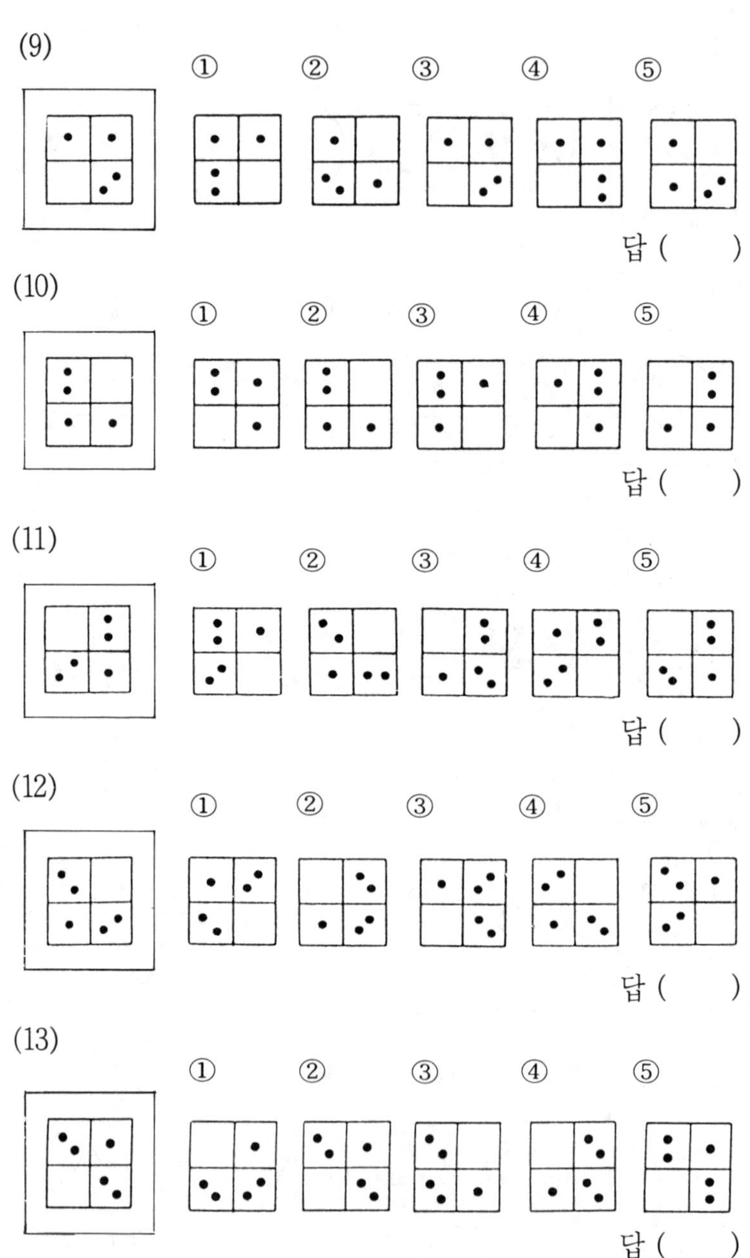

(9)
① ② ③ ④ ⑤
답 (　)
(10)
① ② ③ ④ ⑤
답 (　)
(11)
① ② ③ ④ ⑤
답 (　)
(12)
① ② ③ ④ ⑤
답 (　)
(13)
① ② ③ ④ ⑤
답 (　)

(14)

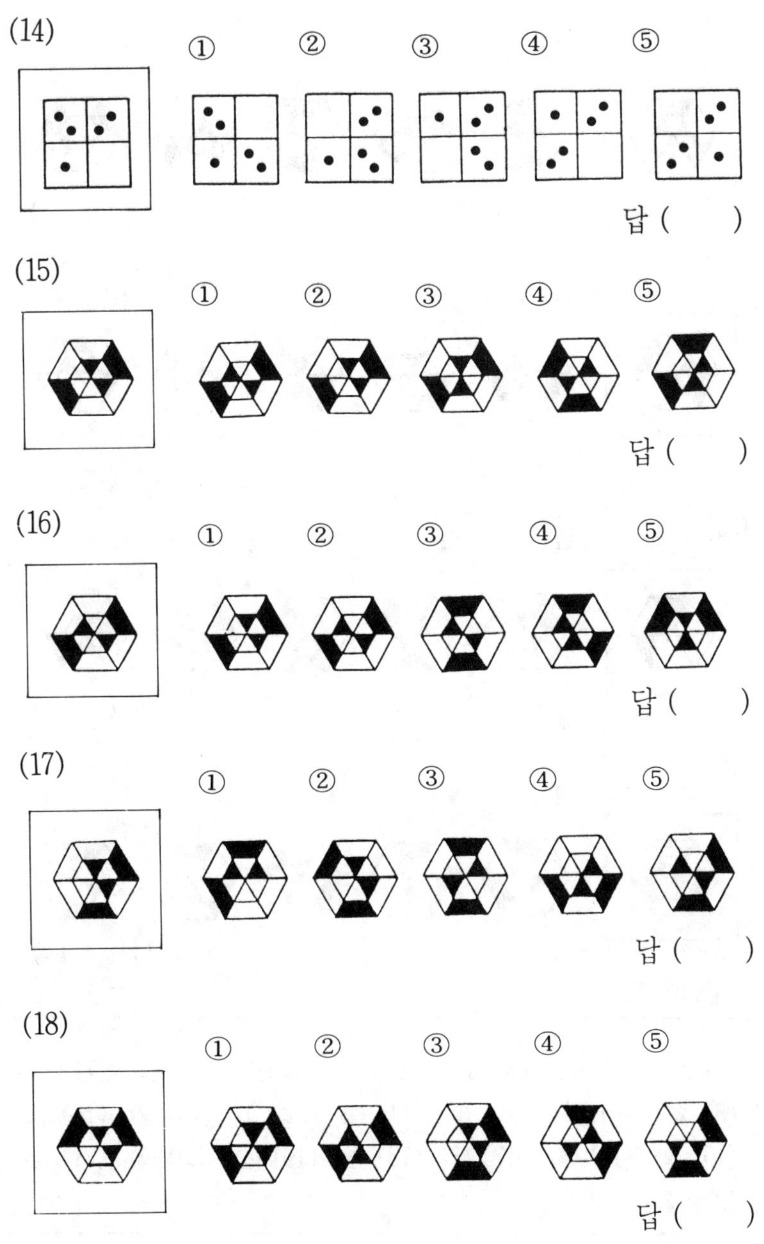

① ② ③ ④ ⑤

답 (　　)

(15)

① ② ③ ④ ⑤

답 (　　)

(16)

① ② ③ ④ ⑤

답 (　　)

(17)

① ② ③ ④ ⑤

답 (　　)

(18)

① ② ③ ④ ⑤

답 (　　)

(19)

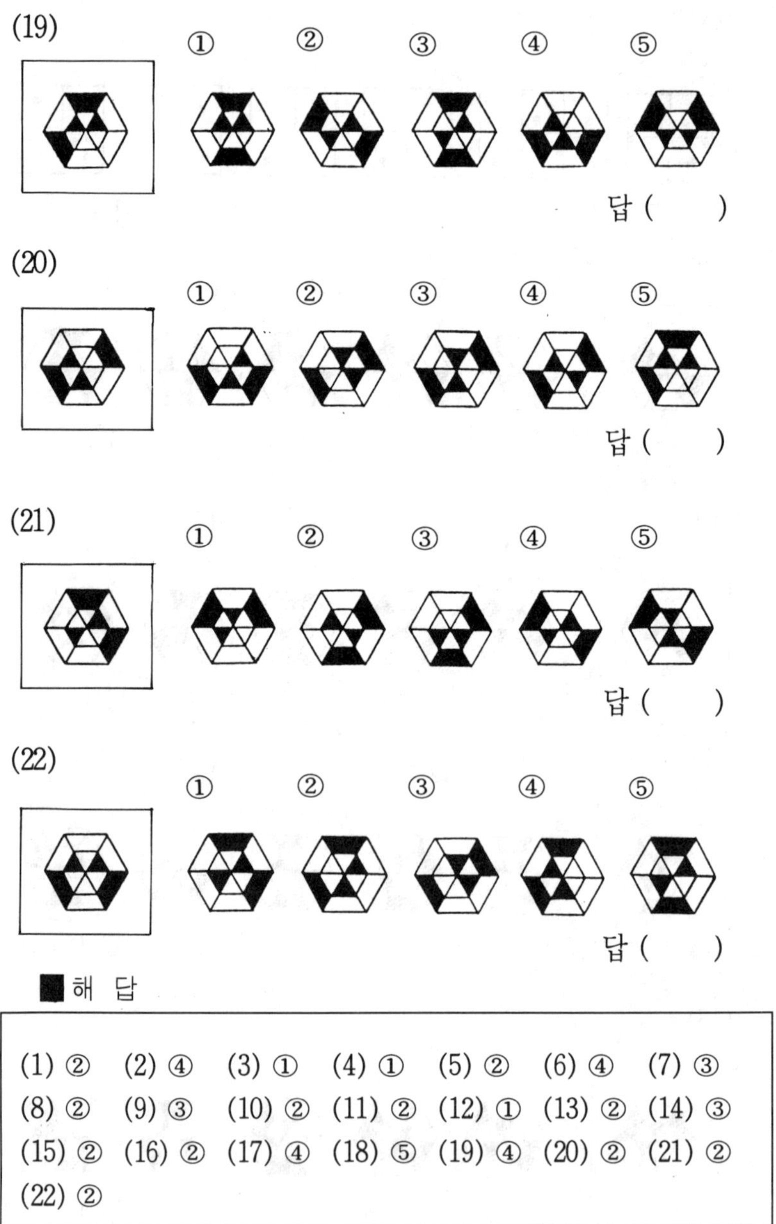

답 (　　)

(20)

답 (　　)

(21)

답 (　　)

(22)

답 (　　)

■ 해 답

(1) ②　(2) ④　(3) ①　(4) ①　(5) ②　(6) ④　(7) ③
(8) ②　(9) ③　(10) ②　(11) ②　(12) ①　(13) ②　(14) ③
(15) ②　(16) ②　(17) ④　(18) ⑤　(19) ④　(20) ②　(21) ②
(22) ②

2 공간 이해 능력 (2)

다음은 예제와 같이 도형을 추리하여 맞는 것을 골라 ( ) 속에 기호로 적어 놓으십시요.

예제

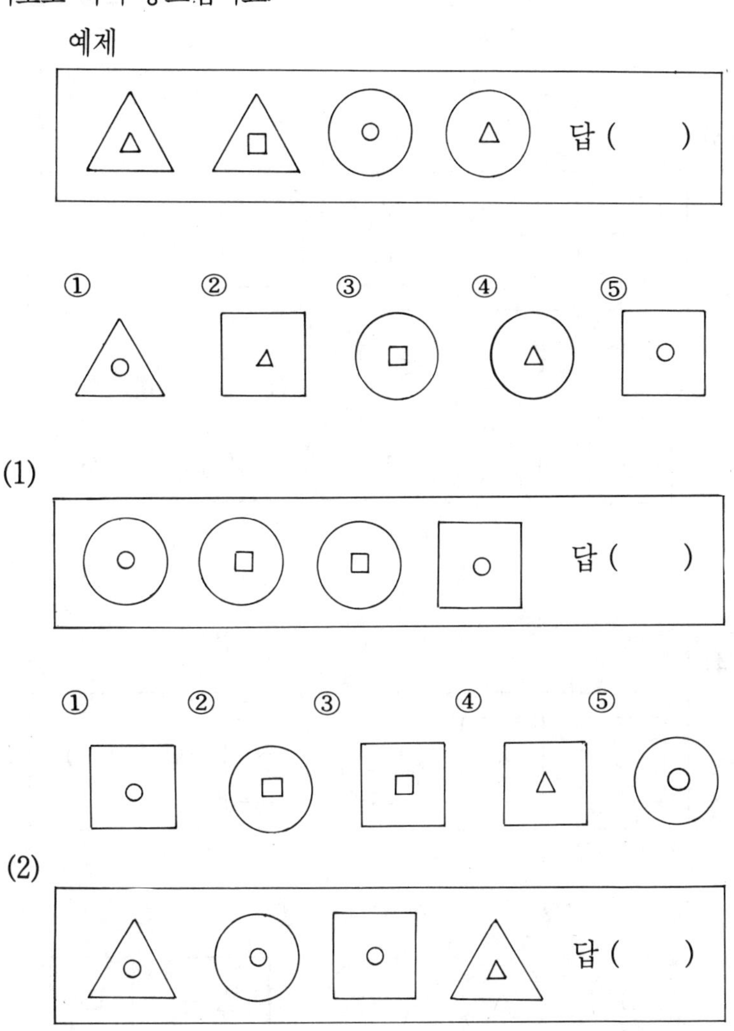

① ② ③ ④ ⑤

(3)

답 (   )

① ② ③ ④ ⑤

(4)

답 (   )

① ② ③ ④ ⑤

(5)

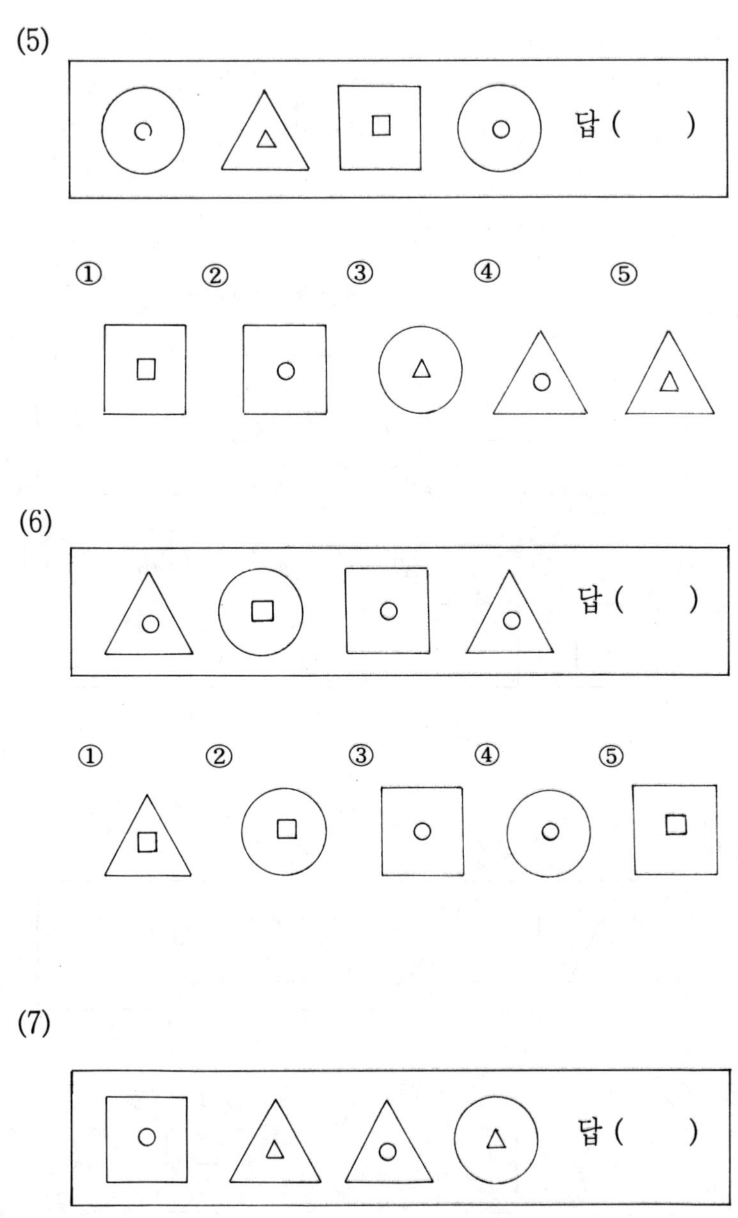

(6)

(7)

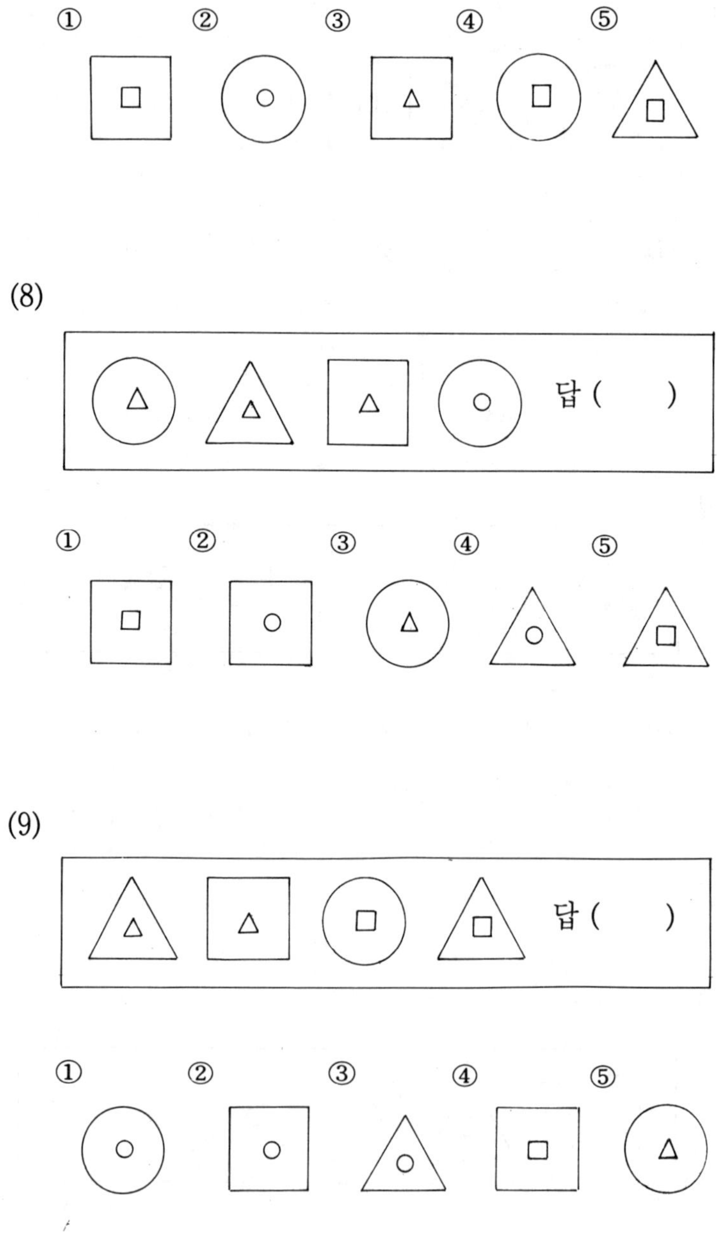

(8)

답 (　)

(9)

답 (　)

(10)

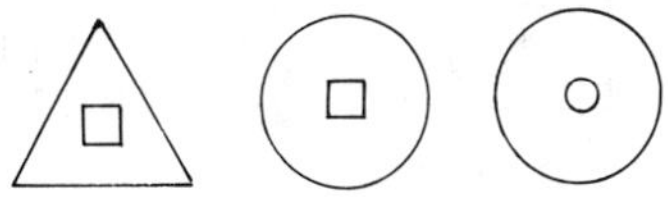

①　②　③　④　⑤

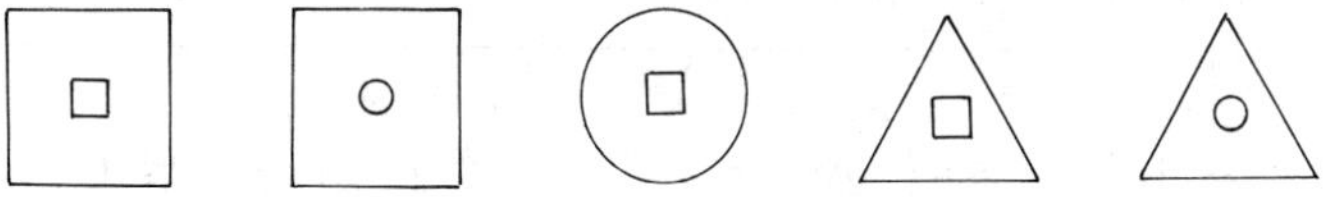

(11)

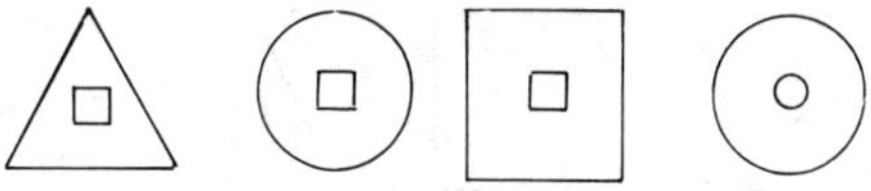

①　②　③　④　⑤

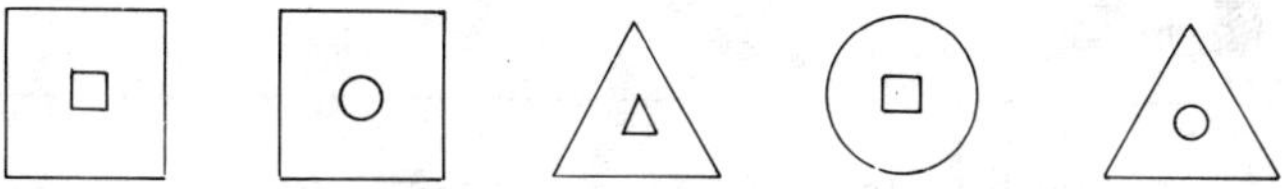

(12)

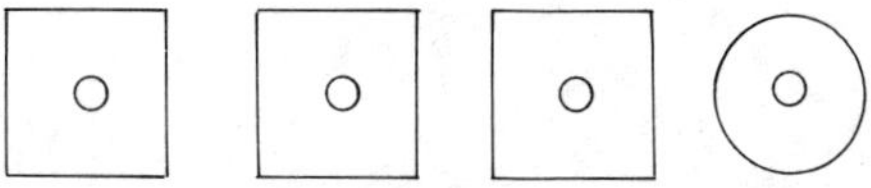

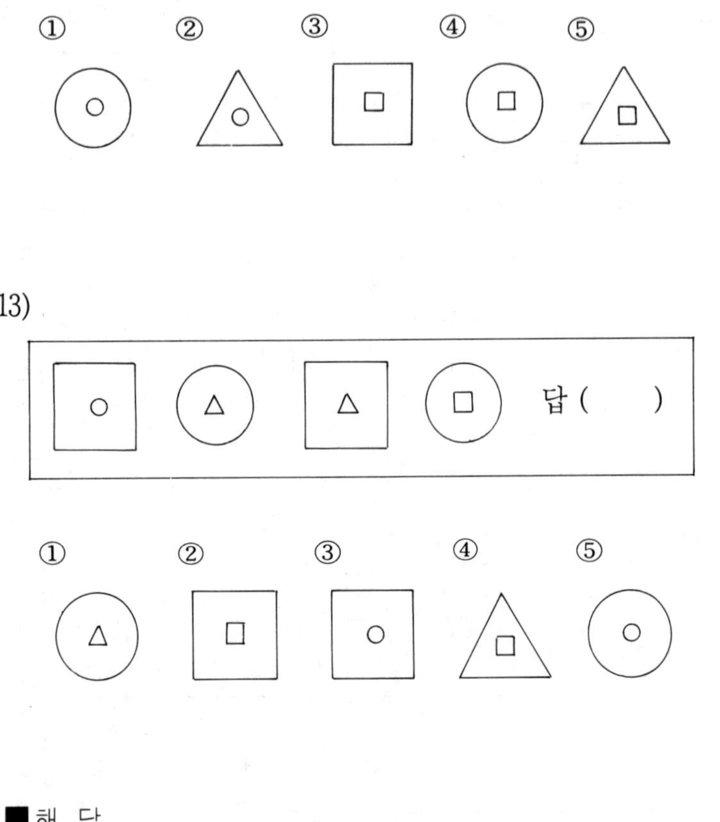

(13)

답 (　　)

(1) ③　(2) ①　(3) ③　(4) ④　(5) ⑤　(6) ②　(7) ②
(8) ④　(9) ④　(10) ①　(11) ⑤　(12) ①　(13) ②

③ 공간 이해 능력 (3)

다음 □ 속의 도형을 선과 같이 절단한 것입니다. 답 중의 하나
는 다른 것이 포함되어 있습니다. 예제와 같이 그 다른 것을 골라
( ) 속에 기호로 적어 놓으십시요.

예제

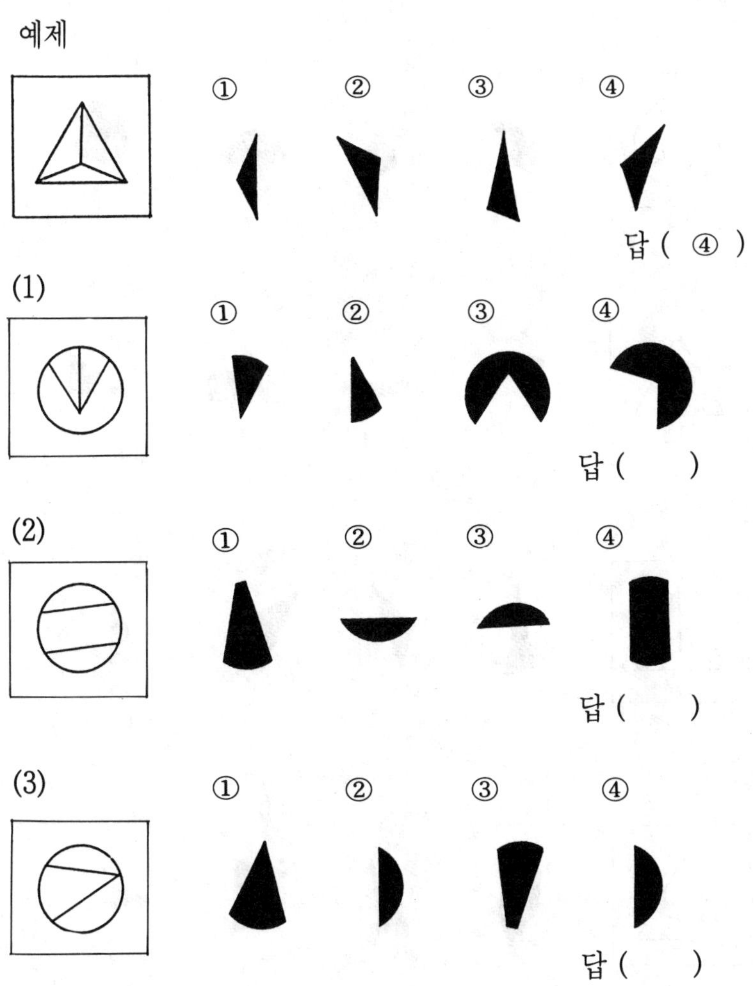

① ② ③ ④

답 (④)

(1)

① ② ③ ④

답 (   )

(2)

① ② ③ ④

답 (   )

(3)

① ② ③ ④

답 (   )

174

(4)

① ② ③ ④

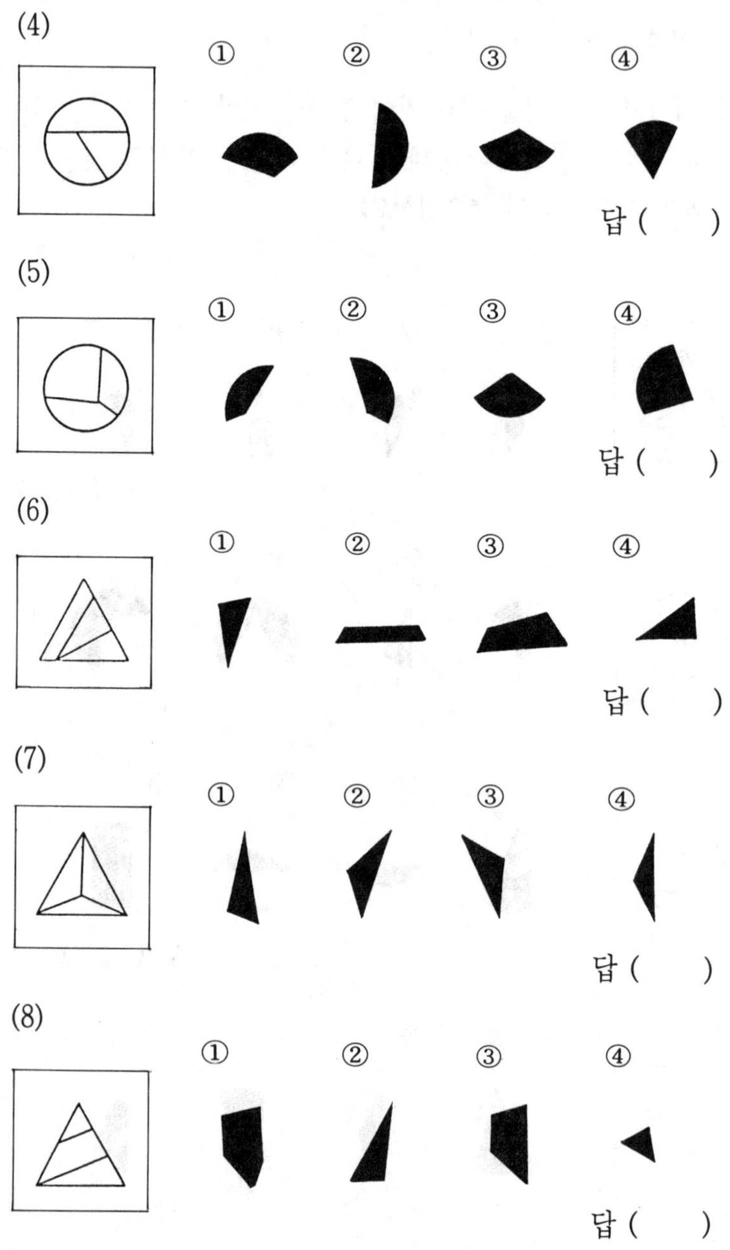

답 (　　)

(5)

① ② ③ ④

답 (　　)

(6)

① ② ③ ④

답 (　　)

(7)

① ② ③ ④

답 (　　)

(8)

① ② ③ ④

답 (　　)

(9)

① ② ③ ④

답 (   )

(10)

① ② ③ ④

답 (   )

(11)

① ② ③ ④

답 (   )

(12)

① ② ③ ④

답 (   )

(13)

① ② ③ ④

답 (   )

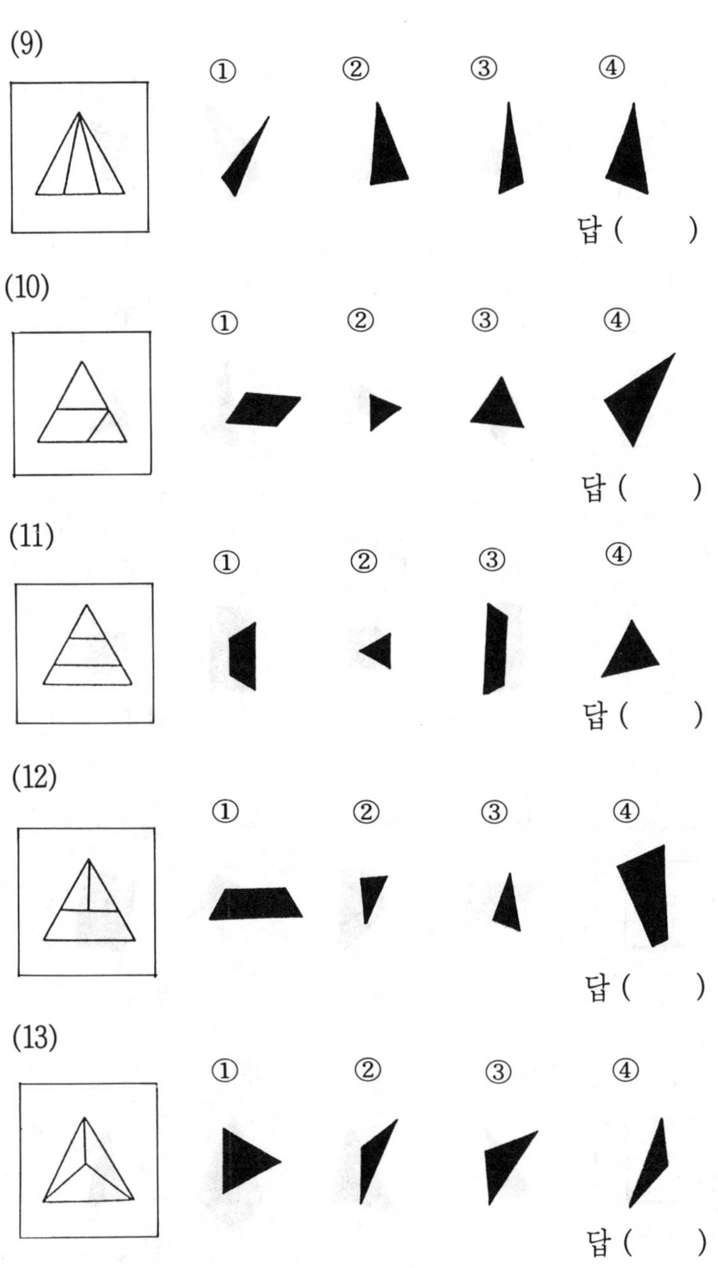

176

(14)
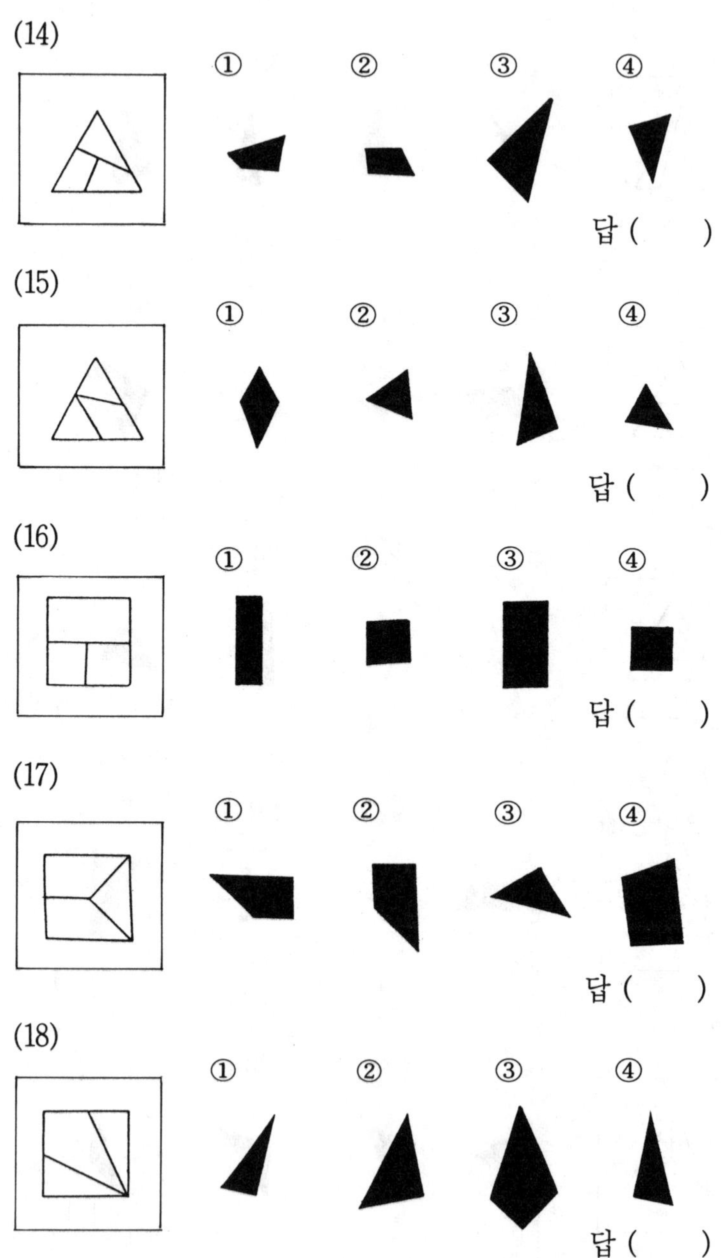

① ② ③ ④

답 (　　)

(15)

① ② ③ ④

답 (　　)

(16)

① ② ③ ④

답 (　　)

(17)

① ② ③ ④

답 (　　)

(18)

① ② ③ ④

답 (　　)

(19)

① ② ③ ④

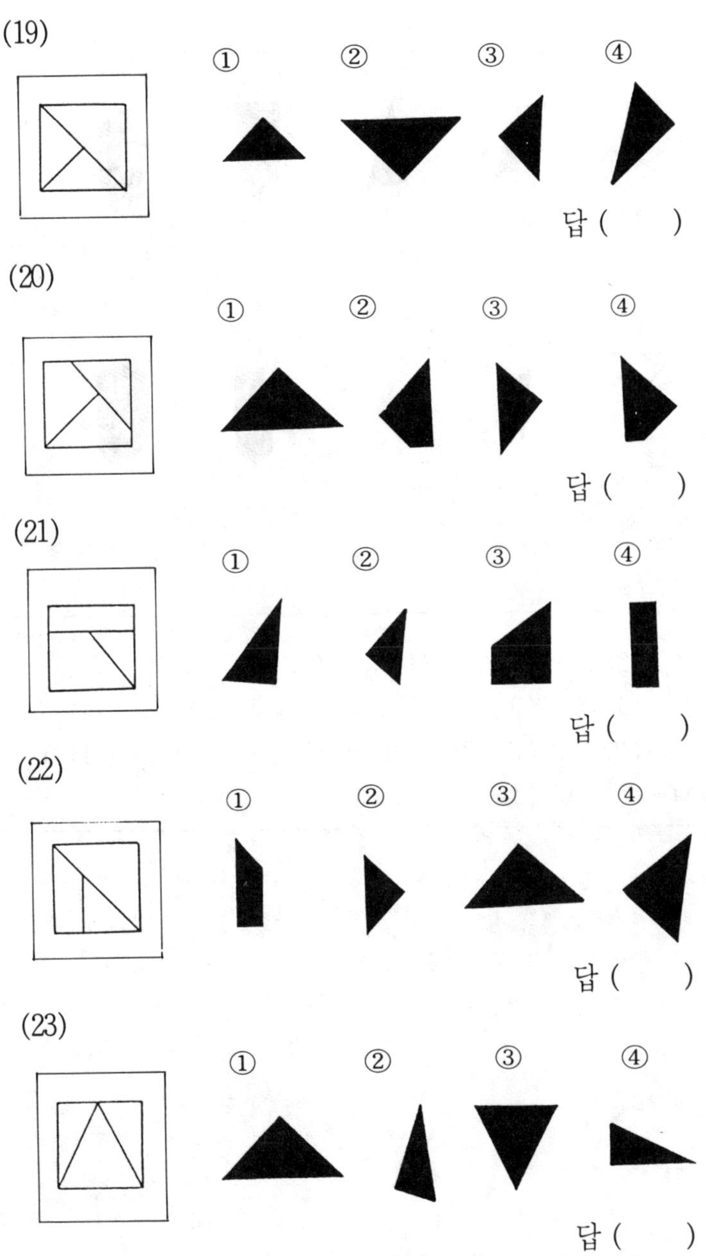

답 (   )

(20)

① ② ③ ④

답 (   )

(21)

① ② ③ ④

답 (   )

(22)

① ② ③ ④

답 (   )

(23)

① ② ③ ④

답 (   )

178

(24)

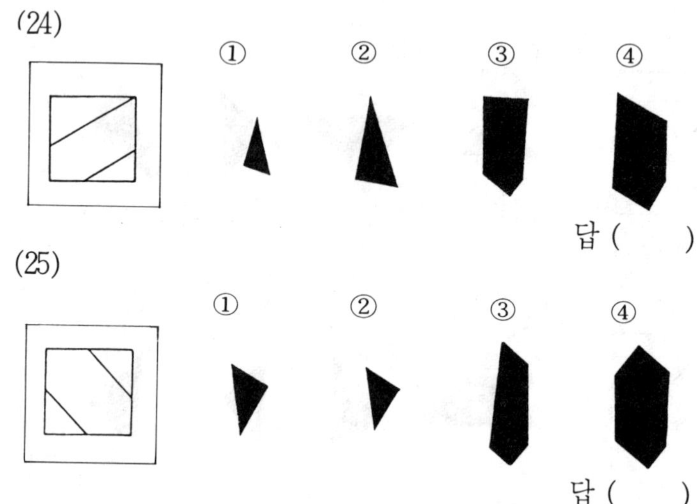

(25)

■ 해 답

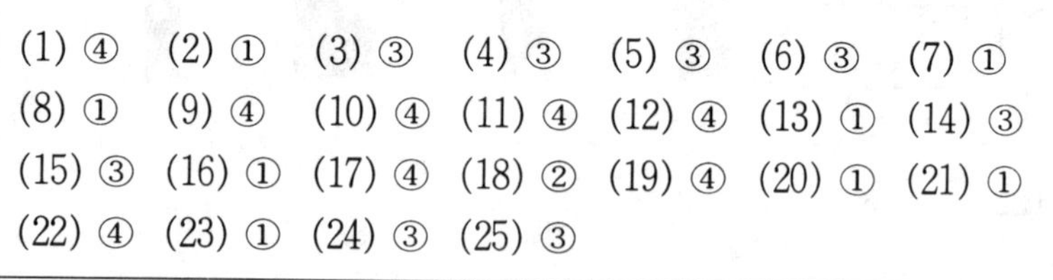

(1) ④　(2) ①　(3) ③　(4) ③　(5) ③　(6) ③　(7) ①

(8) ①　(9) ④　(10) ④　(11) ④　(12) ④　(13) ①　(14) ③

(15) ③　(16) ①　(17) ④　(18) ②　(19) ④　(20) ①　(21) ①

(22) ④　(23) ①　(24) ③　(25) ③

4 공간 이해 능력 (4)

다음 예제와 같이 □ 속의 그림과 같은 것을 골라 맞는 것을
( ) 속에 기호로 적어 넣으십시요.

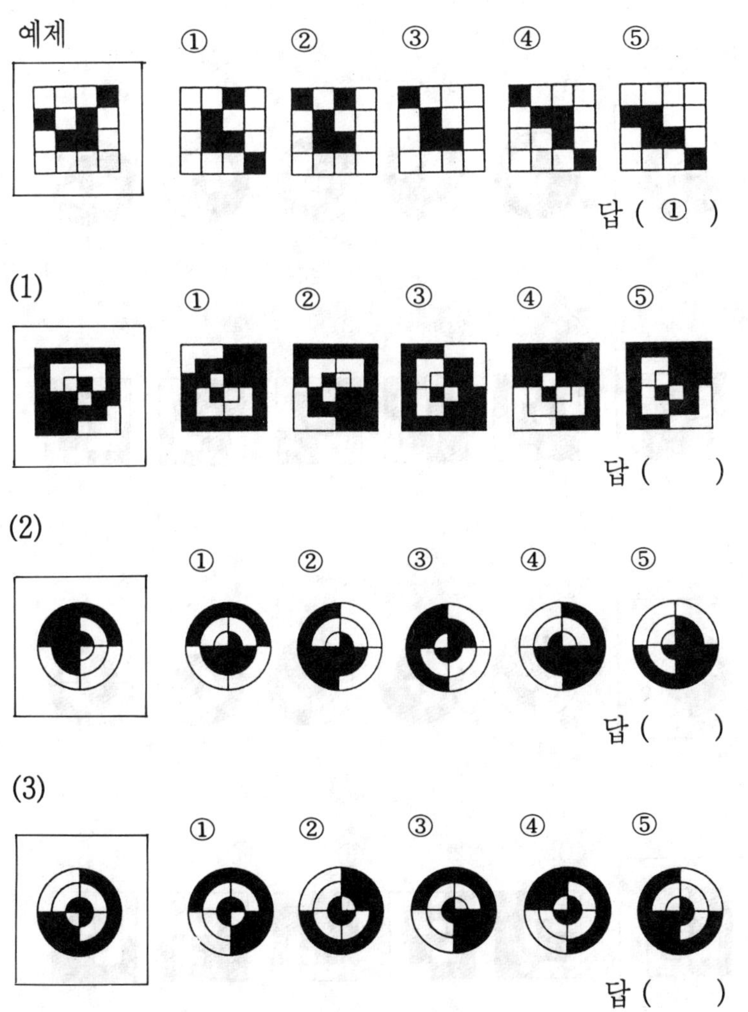

예제   ①   ②   ③   ④   ⑤

답 (①)

(1)   ①   ②   ③   ④   ⑤

답 (   )

(2)   ①   ②   ③   ④   ⑤

답 (   )

(3)   ①   ②   ③   ④   ⑤

답 (   )

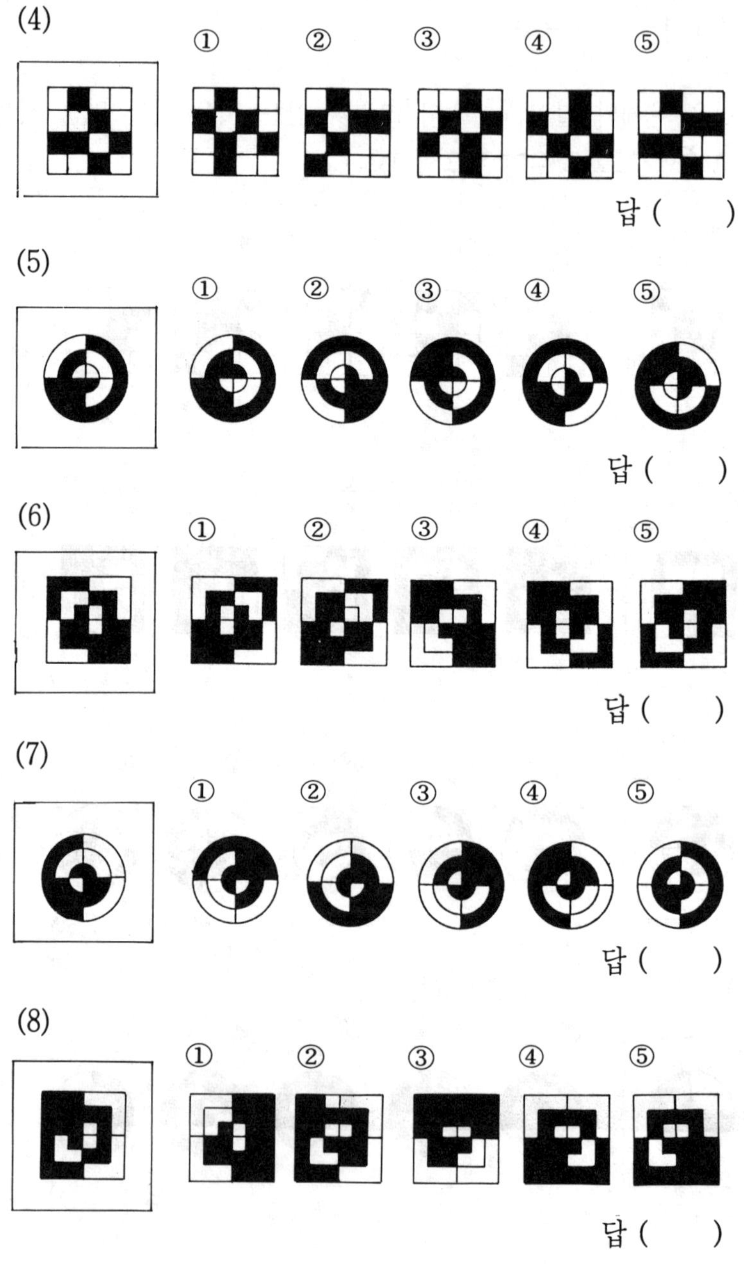

(9)

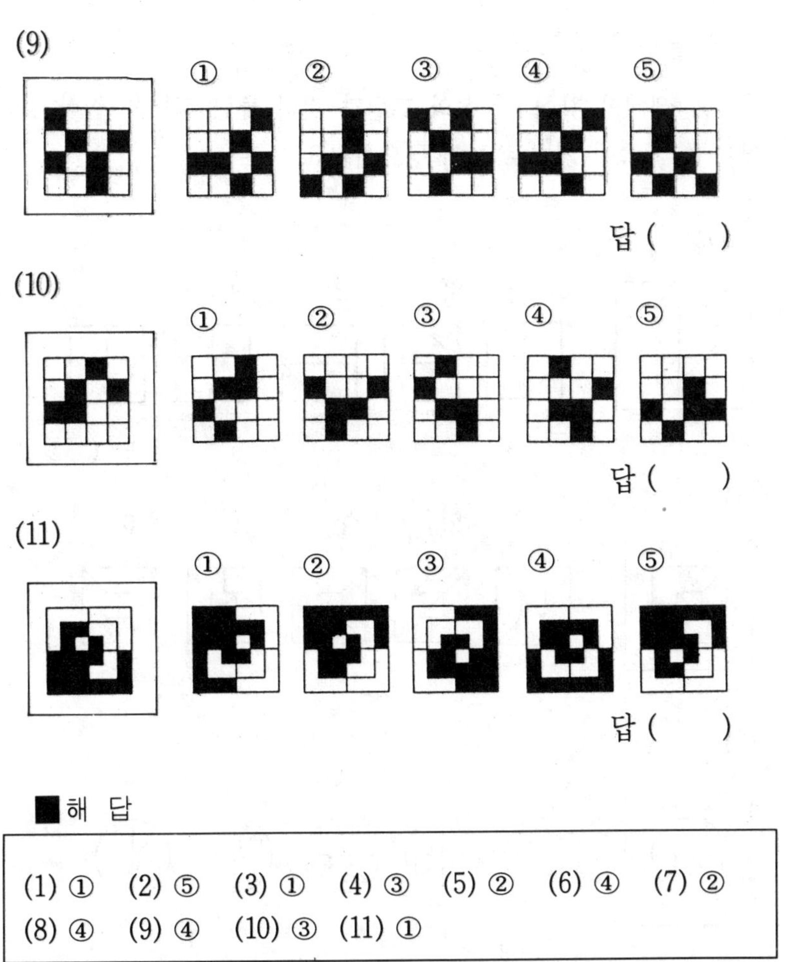

①　②　③　④　⑤

답 (　　)

(10)

①　②　③　④　⑤

답 (　　)

(11)

①　②　③　④　⑤

답 (　　)

■ 해 답

(1) ①　(2) ⑤　(3) ①　(4) ③　(5) ②　(6) ④　(7) ②

(8) ④　(9) ④　(10) ③　(11) ①

5 공간 이해 능력 (5)

다음 예제와 같이 □ 속의 그림과 전혀 틀린 그림을 골라 맞는 것을 ( ) 속에 기호로 적어 넣으십시요.

예제

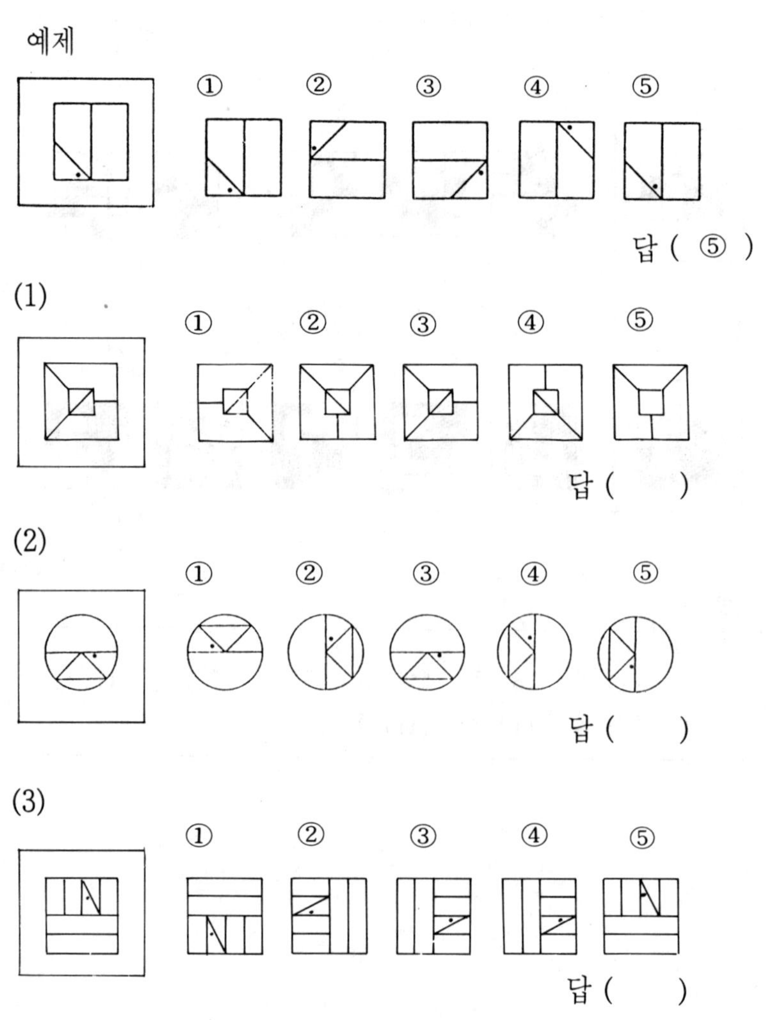

답 (⑤)

(1)

답 (   )

(2)

답 (   )

(3)

답 (   )

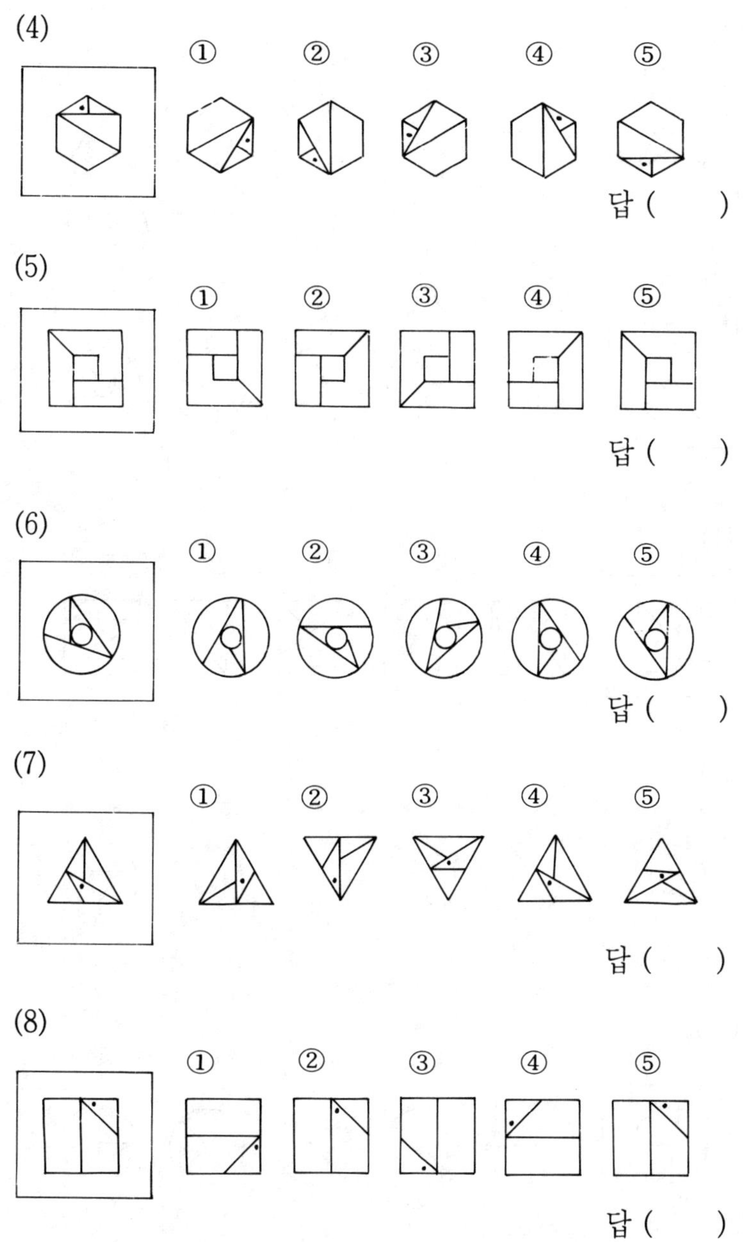

(9)

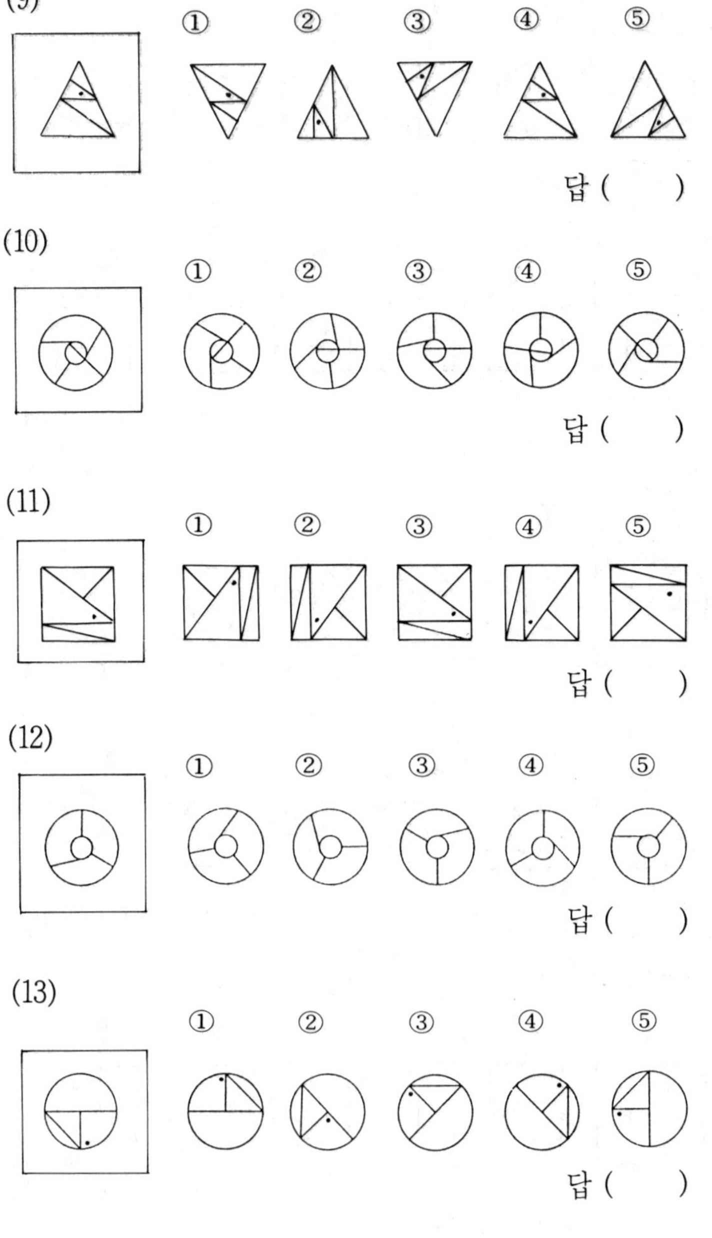

① ② ③ ④ ⑤

답 (　　)

(10)

① ② ③ ④ ⑤

답 (　　)

(11)

① ② ③ ④ ⑤

답 (　　)

(12)

① ② ③ ④ ⑤

답 (　　)

(13)

① ② ③ ④ ⑤

답 (　　)

(14)

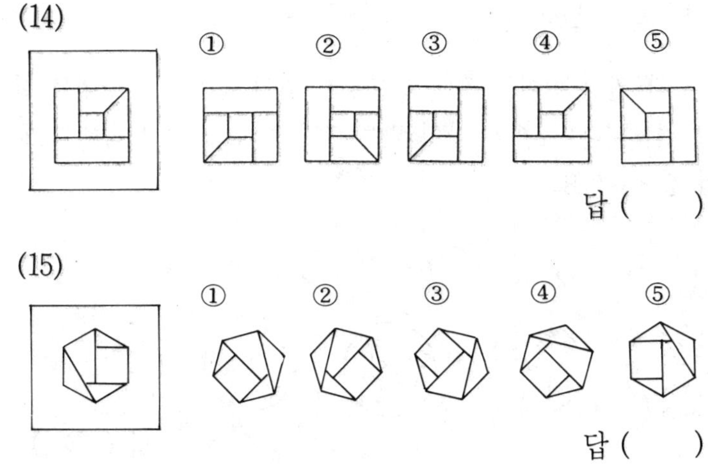

답 (　　)

(15)

답 (　　)

■해 답

(1) ⑤　(2) ④　(3) ①　(4) ⑤　(5) ④　(6) ①　(7) ②
(8) ②　(9) ①　(10) ③　(11) ⑤　(12) ⑤　(13) ②　(14) ③
(15) ①

6 공간 이해 능력 (6)

다음은 각 원의 종이를 점선 부분으로 접어 송곳으로 구멍을 한 번 내고 폈습니다. 예제와 같이 맞는 것을 번호를 ( ) 속에 기호로 적어 넣으십시오.

예제

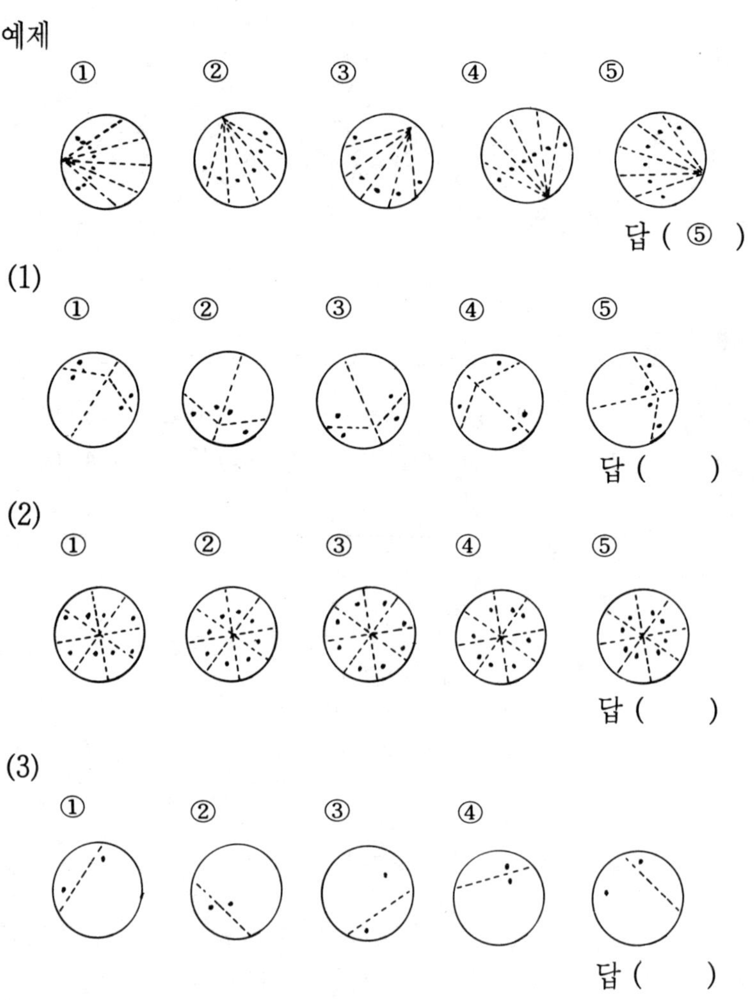

(1)

(2)

(3)

(4)

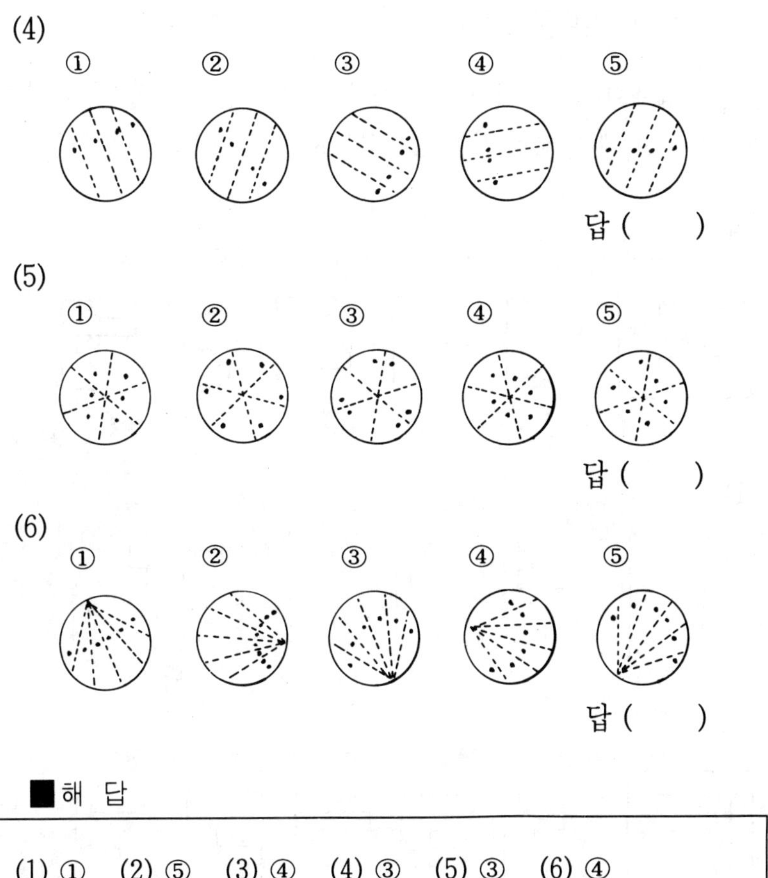

답 (   )

(5)

답 (   )

(6)

답 (   )

■해 답

(1) ①   (2) ⑤   (3) ④   (4) ③   (5) ③   (6) ④

⑦ 공간 이해 능력 (7)

다음 예제와 같이 □ 속의 그림과 꼭 맞물린 그림을 찾아 맞는 것을 ( ) 속에 기호로 적어 넣으십시오.

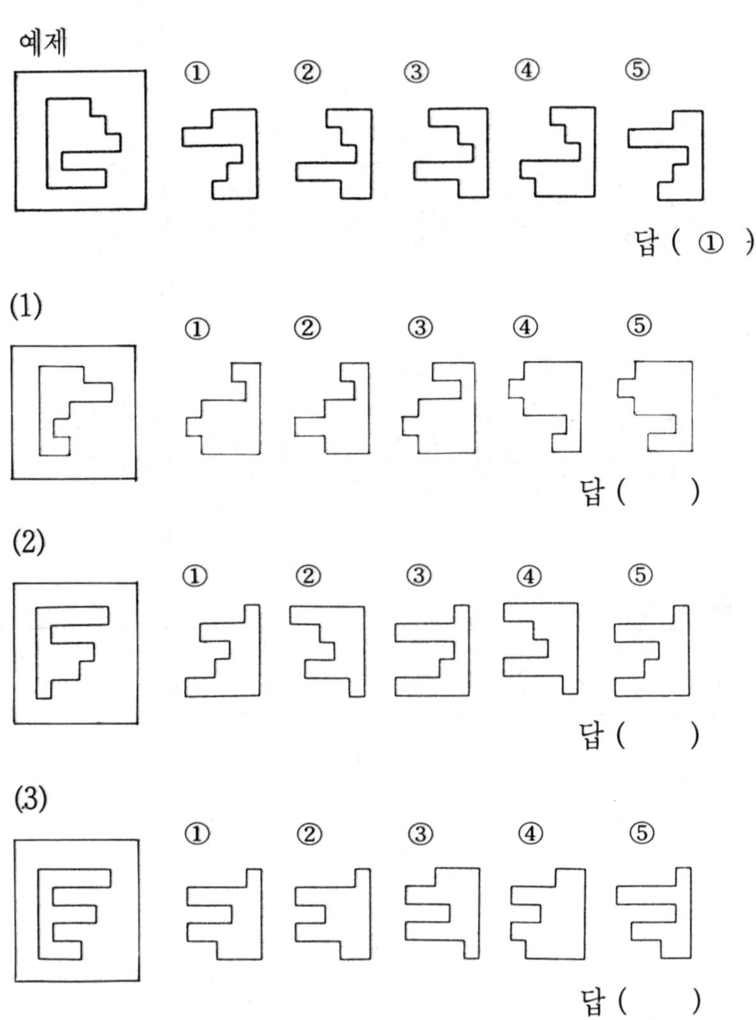

예제

① ② ③ ④ ⑤

답 (①)

(1)

① ② ③ ④ ⑤

답 ( )

(2)

① ② ③ ④ ⑤

답 ( )

(3)

① ② ③ ④ ⑤

답 ( )

(4)

① ② ③ ④ ⑤

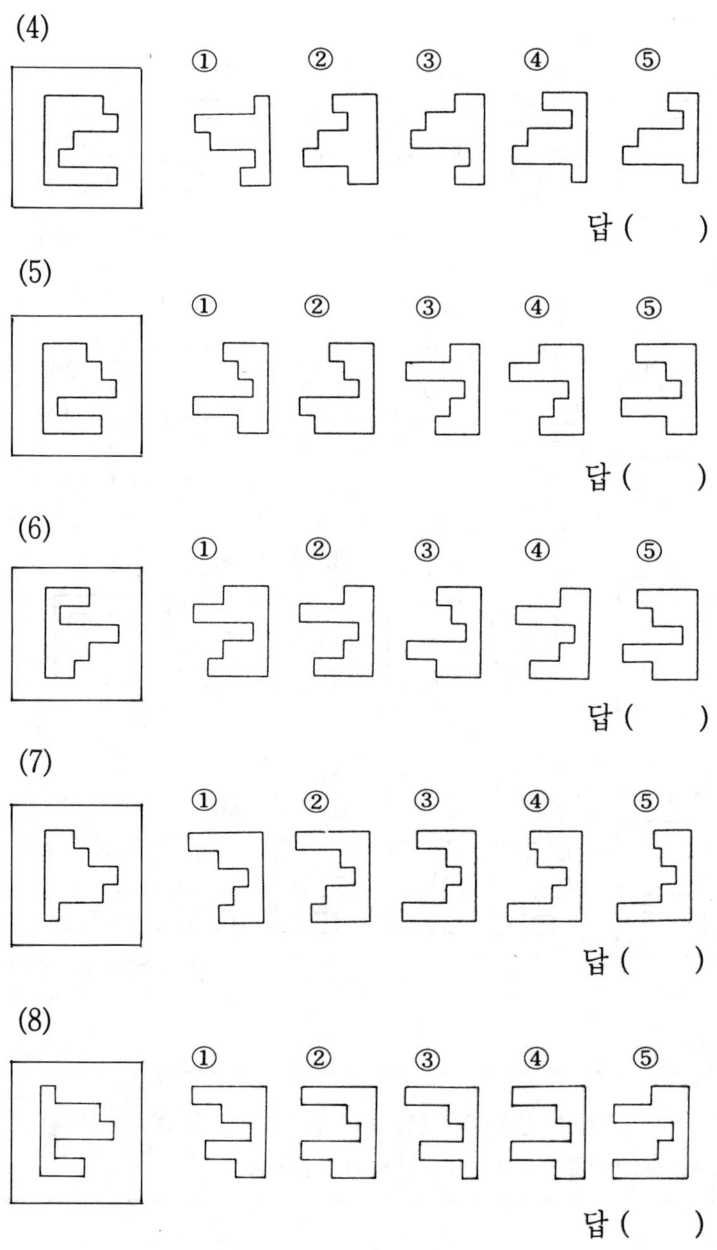

답 (　　)

(5)

① ② ③ ④ ⑤

답 (　　)

(6)

① ② ③ ④ ⑤

답 (　　)

(7)

① ② ③ ④ ⑤

답 (　　)

(8)

① ② ③ ④ ⑤

답 (　　)

(9)

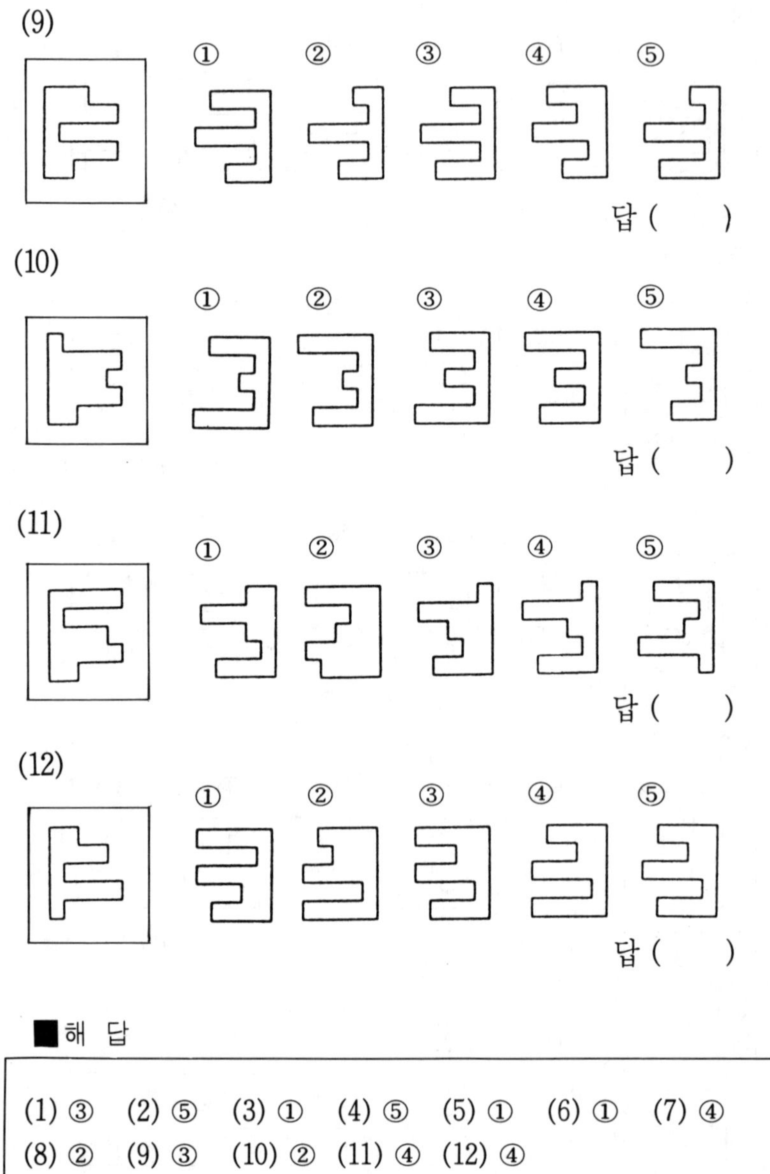

답 (　)

(10)

답 (　)

(11)

답 (　)

(12)

답 (　)

■해 답

(1) ③　(2) ⑤　(3) ①　(4) ⑤　(5) ①　(6) ①　(7) ④
(8) ②　(9) ③　(10) ②　(11) ④　(12) ④

8 공간 이해 능력 (8)

다음은 □ 속의 그림을 바꿔 놓는 그림입니다. 예제와 같이 맞는 것을 골라 (   ) 속에 기호로 적어 놓으십시요.

예제

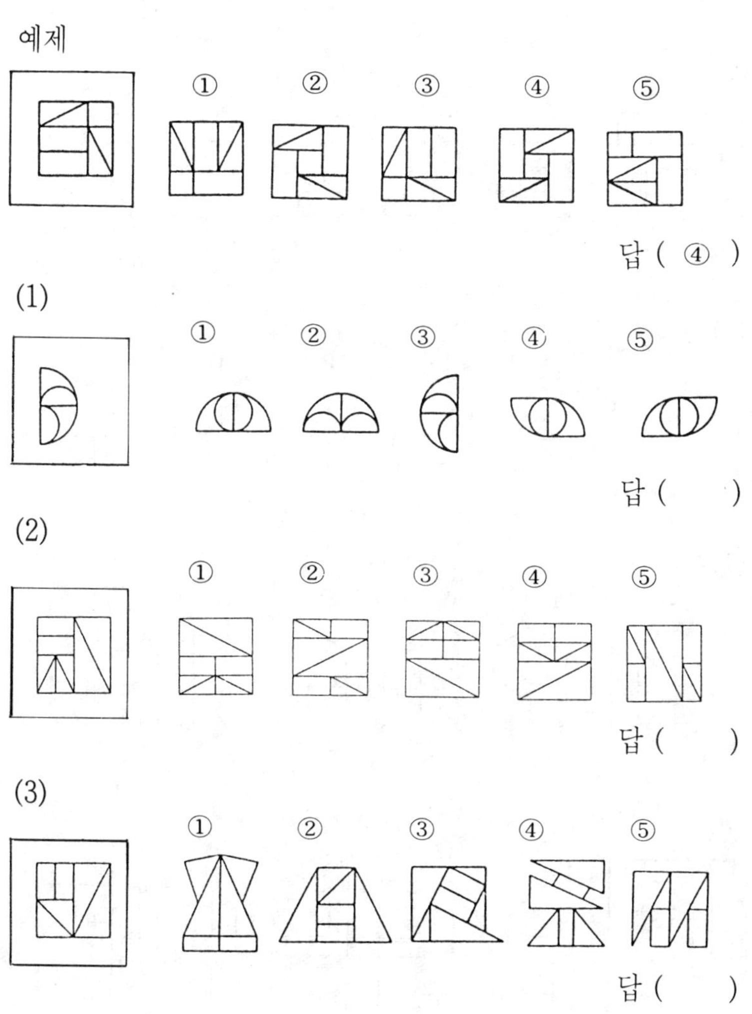

답 (④)

(1)

답 (   )

(2)

답 (   )

(3)

답 (   )

(4)

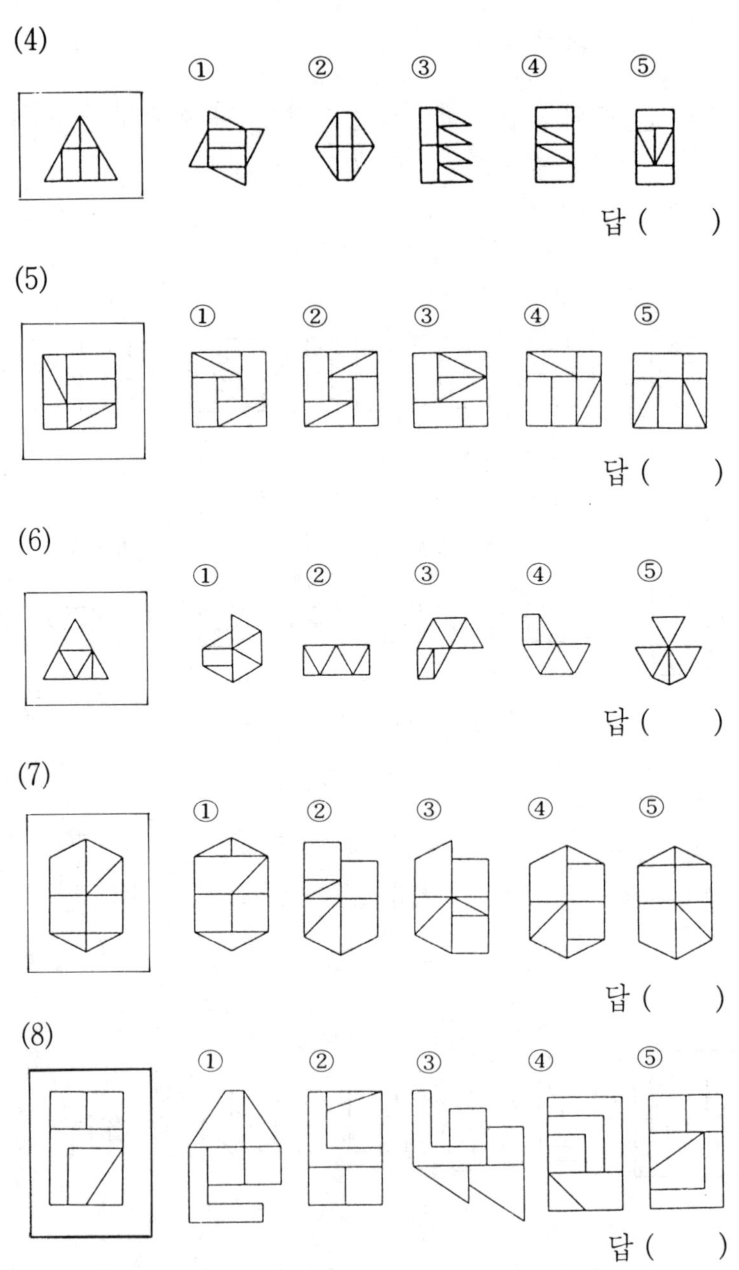

답 (　　)

(5)

답 (　　)

(6)

답 (　　)

(7)

답 (　　)

(8)

답 (　　)

(9)

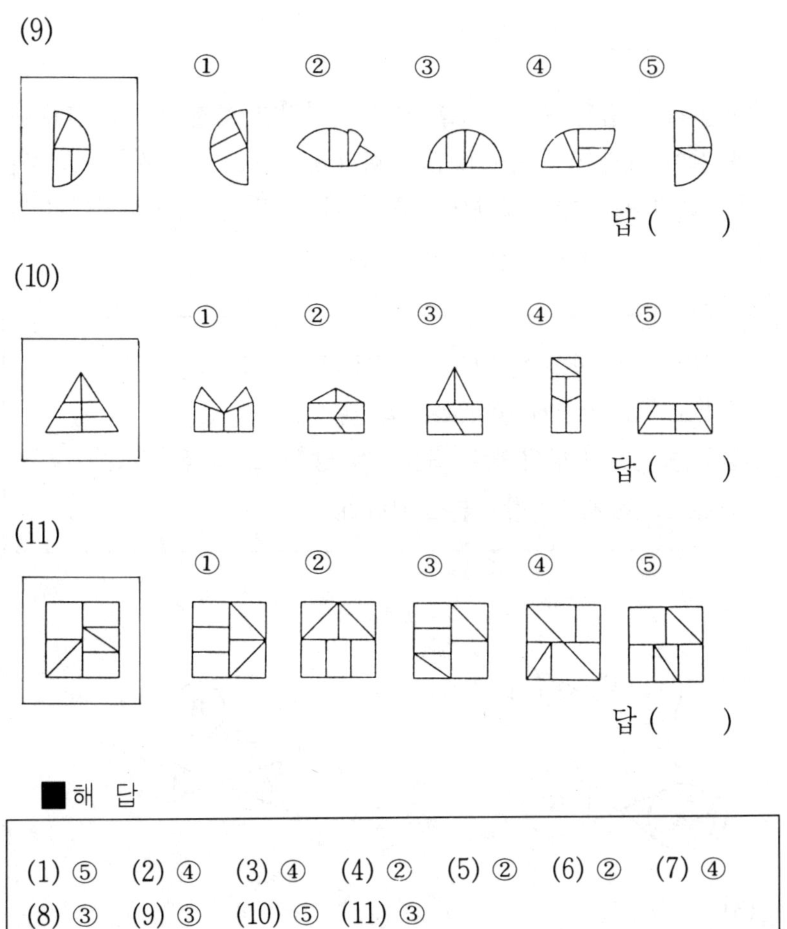

답 (   )

(10)

답 (   )

(11)

답 (   )

■ 해 답

(1) ⑤   (2) ④   (3) ④   (4) ②   (5) ②   (6) ②   (7) ④
(8) ③   (9) ③   (10) ⑤   (11) ③

9 공간 이해 능력 (9)

다음 각 그림은 수레바퀴를 벨트에 연결한 회전 장치입니다. 예제와 같이 각각 A의 수레바퀴가 화살표 방향으로 회전할 때, B와 C의 수레바퀴는 어느 방향으로 회전하는지 맞는 것을 보기에서 찾아 (   ) 속에 기호로 적어 넣으십시요.

[보기]

① B는 시계 방향으로, C는 반시계 방향으로 회전한다.
② B도 C도 반시계 방향으로 회전한다.
③ B는 반시계 방향으로, C는 시계 방향으로 회전한다.
④ B도 C도 시계방향으로 회전한다.

---

(1)   (2)

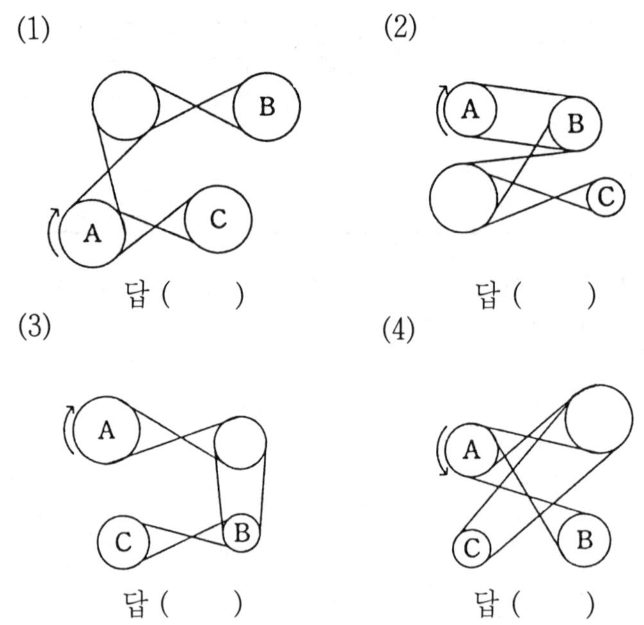

(1) 답 (   )   (2) 답 (   )

(3)   (4)

(3) 답 (   )   (4) 답 (   )

(5)

(6)

(7)

(8)

(9)

(10)

(11)

(12)

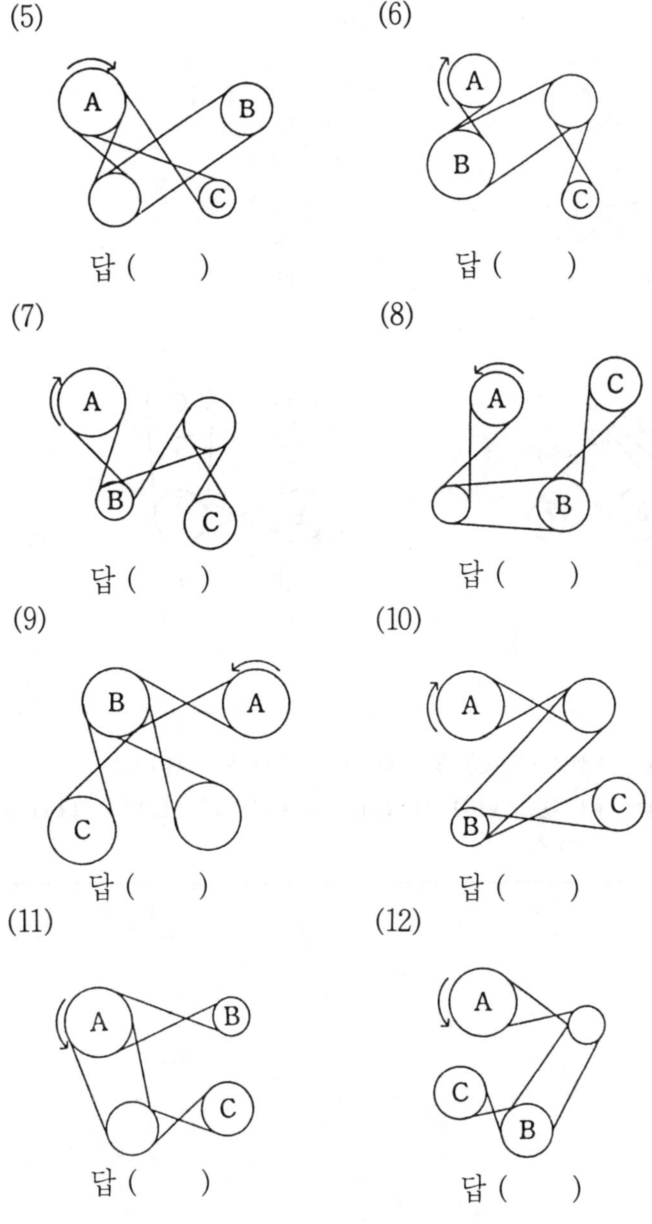

답 (   )   답 (   )

답 (   )   답 (   )

답 (   )   답 (   )

답 (   )   답 (   )

(13)

(14)

(15)

(16)

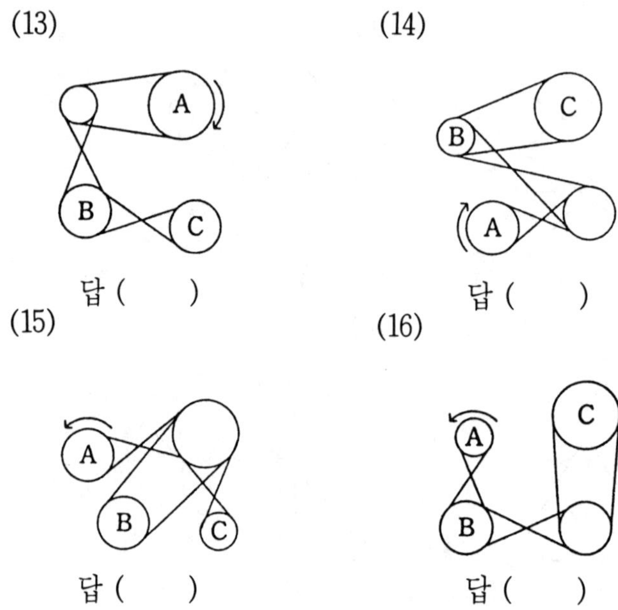

■ 해 답

(1) ①   (2) ④   (3) ③   (4) ④   (5) ②   (6) ③   (7) ②
(8) ①   (9) ①   (10) ①   (11) ④   (12) ①   (13) ③   (14) ④
(15) ①   (16) ①

10 공간 이해 능력 (10)

다음 □ 속의 주사위는 주사위에 표시된 보기 숫자입니다. 이를 보고 예제와 같이 각 문제의 주사위 빈 자리에 맞는 것을 골라 ( ) 속에 기호로 적어 넣으십시오.

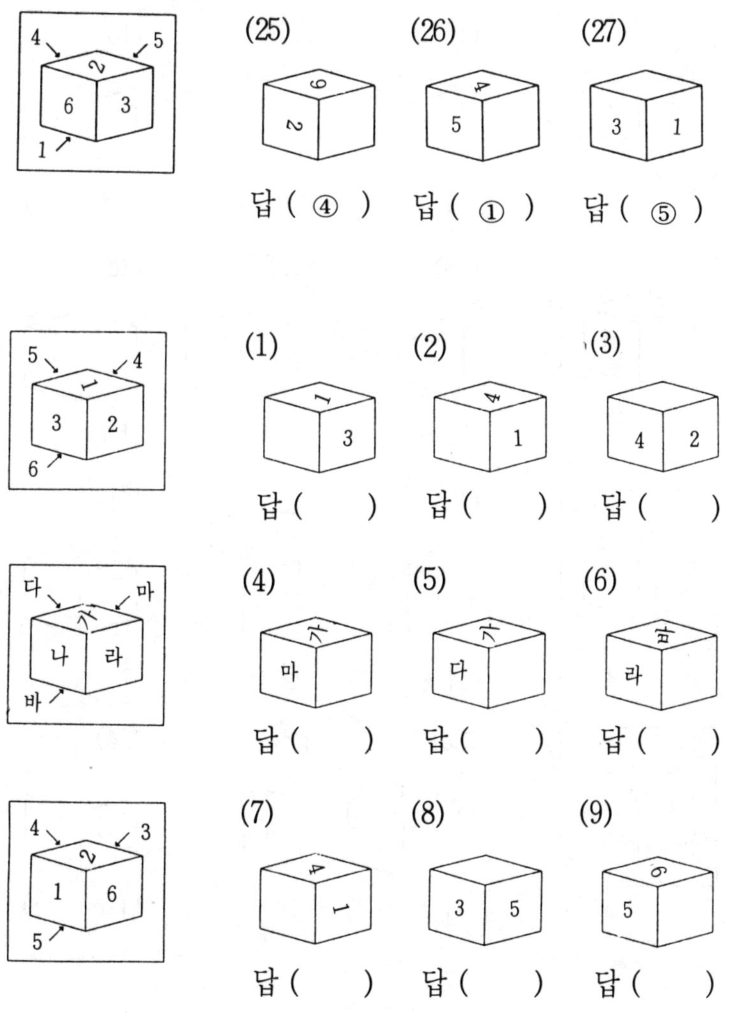

(25)   답 (④)

(26)   답 (①)

(27)   답 (⑤)

(1)   답 (   )

(2)   답 (   )

(3)   답 (   )

(4)   답 (   )

(5)   답 (   )

(6)   답 (   )

(7)   답 (   )

(8)   답 (   )

(9)   답 (   )

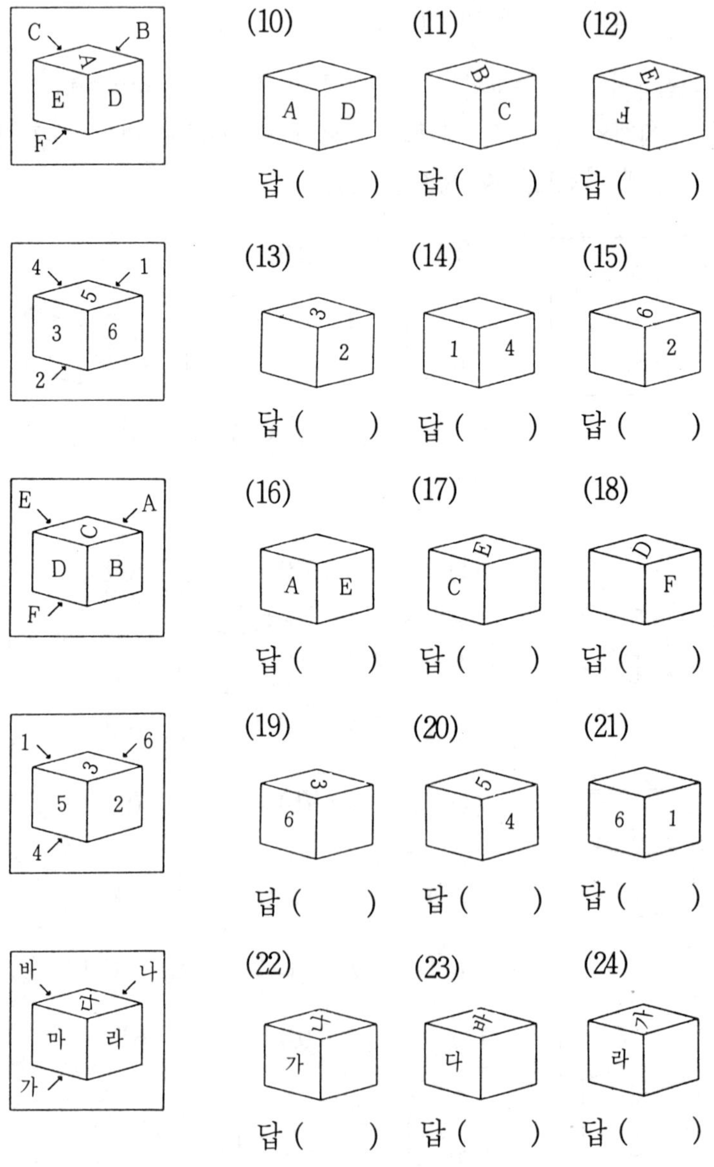
C B
A
E D
F

(10)
A D
답 (   )

(11)
B
C
답 (   )

(12)
E
F
답 (   )

4 1
5
3 6
2

(13)
3
2
답 (   )

(14)
1 4
답 (   )

(15)
6
2
답 (   )

E A
C
D B
F

(16)
A E
답 (   )

(17)
E
C
답 (   )

(18)
D
F
답 (   )

1 6
3
5 2
4

(19)
3
6
답 (   )

(20)
5
4
답 (   )

(21)
6 1
답 (   )

바 나
다
마 라
가

(22)
가
답 (   )

(23)
다
답 (   )

(24)
라
답 (   )

■ 해 답

(1) ⑤	(2) ⑤	(3) ⑥	(4) ㉱	(5) ㉯	(6) ㉯	(7) ⑤
(8) ④	(9) ③	(10) Ⓑ	(11) Ⓕ	(12) Ⓓ	(13) ④	(14) ⑤
(15) ③	(16) Ⓒ	(17) Ⓐ	(18) Ⓔ	(19) ①	(20) ①	(21) ③
(22) ㉵	(23) ㉯	(24) ㉲				

제5장
진로 흥미 테스트

1. 진로 흥미 테스트

1 **당신의 흥미는 어디에 있을까**

자신이 흥미를 가지고 있다고 생각하고 있던 것이 실은 틀렸을 경우가 있다. 이 테스트를 통해 잠재 의식 속에 있는 당신의 흥미를 찾는 단서가 되었으면 한다.

답하는 법

다음의 설문 1~45에는 각각 A·B 2개의 일과 놀이의 행동이 나타나 있다.

같은 번호의 A와 B를 비교해 좋은 쪽에 ○표를 한다. 어느 쪽도 선택할 수 없으면 양쪽에 △표를 한다.

	1	2	3	4	5	6	7	8	9	계
1	□									
2	□	□								
3		□	□							
4			□	□						
5				□	□					
6					□	□				
7						□	□			
8							□	□		
9								□	□	
10									□	

A = □
B = □

문제

1 A. 책의 개요를 쓴다.   (   )
   B. 토론회에 출석한다.   (   )
2 A. 결산서(決算書)를 분석한다.   (   )
   B. 새로운 게임을 고안한다.   (   )
3 A. 퍼즐을 푼다.   (   )
   B. 일요일은 집에서 목수일을 한다.   (   )
4 A. 컴퓨터를 조작한다.   (   )
   B. 해충과 잡초를 조사한다.   (   )
5 A. 벼의 품종 개량을 연구한다.   (   )
   B. 인체의 구조를 조사한다.   (   )

6 A. 뼈의 표본을 만든다.   (   )
   B. 칼로리표를 만든다.   (   )
7 A. 커텐의 천을 고른다.   (   )
   B. 여행을 맡아 처리한다.   (   )

	1	2	3	4	5	6	7	계
1	□							
2	□	□						
3		□	□					
4			□	□				
5				□	□			
6					□	□		
7						□	□	
8							□	
9								
10								

A = □
B = □

⑧ A. 포크댄스를 춘다.   ( )
   B. 도기를 굽는다.   ( )
⑨ A. 그림 일기를 쓴다.   ( )
   B. 조깅을 한다.   ( )
⑩ A. 점자책을 만든다.   ( )
   B. 강도와 싸운다.   ( )

⑪ A. 다림질을 한다.   ( )
   B. 광고의 배치(배열)를 생각한다.   ( )
⑫ A. 감기약의 성분을 조사한다.   ( )
   B. 점수(스코아)책을 만든다.   ( )
⑬ A. 묘목을 기른다.   ( )
   B. 빵을 굽는다.   ( )
⑭ A. 스테레오를 조립한다.   ( )
   B. 뢴트겐(rentogen)촬영을 거든다.   ( )
⑮ A. 실험실에서 근무한다.   ( )
   B. 동물원의 사육사가 된다.   ( )

	8	9	10	11	12	13	14	15	계
1									
2									
3								□	
4							□		
5						□		□	
6					□		□		
7				□		□			
8	□		□		□				
9	□	□		□					
10		□	□						

A = □

B = □

16 A. 선수 응원을 한다. (　)
　　B. 퍼스콤 프로그램을 만든다. (　)
17 A. 영화를 감상한다. (　)
　　B. 천체 관측을 한다. (　)
18 A. 도서 카드를 만든다. (　)
　　B. 공장 견학을 간다. (　)
19 A. 노래방에서 노래를 한다. (　)
　　B. 수질 검사를 한다. (　)
20 A. 곤충 채집을 한다. (　)
　　B. 인공 호흡법을 배운다. (　)

21 A. 고층 빌딩의 라지에타를 조정한다. (　)
　　B. 책꽂이와 앨범을 정리한다. (　)
22 A. 원양 어선을 탄다. (　)
　　B. 민생위원(民生委員)이 된다. (　)
23 A. 혈액형을 조사한다. (　)
　　B. 만화를 그린다. (　)

	16	17	18	19	20	21	22	23	계
1		□	□						
2	□			□					
3		□			□				
4	□		□			□			
5				□			□		
6					□			□	
7						□			
8							□		
9								□	
10									

A = □
B = □

24 A. 방의 배치를 바꾼다. ( )
B. 오리엔터링에 참가한다. ( )
25 A. 개구리를 해부한다. ( )
B. 제례때 가마(요여)를 맨다. ( )

26 A. 목장에서 일한다. ( )
B. 악기점에서 일한다. ( )
27 A. 컴퍼스나 자로 도면을 그린다. ( )
B. 동창회의 명단을 만든다. ( )
28 A. 통계표를 만든다. ( )
B. 생활 카렌다를 만든다. ( )
29 A. 신제품의 판매법을 생각한다. ( )
B. 수술 슬라이드를 본다. ( )
30 A. 인터뷰 기사를 쓴다. ( )
B. 개와 비둘기의 훈련을 한다. ( )

	24	25	26	27	28	29	30	계
1							□	
2						□		
3					□			
4				□				
5			□				□	
6		□				□		
7	□				□			
8				□				
9			□					
10	□	□						

A = □
B = □

31 A. 문학전집을 독파한다.　　　　　　　(　)
　　B. 약의 조합을 돕는다.　　　　　　　(　)
32 A. 주식시장을 조사한다.　　　　　　　(　)
　　B. 친척집을 방문한다.　　　　　　　(　)
33 A. 공해를 연구한다.　　　　　　　　　(　)
　　B. 환자에게 책을 읽어 준다.　　　　　(　)
34 A. 비행기 자격증을 딴다.　　　　　　　(　)
　　B. 합창부에 든다.　　　　　　　　　　(　)
35 A. 조원(造園)의 견적을 낸다.　　　　　(　)
　　B. 보디빌딩으로 단련한다.　　　　　　(　)

36 A. 카메라나 시계를 분해한다.　　　　　(　)
　　B. 참을성 대회에 나간다.　　　　　　　(　)
37 A. 과학 박물관에 간다.　　　　　　　　(　)
　　B. 오페라를 들으러 간다.　　　　　　　(　)
38 A. 전화서비스계에 취직한다.　　　　　　(　)
　　B. 카운셀러를 한다.　　　　　　　　　(　)

	31	32	33	34	35	36	37	38	계
1	□								
2		□						□	
3			□				□		
4				□		□			
5					□				
6	□								
7		□							
8			□					□	
9				□			□		
10					□	□			

A = □
B = □

39 A. 일기를 쓴다.　　　　　　　　　　　　　(　)

　　B. 갓난아기를 달랜다.　　　　　　　　　　(　)

40 A. 가로, 세로 낱말넣기 퍼즐을 푼다.　　　　(　)

　　B. 어린이에게 노래와 춤을 가르친다.　　　(　)

41 A. 텔레비젼에 출연한다.　　　　　　　　　(　)

　　B. 디자인이나 패키지를 생각한다.　　　　　(　)

42 A. 일기 예보 그림을 그린다.　　　　　　　　(　)

　　B. 체력 측정 기록을 한다.　　　　　　　　(　)

43 A. 세금 신고서를 쓴다.　　　　　　　　　　(　)

　　B. 이사를 돕는다.　　　　　　　　　　　　(　)

44 A. 스크랩 노트를 만든다.　　　　　　　　　(　)

　　B. 쇼윈도우를 장식한다.　　　　　　　　　(　)

45 A. 잡지 편집을 한다.　　　　　　　　　　　(　)

　　B. 스키의 코치를 한다.　　　　　　　　　　(　)

	39	40	41	42	43	44	45	계
1	☐	☐				☐	☐	
2			☐		☐			
3				☐				
4								
5								
6								
7	☐							
8		☐						
9			☐			☐		
10				☐	☐		☐	

A = ☐

B = ☐

득점 산출 방법

1~45의 A·B에 표시한 ○, △를 아래의 '분야별 득점표'의 각 란에 적어보자. A와 B 어느쪽이라도 ○의 기호는 2점, △의 기호는 1점으로 ①~⑩의 득점을 세로로 계산해 좌우의 합계란에 기입한다. 정확히 기입되면 득점의 총합계가 90이 된다.

평가 방법

①~⑩의 각 득점을 아래의 '당신의 흥미분야'에 기입한다. 예를 들어 A가 8점인 사람은 A란의 8까지 까맣게 칠한다. 각각의 그래프가 9와 10사이에 있는 굵은 선에서 오른쪽으로 나온 것은 '흥미가 있는 분야', 12와 13의 점선을 넘은 것은 '꽤 흥미를 가지고 있는 분야'라고 판단한다.

당신의 홍미분야(히스트 그래프)

분야 \ 득점		1	2	3	4	5	6	7	8	9	10	11	12	13	14	15	16	17	18
I	인문과학계																		
II	사회과학계																		
III	이 학 계																		
IV	공 학 계																		
V	농 학 계																		
VI	의·치·약계																		
VII	가 정 계																		
VIII	교원양성계																		
IX	예 술 계																		
X	체 육 계																		

---

② 진로 흥미와 학과(學科)와의 관계

① 인문과학계

국문학과, 영문학과, 불문학과, 사학과, 철학과, 심리학과, 인
간관계학과, 교육학과, 교육행정학과 등

② 사회과학계

법학과, 정치학과, 경제학과, 상학과(商學科), 경영학과, 사회

학과 등

③ 이학계
수학과, 심리학과, 화학과, 지학과, 생물학과, 천문학과, 생물
화학과, 물리학과 등

④ 공학계
기계학과, 건축학과, 토목공학과, 전기공학과, 전자공학과, 응
용화학과, 금속공학과, 자원공학과, 선박공학과, 원자공학과,
조선공학과, 원자핵공학과, 항공공학과, 정보공학과, 환경공
학과, 제어공학과, 통신공학과 등

⑤ 농업수산학계
농학과, 원예학과, 농예화학과, 농업공학과, 농업경제학과,
임학과, 축산학과, 수의학과(獸醫學科), 수산학과, 식품공학
과 등

⑥ 의·치·약학계
의학과, 치학과, 약학과, 제약학과, 생물약학과, 보건학과 등

⑦ 가정학계
가정학과, 피복학과, 식물학과(食物學科), 아동학과, 주거학
과, 생물학과 등

⑧ 교원양성계
유치원 교원과정, 소·중학교 교원과정, 양호학교 교원과정, 특
별교과(음악·미술·서도(書道)·간호·보건체육) 교원과정, 맹
아·농아 학교 교원과정, 고교 교원과정 등

⑨ 예술계

미술학과, 조형학과, 디자인학과, 조각학과, 예술학과, 음악학과, 작곡과, 성악과, 기악과, 지휘과, 악리과(樂理科)·사진학과, 영화학과, 연극학과 등.

⑩ 체육계

체육학과, 건강학과, 무도학과(武道學科) 등

③ 진로 흥미와 직업과의 관계

Ⓐ 야 외

산이나 들·자연 및 해양 등에 관계된 일이나 그것들을 대상으로 하는 일에 대한 흥미인자이다. 자연적 또는 체육적이라고 불려지는 것과 대체로 같은 것이다.

직업예

관광가이드, 농업개량 보급원, 수산업 전문기술원, 조원(造園)기술자, 목축업, 농업, 선원, 농림·토목기사, 원예, 스튜어디스·카메라맨, 프로 스포츠선수, 체육교사, 수의(獸醫), 경찰관, 소방관 등

Ⓑ 기 계

기술자, 항공사, 기계조작원 등 유형의 일에 관한 흥미인자로 기계조작적인 일로 인대사물적(人對事物的), 구상적(具象的)인 것과 거의 같은 것이다.

직업예

각종 기계기사, 기획기사, 파이럿, 운항관리자, 치과의사, 공학
엔지니어, 항해사, 공업디자이너, 기능사, 무선통신사, 해기사
(海技師) 등.

C 계 산

수를 취급하는 일에 관한 흥미인자로 장부계·회계계·은행원
등이 이 분야에 높은 흥미를 보인다.

직업예

회계사, 계리사(計理士), 세리사(稅理士), 중소기업 진단사,
사회보건노무사, 상점경영자, 건축사, 은행원, 프로그래머, 토
목기술자, 측량사, 부동산 감정사, 일기예보관 등

D 과 학

자연과학 연구와 같이 인과관계를 탐구하는 흥미인자로 새로운
사실을 발견하거나 문제를 해결하거나 하는 것에 대한 흥미이
다. 과학자·의사·연구소 조수·전기기사 등은 이 분야에 높은
흥미를 나타낸다. 학술적·이론적·과학적·전문적인 것이다.

직업예

사회과학자, 통계사, 의사, 약제사, 임상검사기사, 영양사, 자
연과학자, 농업·화학·원자력·전자·전기 기술자, 세일즈 엔지
니어 등

E 설 득

대외절충적(對外折衝的)인 것과 거의 같은 내용이다. 실리적인 것을 얻기 위해 많은 사람을 만나거나 상품의 판매 또는 그 계획을 세우거나 하는 것에 대한 흥미인자이다.

> **직업예**

저술업(著述業), 각종 기자, 편집자, 통역, 광고선전업, 영업맨, 상사맨, 정치가, 법률가, 외교관, 아나운서 등

F 미 술

회화, 공예 등에 대한 흥미인자이다. 손을 사용한 창조적인 일로 시각에 호소하는 일에 흥미가 있다.

> **직업예**

화가, 조각가, 공예가, 판화가, 미용사, 미술교사, 미술관 관리자, 디자이너, 일러스트레이터, 광고업, 건축기사, 카메라맨 등

G 문 예

문장을 기술하거나 책을 읽는 일에 흥미인자가 있다.

> **직업예**

저술업, 각종 기자, 편집자, 텔레비젼 디렉터, 서적제작업 등

H 음 악

음악을 연주하거나 감상하는 일에 관한 흥미인자이다.

> **직업예**

음악교사, 음악가, 작곡가, 지휘자, 조율사 등

Ⅰ 봉　사

대인관계에서 상대에게 봉사하거나 또는 사회 전반적인 복리후
생에 대한 흥미인자이다.

직업예

도서관사서, 사회복지사, 교사, 의사, 간호사, 보건사, 보모,
카운셀러, 스튜어디스 등

Ｊ 서기(書記)

이른바 서기적인 일 전반에 대한 흥미로 예를 들어 경영내에
있어서 규칙적·체계적인 일 또는 기록보존적인 일에 대한 흥
미인자이다.

직업예

도서관사서, 각종 사무원, 비서, 사법서사, 계리사(計理士),
은행원, 워드프로세서, 속기사 등

④　흥미는 무엇인가

‘자신이 무엇으로 존재하는가를 알고 싶으면 자신이 무엇을 좋
아하는지를 보면 된다’는 독일의 철학자 니체의 말이다.

"자신이 무엇을 좋아하는가"는 "나는 무엇에 흥미를 가지고 있
는가"로 바꿔 말할 수 있다. 흥미는 영어로는 interest이다. inter-
est의 어원을 조사해 보면 inter(사이)와 est(있다)의 2개로 나
누어진다. 어원으로 보면 interest는 많은 사물의 사이에 있다는
의미이다.

"사이에 있다"는 것은 사물을 구별짓는 것이다. 우리들을 에워싼 많은 사물 중에서 어떤 사물만을 구별한다고 하자. 이러한 사물에 "주의가 쏠린다" "마음이 끌린다" "관심을 가진다"라는 의미가 생기는 것이 아닐까? 주의 또는 관심은 일반적으로 일시적, 순간적인 경우에 사용되는 일이 많다. 그러나 흥미는 "유아가 장난감에" "소년이 야구에" 흥미를 가진다라는 식으로 비교적 지속적인 주의나 관심이 향하여지는 경우에 사용된다. 흥미는 태도의 일종이다.

흥미는 태도의 일종으로 일정한 대상에 마음이 끌리는 동적인 작용을 동반한다. 흥미의 근저에는 욕구나 충동 등이 존재한다. 다른 말로 하면 "욕구를 만족시키기 위해 마음이 끌리는 상태"가 흥미인 것이다. 그 욕구의 만족이 얻어지면 '상쾌'한 감정이, 만족되지 않으면 '불쾌'한 감정이 생긴다. 상쾌의 감정이 "좋다"이고 불쾌의 감정이 "싫다"이다.

따라서 흥미는 행동을 추진하는 힘이 된다. 이와 같이 흥미는 정서성과 행동성을 동반한 태도이기 때문에 인간의 성격과 행동을 이해하기 위해 매우 중요한 열쇠가 되는 것이다. 흥미를 "직업"의 흥미로 좁혀보면 다음과 같다.

① 직업 흥미는 14세경까지는 동요하지만 15세경부터는 서서히 고정되어 간다.
② 사회적·환경적 조건에 큰 변화가 있으면 흥미가 크게 변화하는 경우도 있다.
③ 개개의 구체적인 흥미는 변하지만 흥미의 형은 그다지 변하지 않는다.
④ 남녀 흥미의 차는 14세부터 나타난다. 남자는 남성성인, 여자는 여성성인의 흥미와 닮아간다.

⑤ **직업 흥미에 가장 큰 영향을 주는 것은 학교와 가정이다**

■ 흥미는 모터보트의 조정키이다

미국의 심리학자 스트롱은 "흥미"와 직업상 업적과의 관계에 대해 비유를 통한 재미있는 표현을 이용했다. 소개해 본다.

'능력(ability)과 흥미의 관계는 모터보트의 모터와 조정키와의 관계와 닮았다. 모터는 능력이고 이것에 의해 보트의 스피드가 정해진다. 조정키는 흥미로 여기에서 보트의 방향이 정해진다. 보트가 나아간 거리가 업적(achievement)이다. 업적은 모터와 조정키, 양자의 움직임으로 정해진다.'

흥미와 적성은 인간의 다른 두 가지 면이고 직업상의 성공을 예견할 수 있는 두 개의 큰 개인의 심리적 특성이라고 여겨진다. 그러나 흥미 있는 분야에 반드시 적성이 있는 것은 아니다. "좋아하는 것을 잘하게 된다"라는 것은 진리이지만 "서툴지만 덮어놓고 좋아한다"는 것도 존재하기 때문이다. 그러나 적성에 맞는 분야에 흥미가 있는 사람이 그 반대의 경우보다 많은 것은 사실이다.

■ 적성은 무엇일까?

인간에게는 각각 개성의 차가 있고 일과 직업에 대해서도 각각 "적합"과 "부적합"이 있다. 이것이 직업 적성이다. 조금더 전문적으로 정의하면 직업 적성은 '특정한 활동을 수행하는 것에 필요한 잠재적인 능력이다'라고 할 수 있다. "잠재적"이라는 것은 '지금은 나타나 있지 않지만 앞으로 나타날 가능성이 높은'의 의미가 되겠다. 예를 들면 자동차의 운전이 가능한가? 2차 방정식을 풀 수 있는가? 등의 현실적인 능력이 아니고 그러한 능력을 익히기 쉬운 가능성이 있는 것을 의미한다. 적성에 맞는 직업 분야, 업종·직종에서 비교적 빨리 성공할 수 있는 가능성이 있다고 여겨지는 것이다.

따라서 직업 적성은 '특정의 직업 또는 직업군에 대한 성공도를 예견하는 능력이다'라고도 말할 수 있다. 직업·직업군을 구성하고 있는 능력은 다종 다양하다. 흥미, 지능, 성격, 심신의 건강, 신체적 특징, 관습 등 모든 "직업상의 성공에 관련하는 특성"이다. 이것들 특성 중에서도 흥미는 특히 중요하고 적성은 기본이다.

흥미있는 것에 대해 인간은 탐욕스러워진다. 조금 곤란하더라도 지속적으로 나아간다. 그러나 흥미없는 것은 아무리 타인이 "훌륭하다"고 해도 집중하지 못하는 것이 보통이다. 학문이나 직업에 있어 "흥미"가 있느냐 어떠냐의 문제가 적성의 토대가 된다.

■ 남녀의 흥미에는 차이가 있다.

심리학에서 일반적으로 남성다움은 '이성적이고 능동적인 것을 말하며, 이성적인 감정을 조정할 수 있는 것으로 말하고 있다는 것에 금지적이다'라고 한다. 여성다움은 '감정적이고 수동적인 것을 말하며 감정을 잘 표현하는 것에 부정적이다'라고 한다.

이것은 실제 남녀가 그렇다고 단정하는 것이 아니라 남성도, 여성도를 심리적으로 헤아리는 척도이다. 세상에는 외모는 남성답지만 내면은 여성적인 사람, 여성도가 높은 사람도 있다. 또 외모는 여성스럽지만 내면은 남성적인 사람, 남성도가 높은 사람도 있다. 동성애에 대한 이야기가 아니다. 남성의 무의식 속에는 압박된 형태로 여성적인 경향이 존재한다. 여성의 무의식 속에는 압박된 형태로 남성적 경향이 존재한다. 남녀의 안에 존재하는 압박된 형태의 여성적·남성적 경향은 자신이 가진 가능성의 하나라고 할 수 있다.

남녀 모두 연령이 높아지고 구체적으로 성숙이 완성에 가까워짐에 따라 각각의 성도(性度)가 높아진다. 고교생의 시기와 대학생의 시기에 가장 높아진다. 이에 달한 성도는 25세 정도까지 그대로 유지되고 뒤에는 점점 낮아지는 것이 일반적인 경향이다. 노령기에 가까워지면 남성은 남성도가 낮아지고 여성은 여성도가 낮아져 남성화된다.

여러 사물에 관한 흥미와 성도는 어떤 상관 관계가 있다. 남성도가 높은 남성은 평균적으로 여행, 스포츠, 기계, 과학, 문학, 사회생활 등에 흥미를 나타내고 남성도가 낮은 남성은 종교, 미술, 예술, 음악 등에 관심이 높다. 여성도가 높은 여성은 종교, 가사, 사회생활에 흥미를 나타내고 여성도가 낮은 여성은 과학, 기계, 스포츠, 정치에 강한 관심을 가지고 있다.

남자 고교생과 대학생에서 남성도가 높은 사람은 활동적이고 기계적인 흥미가 왕성하고 미술적인 영역에는 관심이 적다. 여자 고교생과 대학생에서 여성도가 낮은 사람은 적극적이며 활동적이고 지적인 흥미가 왕성하다. 직업 흥미의 남녀의 평균적 경향은 다음과 같다.

▶ 남성의 경우, 강한 것은 기계·과학·실리·설득의 각 분야
▶ 여성의 경우, 강한 것은 미술·서기·음악·문예의 각 분야

2 직업 가치관 테스트

1 당신은 직업에서 어떤 가치를 찾는가

이 테스트는 직업 가치관을 조사하는 테스트이다. 진로 선택에 있어 참고 자료의 하나로 이용하면 좋다.

답하는 법

1~35에는 각각 A·B 2개의 사고 방식과 태도가 적혀 있다. 같은 번호의 A·B를 비교해 보통 생각하는 것과 가까운 곳에 ○ 표를 하며, 어느쪽이라고 답하기 어려울 경우에는 양쪽 모두에 △ 표 하면 된다.

예

A =☐
B =☐

	1	2	3	4	5	6	7	계
1	☐							
2	☐	☐						
3		☐	☐					
4			☐	☐				
5				☐	☐			
6					☐	☐		
7						☐	☐	
8							☐	
9								

문제

① A. 다소 손해를 봐도 뒤에 만회시킨다.　　　　　(　)
　 B. 확실한 이익이 아니면 손을 뻗지 않는다.　　　(　)
② A. 나라의 번영은 경제력이다.　　　　　　　　　(　)
　 B. 나라의 번영은 군사력이다.　　　　　　　　　(　)
③ A. 정치가가 되고 싶다.　　　　　　　　　　　　(　)
　 B. 재판관이 되고 싶다.　　　　　　　　　　　　(　)
④ A. 복장과 주거로 그 사람을 알 수 있다.　　　　(　)
　 B. 외양으로 사람을 판단할 수 없다.　　　　　　(　)
⑤ A. 마음껏 일할 수 있는 체력을 기른다.　　　　　(　)
　 B. 필요한 때에는 언제라도 헌혈한다.　　　　　　(　)
⑥ A. 고아를 입양해 키우고 싶다.　　　　　　　　　(　)
　 B. 집안에 다른 사람을 들이고 싶지 않다.　　　　(　)
⑦ A. 차를 사려면 가족이 탈 수 있는 대형차　　　　(　)
　 B. 차를 사려면 형태와 색이 좋은 최신형　　　　(　)

	①	②	③	④	⑤	⑥	⑦	계
1								
2								
3								
4								
5								
6								
7								
8								
9								

222

⑧ A. 자신의 복장도 남의 복장도 신경이 쓰인다.　　　　(　)

　　B. 사람도 자신도 전혀 신경쓰지 않는다.　　　　　　(　)

⑨ A. 결혼하려면 우선 내집을 확보한다.　　　　　　　　(　)

　　B. 먼저의 경우는 생각하지 않는다.　　　　　　　　　(　)

⑩ A. 잘 돌보는 사람이라고 여겨진다.　　　　　　　　　(　)

　　B. 센스있는 사람이라고 여겨진다.　　　　　　　　　(　)

⑪ A. 생활방식이 타인과 달라도 좋다.　　　　　　　　　(　)

　　B. 옆집에 있는 것은 갖추고 싶다.　　　　　　　　　(　)

⑫ A. 훈장을 받을 정도로 열심히 한다.　　　　　　　　　(　)

　　B. 불우한 사람을 돕고 싶다.　　　　　　　　　　　　(　)

⑬ A. 타인보다 자신의 생각이 옳다.　　　　　　　　　　(　)

　　B. 타인의 가치관은 존중해야 한다.　　　　　　　　　(　)

⑭ A. 스폰서가 있는 TV결혼식이 최고이다.　　　　　　　(　)

　　B. 결혼식은 남들보다 훌륭히 하고 싶다.　　　　　　(　)

⑮ A. 요령이 좋아 상대를 이해한다고 여겨진다.　　　　(　)

　　B. 결단실행의 사람이라고 여겨진다.　　　　　　　　(　)

	8	9	10	11	12	13	14	15	계
1								☐	
2							☐		
3						☐		☐	
4					☐		☐		
5				☐		☐			
6			☐		☐				
7		☐		☐					
8	☐		☐						
9	☐	☐							

16 A. 작은 가게라도 내것을 경영하고 싶다.   (   )
   B. 사람에게 업신여겨지는 일은 하기 싫다.   (   )

17 A. 공정보합·금리에 큰 관심이 있다.   (   )
   B. 자신의 적성, 가능성에 관심이 있다.   (   )

18 A. 인생은 이기지 않으면 의미가 없다.   (   )
   B. 인생은 도와가는 것이라고 생각한다.   (   )

19 A. 수입보다는 사회적 지위에 관심이 있다.   (   )
   B. 사회적 지위보다는 안정이 우선이다.   (   )

20 A. 사회의 관습은 그다지 중시하지 않는다.   (   )
   B. 결혼식의 사회를 잘 부탁받는다.   (   )

21 A. 혼자 사는 노인과 이야기를 한다.   (   )
   B. 사람을 위해 무언가를 하는 것은 성가시다.   (   )

22 A. 납득할 만한 충실한 매일매일을 보낸다.   (   )
   B. 생활비가 있는 동안은 일하고 싶지 않다.   (   )

	16	17	18	19	20	21	22	계
1	☐							
2		☐						
3			☐					
4	☐			☐				
5		☐			☐		☐	
6			☐			☐		
7				☐				
8					☐			
9						☐	☐	

23 A. 한가한 시간이 있으면 교양을 몸에 익히고 싶다.　（　）
　　B. 타인에게 호감을 얻는 방법을 생각한다.　（　）
24 A. 세상 사람을 깜짝 놀라게 하고 싶다.　（　）
　　B. 생활은 평범한 사람들처럼 한다.　（　）
25 A. 사람의 호의를 돈으로 살 수 있다.　（　）
　　B. 인생에서 필요한 것은 돈이 아니라 사랑이다.　（　）

26 A. 장래를 생각하면 두근거린다.　（　）
　　B. 장래의 성공여부는 문제가 안된다.　（　）
27 A. 깃발을 올리듯 기회를 노린다.　（　）
　　B. 발전도상국 사람의 생활이 염두에 있다.　（　）
28 A. 친척은 가능한한 이용해야 한다.　（　）
　　B. 친척과는 사이좋게 협력하고 싶다.　（　）
29 A. 동물로 태어난다면 사자.
　　B. 동물로 태어난다면 팬더.　（　）
30 A. 시간배분을 정확히 지키는 생활을 한다.　（　）
　　B. 안달하지 않고 편하게 생활하고 싶다.　（　）

	23	24	25	26	27	28	29	30	계
1				☐	☐				
2			☐			☐			
3		☐					☐		
4	☐							☐	
5				☐					
6			☐		☐				
7		☐				☐			
8	☐						☐		
9								☐	

31 A. 휴식 시간이 있으면 성공자의 전기를 읽는다.　（　）
　　 B. 휴식 시간이 있으면 TV를 보거나 낮잠을 잔다.　（　）
32 A. 이익이 없는 일은 해도 무의미하다.　（　）
　　 B. 타인에게 한턱 내거나 선물을 한다.　（　）
33 A. 승부에 자신있다.　（　）
　　 B. 집의 재배치나 수리는 자신있다.　（　）
34 A. 자신의 행동에 자신을 가지고 있다.　（　）
　　 B. 빌린 것, 빌려준 것을 잘 잊는다.　（　）
35 A. 인생이 운으로 결정된다는 것은 거짓이다.　（　）
　　 B. 운에 좌우되는 것이 재미있다.　（　）

	31	32	33	34	35	계
1			☐	☐		
2		☐			☐	
3	☐					
4						
5						
6						
7			☐			
8		☐		☐		
9	☐				☐	

득점 산출 방법

①~㉟의 A·B에 표시된 ○, △를 아래의 '직업 가치관 테스트 득점표'에 적어보자. A·B 어느쪽이라도 ○표는 2점, △표는 1점으로 ①~⑨의 득점을 세로로 집계해 좌우의 합계란에 기입하자. 바르게 기입했으면 득점의 총합계가 72점이 된다.

평가 방법

가치태도가 분명하지 않으면 점수가 분산되지만 12점을 넘은 것을 당신의 '직업 가치관'이라고 판단하면 된다. 아래에 ①~⑨의 유형별 직업 가치관의 설명이 나와 있으므로 참고하기 바란다.

② 직업 가치관의 9가지 타입

① 독립자형

별명은 탈샐러리맨형. 사람에게 고용되지 않고 자신의 힘만으로 자신의 성을 지키고 타인의 간섭을 받지 않고 자신의 생각대로 행동하고 싶어하는 타입.

② 경제형

별명은 돈형. 이 세상의 행복은 모두 돈으로 살 수 있다고 믿고 있는 타입. 합리적이고 명확한 사고방식을 가졌고 부모와 자식의 애정까지도 돈으로 환산하려는 경우도 있다.

③ 지배형

별명은 one man형. 조직의 가장 위에 군림하여 억누르고 싶어 한다. 타인의 생각을 무시하고 자신의 의지대로 움직이는 것에 지상의 쾌락을 느끼는 타입.

④ 프라이드형

존경욕구가 세고 돋보이는 것을 좋아하고 엘리트 의식도 강하다. 사회적 지위나 명예에 강한 동경을 가져 항상 사람들에게 존경을 받고 싶어하는 타입. 욕구가 만족되지 않을 경우에는 과도한 자의식을 위해 오히려 비굴한 태도를 가지는 경우도 있다.

⑤ 자기 실현형

평균적인 행복과 일반적인 관습에는 무관심하고 오로지 개성을 위한 진리탐구에 여념이 없는 타입. 수입과 지위, 또는 타인의 눈에는 신경쓰지 않고 자기의 가능성과 자기능력의 한계에 도전하는 것을 살아가는 보람으로 여긴다.

⑥ 자원 봉사형

공감성이 뛰어나고 타인의 아픔을 자신의 아픔으로 여기고 표면적으로 화려한 행동보다 사회의 불우한 사람들을 밑에서 받쳐준다는 것에 무상의 기쁨을 느끼는 타입.

⑦ 내집형

평범하고 안정된 생활에 뿌리를 내리고 가족과의 단란을 중요히 여기는 타입. 견실하고 보수적인 생활태도로 모험은 하지 않는다.

⑧ 탤런트형

단순하고 부추김에 잘 넘어가고 주위에서 인기를 받는 것에 기쁨을 느끼는 타입. 재치있는 회화나 복장으로 인기를 차지하고 특이한 표정으로 주위를 즐겁게 해주는 능력이 있다.

⑨ 감정형

처음부터 목적도 계획도 없이 그 장소, 분위기에 맞춰 행동하는 타입. 주위에서 무책임하다고 여겨지기 쉽지만 늦게나마 책임을 다해 남에게 폐를 끼치는 일은 없다. 누구에게도 구속받지 않고 제멋대로 살아간다.

③ 슈프랑거의 직업적 가치관

'흥미는 행동과 연결되어 행동을 추진하는 힘이 된다'고 앞서 말한 바 있다. 흥미는 확실히 인간의 행동에 방향성을 부여하는 큰 요소이다. 그러나 인간을 행동으로 유도하는 것은 "흥미"만이 아니다. 흥미의 유무가 하나의 동기 부여는 되겠지만, 필연적이지는 않다는 뜻이다. 인간에게는 또 한편으로 "가치 존재"를 찾는 경향이 있다. '인생은 어떻게 존재하여야 하는가?'이다. 인생에서의 목표, 이상, 지향에 의해서도, 다른 말로 하면 "가치관"에 의해서도 행동의 방향은 변화한다. 가치는 '사회, 문화 또는 개인에 의해 존중되고 칭송되고 희망된다고 인정되어지는 것'이라고 정의하기도 한다. 그러나 여기에서 말하는 가치, 가치관은 진로나 특히 직업과의 관련에 있어 고찰되어진 것이기 때문에 "직업적 가치관"이라고 하는 것이 정확할 것이다. 독일의 심리학자 슈프랑거는 가치관에 의해 인간의 사고 방식은 다를 수 있다고 여겨 6개의 대표적인 직업인 형을 분류했다.

① 이론형 … 진리 탐구에 가치를 구하는 사람들
　　　예) 학자
② 경제형 … 이익 추구에 가치를 구하는 사람들
　　　예) 실업가
③ 심미형 … 아름다움을 추구하는 것에 가치를 구하는 사람들
　　　예) 예술가
④ 권력형 … 권력에 의한 지배에 가치를 구하는 사람들
　　　예) 정치가
⑤ 사회형 … 애정과 봉사에 가치를 구하는 사람들
　　　예) 사회실업가
⑥ 종교형 … 신성한 것으로의 귀의와 헌신에 가치를 구하는 사람들
　　　예) 종교가

한 사람의 인간이 하나의 형에만 속하는 것은 아니다. 현실적으로는 이것의 혼합형이다. 이론형이지만 강한 신앙을 가진 사람도 있다. 사회형이지만 정치에 높은 관심을 가진 사람도 있다. 그것은 인간 본래의 가능성만을 부여받고 태어났기 때문이다. 곤충은 감각기관이나 다른 기능이 삶에 필요한 한 곳으로 고정되어졌다고 한다. 로봇을 만드는 사람들이 이들 곤충에 관심이 많은 것도 이 때문이다.

어느 학자는 인간은 프로그램만을 지니고 태어난 것이라고 한다. 그 구체적인 계획이나 기록 등은 각자가 만들어 넣으면 된다.

이것이 바로 인간을 창조적으로 만든 기초이다. 그러므로 앞의 분류에 어느 사람은 어느 한 면에만 맞지 않음은 너무 당연하다. 다만, ①보다 ②에 더 관심이 많을 수는 있다. 그것은 가능성의 문제가 아니라 개인차, 즉 개성이다. 각각의 형을 벡터로 표시하면 잘 알 수 있다. 여기서 나타나는 차이가 개인차이다. 자신은 어떤 가치관을 가지고 있는 것인가 정성껏 알아내 나아갈 방향을 결정하면 좋을 것이다. "가치관" 등을 생각하지 않고 취직을 생각하는 연대가 되면 생활 신조도 없을 것이다. 생활 신조를 통해 업종과 직종을 추진하여 적성을 살리는 것이 성공할 가능성이 그 만큼 높을 수 있다.

■ 개인차(가치관의 다양성)

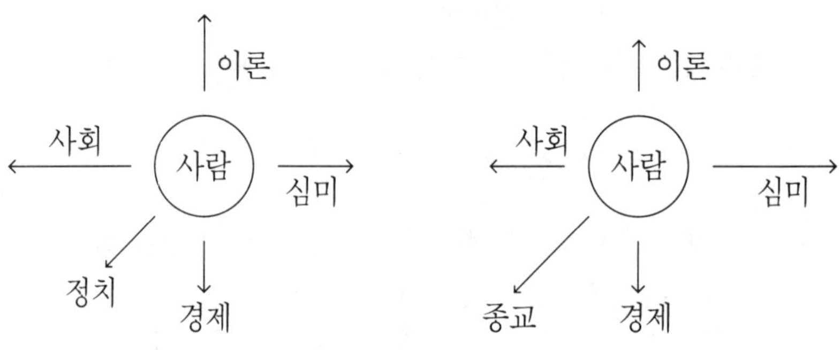

4 | 최근 직업 가치관의 분석

사람에 대한 의식 조사가 여러 기관에서 발표되고 있지만 그 중에서 언제나 문제시되는 것이 가치관의 변용이라는 테마이다. 가치관은 직업관(근로관), 생활 태도, 인생 목표 등의 조사 연구에 나타나지만 이 중에서 권위 있는 것으로서 다음의 세가지를 들 수 있다. 의식 조사에서는 직업관, 근로관, 사는 보람 등의 테마로 조사 연구되는 일이 많지만, 가치관이라는 단독의 주제로 발표된 보고는 거의 없다. 다음은 주목해 볼 만한 연구 발표이므로 여기 소개한다.

〈대학생의 직업가치관 연구〉에서 어느 대학생에 대해 행한 것이다. 그 항목과 지망 직업과의 관계는 〈표1〉과 같다. 이것에 의하면 가치관의 제1위는 지망 직종에 관계없이 능력과 적성이라고 되어 있다. 이것은 자기의 능력과 적성은 직업을 통해 실현시키려 하는 자기 현실적 요구라고 일컬어지는 욕구의 표현이다. 제2위 이하는 지망 직종에 따라 꽤 차이가 있다. 각각의 직업 특성을 생각하면 모두 납득할 수 있는 "가치관"이다.

즉 매스컴과 공학에서 창조성이 강조되고 의학과 교직에서는 타인과의 조력(助力)을 중요시 하는 것이다. 사법대학과 의과 대학은 자유업이므로 감독으로부터의 자유가 확보되고, 동시에 안정성이 높은 직업이다. 그 반면 책임감이나 자주성이 특히 요구된다. 상사 지망의 학생이 능력과 적성이 더불어 수입을 제1이라고 생각하는 것은 이익제일주의나 투기, 물가 인상 등을 꾀하는 상사의 활동방법과 일치하는 것은 생각해봐야 할 문제가 아닐까 한다.

지위와 명성 등도 하위에 랭크되어 있지만 이것은 직업적 특성이라고 말하기보다도 현대의 젊은이에게 공통적으로 나타나는 의식의 표현이라고 봐야 할 것이다. 출세주의는 군사 통치시대의 가치관이 아직도 살아 있음을 보여주며, 현대 신세대라고 불리우는 젊은이들은 인생을 보람있게 살아야겠다는 그들의 새로운 삶의 추구 방식을 보여준 것이라 하겠다.

‘세계 청년의식 조사 보고서’에서 — 10여 국의 청년(18세~24세)을 대상으로 같은 질문 항목에 의해 행해진 조사이다. 그 안에 "가치관"이라는 항목은 없지만 거기에 관련 있다고 생각되어지는 항목을 들면 다음과 같다.

① 인생목표
② 진학관
③ 전직
④ 근로관
⑤ 학력사회
⑥ 인생관

이중 직업 가치관과 특히 관계가 깊다고 생각되어지는 ①, ② 항목에 대해 해설한다.

① 인생목표 : 보고서에 의하면 ‘타인과의 성실과 사랑’이 제1위 (각국 공동)이고 제2의 목표는 ‘보람있는 일’이다. 우리나라의 청년은 이 제2의 목표를 선택한 사람이 세계 최고인 것에 신경이 쓰인다. 고교생과 대학생을 비교해 보면 ‘보람있는 일’이라는 목표가 대학생의 경우 10%나 높다. 역시 대학생이 되면 인간적으로도 직업적으로도 성숙하는 것을 알 수 있다.

② 근 로 관 : 근로관은 사람은 왜 일하는가(일하는 목표)를 묻는 항목이다. 그 목적에는 여러가지가 있지만 이 조사에서는 다음 3가지만 들었다.

(1) 수입을 얻는 일(경제형)
(2) 사회인으로서 의무를 다하는 일(의무감)

⑶ 일을 통해 자기를 살리는 일(자기실현형, 재능개발형)

위의 결과를 종합해 보면 남학생은 활동적이며, 경영적인 것을 선호하는 것 같다. 여기서 경영적인 것이란, 사업 경영뿐만 아니라 사람의 경영까지를 포함한다. 여학생은 사람을 돕거나 존경받는 직업, 또는 자신의 표상이라고 보이는 것을 선호한다.

이 7가지 항목을 간단한 말로 나타내면 다음과 같다.
    ① 독립자영형
    ② 안전지향형
    ③ 봉사형
    ④ 지배·권력형
    ⑤ 금전형
    ⑥ 자기 현시형
    ⑦ 탤런트형

연습 문제

1. ④ 영어 자격증(ex, 등)을 취득하고 싶습니까?　　　（　　）
   ⑤ 점토 공예에 관심이 있습니까?　　　（　　）
   ① 식물을 관찰하거나 연구하는 데 흥미가 있습니　（　　）
   까?
   ③ 예산을 짜는 데에 흥미를 가지고 있습니까?　　　（　　）

2. ① 훌륭한 인물에 대해 연구하고 싶습니까?　　　（　　）
   ⑥ 친구들이 고민 상담을 해 옵니까?　　　（　　）
   ③ 행동을 적극적으로 하는 편입니까?　　　（　　）
   ② 자전거 여행을 즐깁니까?　　　（　　）

3. ⑥ 질병에 대비하여 검사 받는 일에 관심이 있습　（　　）
   니까?
   ② 사이클링에 흥미가 있습니까?　　　（　　）
   ⑦ 예술 작품을 감상하는데 흥미가 있습니까?　　　（　　）
   ⑤ 즐겁게 집안 청소를 합니까?　　　（　　）

4. ④ 워드프로세서 조작에 관심이 있습니까?　　　（　　）
   ⑤ 플라스틱 모형 만들기에 재능이 있습니까?　　　（　　）
   ① 유적지를 답사, 감상하는 것을 좋아합니까?　　　（　　）
   ⑧ 패션지 편집에 관심이 있습니까?　　　（　　）

5. ⑥ 봉사 활동에 참여하고 싶습니까?　　　　　　　(　)
　 ⑤ 자동차 운전에 흥미가 있습니까?　　　　　　　(　)
　 ② 테니스를 가르치는 선생님이 되고 싶습니까?　(　)
　 ③ 작업의 향상성에 대한 관심이 많습니까?　　　 (　)

6. ⑦ 음악회에 자주 가보고 싶습니까?　　　　　　 (　)
　 ④ 책상을 깨끗하게 잘 정리합니까?　　　　　　　(　)
　 ⑥ 치과 재료 제작에 관심이 있습니까?　　　　　 (　)
　 ① 실험이나 연구에 열중합니까?　　　　　　　　 (　)

7. ⑥ 수화(手話)에 관심이 많습니까?　　　　　　　 (　)
　 ① 자연 과학에 대한 연구 업무에서 일하고 싶습 (　)
　　 니까?
　 ④ 접수에 관한 일에 관심이 있습니까?　　　　　 (　)
　 ⑤ 고장난 전기 제품을 어느 정도 고칠 수 있습니 (　)
　　 까?

8. ⑥ 사회 복지에 관련된 일을 하고 싶습니까?　　 (　)
　 ⑦ 케익이나 과자 만들기를 좋아합니까?　　　　 (　)
　 ② 야채나 과일을 기르는 데 흥미가 있습니까?　 (　)
　 ⑧ 스포츠를 보고나서 보고서를 쓸 수 있습니까? (　)

9. ① 우리의 역사를 연구하는 데 관심이 많습니까? (　)
　 ⑤ 낱말 맞추기를 즐깁니까?　　　　　　　　　　(　)
　 ⑦ 가수나 배우가 되고 싶습니까?　　　　　　　 (　)

③ 신문의 경제난을 자주 읽습니까?　　　　　　　　(　　)

10.　⑥ 신체 장애자의 사회 복귀를 돕고 싶습니까?　　(　　)
　　③ 주식 시세에 관심이 있습니까?　　　　　　　　(　　)
　　⑧ 영화의 시나리오를 써보고 싶습니까?　　　　　(　　)
　　② 등산이나 야외 활동 등을 좋아합니까?　　　　　(　　)

11.　⑧ 신문사 일에 관심이 있습니까?　　　　　　　　(　　)
　　⑦ 집안의 가구를 새롭게 배치하는 일이 즐겁습니　(　　)
　　　까?
　　⑤ 설계도를 제도하거나 다루는 일에 흥미가 있습　(　　)
　　　니까?
　　② 목장에서 일하고 싶습니까?　　　　　　　　　　(　　)

12.　⑥ 교육에 관련된 일을 하고 싶습니까?　　　　　　(　　)
　　② 어패류 양식에 관심이 있습니까?　　　　　　　(　　)
　　① 새로운 기계의 발명, 연구에 관심이 있습니까?　(　　)
　　⑦ 의상 디자인을 해보고 싶습니까?　　　　　　　(　　)

13.　④ 회의 진행 과정을 정확히 작성할 수 있습니까?　(　　)
　　⑤ 물건을 만드는 일에 흥미가 있습니까?　　　　　(　　)
　　③ 컴퓨터 프로그래머가 되고 싶습니까?　　　　　(　　)
　　⑧ 아나운서, 리포터에 관심이 있습니까?　　　　　(　　)

14.　⑧ 동인지에 글을 내는 것에 관심이 있습니까?　　(　　)

① 미생물 세포를 관찰하는 것을 좋아합니까?　　(　)
④ 관혼 상제 등의 관례에 관심이 있습니까?　　(　)
② 화초 기르기에 흥미가 있습니까?　　(　)

15. ① 외국어를 능숙하게 하고 싶습니까?　　(　)
　　⑧ 소설을 써 보고 싶습니까?　　(　)
　　⑤ 기계를 다루는 일을 좋아합니까?　　(　)
　　③ OA 기기에 의한 사무 처리에 관심이 있습니　(　)
　　　까?

16. ② 분재에 관심이 있습니까?　　(　)
　　⑤ 자동차 구조에 흥미가 있습니까?　　(　)
　　⑦ 사진을 찍는 데 관심이 있습니까?　　(　)
　　④ 작문을 하거나 읽기를 좋아합니까?　　(　)

17. ② 식물 채집에 관심이 있습니까?　　(　)
　　③ 정보를 받아들이는 데 재주가 있습니까?　　(　)
　　⑤ 그림 그리는 일을 좋아합니까?　　(　)
　　④ 계획표 짜는 것을 좋아합니까?　　(　)

18. ⑦ 미적 감각이 뛰어나다고 생각합니까?　　(　)
　　④ 타이프라이터 조작에 관심이 있습니까?　　(　)
　　③ 적극적인 자세로 토론회 등에서 발언합니까?　　(　)
　　① 곤충을 관찰하는 것을 좋아합니까?　　(　)

19. ④ 통계표를 만드는 데 관심이 있습니까?　　　　（　　）
　　③ 후배를 도와주는 일을 좋아합니까?　　　　（　　）
　　⑧ 시를 쓰는 것을 좋아합니까?　　　　（　　）
　　⑥ 회계사가 하는 일에 흥미가 있습니까?　　　　（　　）

20. ⑦ 음식 만드는 것을 좋아합니까?　　　　（　　）
　　⑧ 시 낭독에 흥미가 있습니까?　　　　（　　）
　　② 뛰는 운동을 좋아합니까?　　　　（　　）
　　⑥ 의사가 되고 싶습니까?　　　　（　　）

21. ④ 서류를 만드는 일에 관심이 있습니까?　　　　（　　）
　　⑧ 잡지 편집에 흥미가 있습니까?　　　　（　　）
　　⑥ 아이 돌보는 사람이 되고 싶습니까?　　　　（　　）
　　① 동물의 설립 기원에 관심이 있습니까?　　　　（　　）

22. ③ 취득하고 싶은 여러가지 자격증이 있습니까?　　　　（　　）
　　④ 회계 사무실에서 일하고 싶습니까?　　　　（　　）
　　⑦ 꽃꽂이에 관심이 많습니까?　　　　（　　）
　　⑧ 일러스트 레이터에 관심이 있습니까?　　　　（　　）

23. ③ 그룹을 이끄는 사람이 되고 싶습니까?　　　　（　　）
　　⑦ 악기로 연주하는 것을 좋아합니까?　　　　（　　）
　　⑤ 기계를 분해하거나 조립하는 데 관심이 있습니　（　　）
　　까?
　　② 포크댄스 추는 것을 좋아합니까?　　　　（　　）

24.　⑦ 글쓰는 재능이 있다고 생각합니까?　　　　(　)
　　⑥ 신문 사설을 자주 읽습니까?　　　　　　　(　)
　　⑧ 연극 보는 것을 좋아합니까?　　　　　　　(　)
　　① 그래프 작성하는 일을 좋아합니까?　　　　(　)

25.　④ 회사에서 경리를 해보고 싶습니까?　　　　(　)
　　③ 회의를 이끌어 가는 리더를 맡을 수 있습니 (　)
　　　까?
　　② 스키를 좋아합니까?　　　　　　　　　　　(　)
　　⑥ 사회에서 발생하는 문제에 관심이 있습니까? (　)

26.　⑧ 만담에 흥미가 있습니까?　　　　　　　　(　)
　　① 벌레의 생태에 대해 알아보는 것을 좋아합니 (　)
　　　까?
　　⑤ 손재주가 있다고 생각합니까?　　　　　　(　)
　　⑦ 작사나 작곡을 해보고 싶습니까?　　　　　(　)

27.　⑥ 그날그날의 뉴스에 관심이 있습니까?　　　(　)
　　⑤ 상대방을 설득시킬 수 있게 말할 수 있습니 (　)
　　　까?
　　② 소풍을 좋아했습니까?　　　　　　　　　　(　)
　　④ 주판으로 셈할 수 있습니까?　　　　　　　(　)

28.　① 실험 결과를 분석하는 일을 좋아합니까?　　(　)
　　③ 그룹 활동을 좋아합니까?　　　　　　　　　(　)

⑦ 뜨게질에 흥미가 있습니까? (　　)
⑧ 한국의 문학 작품을 자주 읽습니까? (　　)

29. ④ 은행에서 일하고 싶습니까? (　　)
③ 의견을 정리할 수 있는 능력이 있습니까? (　　)
⑥ 헌혈하는 데 동참하고 싶습니까? (　　)
② 야외로 나가 스케치하는 것을 좋아합니까? (　　)

30. ② 에베레스트를 정복하고 싶습니까? (　　)
⑤ 엔지니어 일에 관심이 있습니까? (　　)
⑧ 시조에 관심이 있습니까? (　　)
① 한 작가의 작품 세계를 연구하고 싶습니까? (　　)

31. ⑥ 법률의 여러가지 조항들에 대해 알고 싶습니 (　　)
까?
③ 추진력이 있는 편입니까? (　　)
④ 논문 작성하는 것을 좋아합니까? (　　)
⑦ 이성을 만나는 모임에 나가는 것에 관심이 많 (　　)
습니까?

32. ⑧ 정형시에 흥미가 있습니까? (　　)
⑦ 연극 무대를 꾸미고 싶습니까? (　　)
⑤ 시계의 구조에 관심이 있습니까? (　　)
① 사회 과학을 공부하고 싶습니까? (　　)

33.　⑦ 동화 창작에 관심이 많습니까?　　　　　(　　)
　　⑤ 치과의 설비에 관심이 있습니까?　　　　(　　)
　　② 낚시에 흥미가 많습니까?　　　　　　　(　　)
　　④ 사본 정리를 잘 할 수 있습니까?　　　　(　　)

34.　① 역사 속의 유적 발굴에 관심이 있습니까?　(　　)
　　⑧ 유명한 시조 읊는 것을 좋아합니까?　　　(　　)
　　⑥ 모금 운동에 참여하고 싶습니까?　　　　(　　)
　　③ 생각하기 전에 실행하는 편입니까?　　　(　　)

35.　⑧ 우리의 옛 무용에 관심이 있습니까?　　　(　　)
　　⑥ 다친 사람을 치료해 주는 등의 일을 좋아합니 (　　)
　　까?
　　② 재즈댄스에 관심이 있습니까?　　　　　(　　)
　　⑤ 카메라맨이 하는 일에 관심이 있습니까?　(　　)

36.　① 물질이 어떻게 이루어졌는지를 조사하는 일을 (　　)
　　좋아합니까?
　　④ 단순 작업을 명확히 처리할 수 있습니까?　(　　)
　　⑧ 붓글씨 쓰는 것을 좋아합니까?　　　　　(　　)
　　⑤ 나무로 여러 가지를 만들어 보고 싶습니까?　(　　)

37.　② 스포츠 관람을 좋아합니까?　　　　　　(　　)
　　④ 영문 번역을 잘하는 편입니까?　　　　　(　　)
　　① 실험 기구를 다루는 일에 관심이 있습니까?　(　　)

⑧ 가곡을 부르거나 듣는 것을 좋아합니까?　　　　(　　)

38.　③ 부동산업에 관심이 있습니까?　　　　(　　)
　　⑦ 유화를 그려보고 싶습니까?　　　　(　　)
　　② 파티를 여는 것을 좋아합니까?　　　　(　　)
　　⑥ 재판에 관심이 있습니까?　　　　(　　)

39.　⑦ 코디네이터가 되고 싶습니까?　　　　(　　)
　　④ 감사의 마음을 표현할 수 있습니까?　　　　(　　)
　　⑤ 카메라 구조에 관심이 있습니까?　　　　(　　)
　　③ 사회학에 관심이 있습니까?　　　　(　　)

40.　⑦ 자신의 일생을 써보고 싶습니까?　　　　(　　)
　　③ 건설 회사를 경영하고 싶습니까?　　　　(　　)
　　① 토지의 풍속이나 기후를 알아보는 일을 좋아합 (　　)
　　　니까?
　　⑥ 자치회에 참여하고 싶습니까?　　　　(　　)

41.　⑥ 지역 개발에 관심이 있습니까?　　　　(　　)
　　② 줄넘기를 잘 합니까?　　　　(　　)
　　③ 많은 사람 앞에서 자신의 주장을 말할 수 있습 (　　)
　　　니까?
　　⑦ 헤어스타일이 독특합니까?　　　　(　　)

42.　⑦ 자동차 모델에 흥미를 갖고 있습니까?　　　　(　　)
　　② 보트나 요트의 조종을 능숙하게 하는 것에 관 (　　)

심이 있습니까?

③ 순서를 생각하여 일을 효율적으로 합니까?　　　(　　)

① 세계 각 지역의 살고 있는 모습을 알고 싶습니　(　　)
까?

43.　② 프로야구·동호인 야구·아마추어 야구 등을　(　　)
좋아합니까?

⑧ 출판사에 원고를 보내 보고 싶습니까?　　　(　　)

⑤ VTR 조작을 능숙하게 할 수 있습니까?　　　(　　)

④ 여러가지 신고서의 구별을 잘 합니까?　　　(　　)

44.　⑦ 스텐드글래스를 만들고 싶습니까?　　　(　　)

⑧ 번역하는 일을 하고 싶습니까?　　　(　　)

⑤ 자전거의 구조를 알고 있습니까?　　　(　　)

① 병원균 연구에 관심이 있습니까?　　　(　　)

45.　⑤ 라디오 제작을 한 경험이 있습니까?　　　(　　)

④ 전화로, 전할 내용을 빠뜨리지 않고 전할 수 있　(　　)
습니까?

③ 팩시밀리의 구조를 알고 있습니까?　　　(　　)

⑥ 시각 장애인에게 길 안내를 할 수 있습니까?　(　　)

46.　① 핼리 혜성을 보고 싶습니까?　　　(　　)

④ 주문배달을 빨리 할 수 있습니까?　　　(　　)

⑥ 고아원을 방문해 보고 싶습니까?　　　(　　)

⑧ 올해의 이상 문학상 수상 작가를 알고 있습니 (　　)
까?

47.　③ 남의 의견을 사심없이 받아들일 수 있습니까?　(　　)
⑧ 신문의 문화면을 읽는 편입니까?　(　　)
④ 명세서를 정확히 작성할 수 있습니까?　(　　)
② 수상 스키를 해보고 싶습니까?　(　　)

48.　⑤ 카메라에 관심이 있습니까?　(　　)
③ 스포츠 대회 등에 참가하는 편입니까?　(　　)
⑦ 우리 나라 영화를 만들어 보고 싶습니까?　(　　)
① 각계의 기업에 대하여 잘 알고 있는 편입니 (　　)
까?

49.　④ 중요한 내용을 적어가며 전화를 받을 수 있습 (　　)
니까?
⑦ 효과음에 흥미가 있습니까?　(　　)
⑥ 의료 보험 제도에 대하여 잘 알고 있습니까?　(　　)
① 경어로 말하는 방법에 대하여 생각해 본 일이 (　　)
있습니까?

50.　⑥ 카운셀러 일에 흥미가 있습니까?　(　　)
③ 개인 감정을 개입시키지 않은 채 일을 할 수가 (　　)
있습니까?
① 자신의 인상에 대해 생각해 본 적이 있습니 (　　)

까?
⑧ 번역서가 아닌 원서를 읽은 일이 있습니까?　　（　　）

51.　⑥ 마르크스 경제론에 대해 연구·학습한 적이 있　（　　）
　　 습니까?
　　 ⑦ 포스터를 그리는 능력이 있습니까?　　　　（　　）
　　 ⑤ CD플레어에 대해 관심이 있습니까?　　　　（　　）
　　 ② 운동 모임에 참여해 본 적이 있습니까?　　（　　）

52.　④ 자료 수집에 시간을 할애합니까?　　　　　（　　）
　　 ⑤ 레이저디스크의 구조를 알고 있습니까?　　（　　）
　　 ② 관람보다 참여하는 편이 좋습니까?　　　　（　　）
　　 ⑧ 방송 작가 일에 관심이 있습니까?　　　　　（　　）

53.　③ 학급의 대표를 잘 수행하는 편이었습니까?　（　　）
　　 ⑧ 미술관 관람을 좋아합니까?　　　　　　　　（　　）
　　 ⑦ 패션에서 자기만의 개성이 있습니까?　　　（　　）
　　 ① 화학이나 물리에 관심이 있습니까?　　　　（　　）

54.　④ 현금 취급에 관한 일을 하고 싶습니까?　　（　　）
　　 ② 비행기 타는 것을 좋아합니까?　　　　　　（　　）
　　 ⑥ 올림픽에 나가보고 싶습니까?　　　　　　　（　　）
　　 ⑧ 발레 발표회를 보고 싶습니까?　　　　　　（　　）

55.　① 동물의 성장 과정을 관찰하는 것을 좋아합니　（　　）
　　 까?

④ 손님을 잘 맞이할 수 있습니까?　　　　(　　)
⑤ TV의 내부 구조를 알고 싶습니까?　　　(　　)
⑦ 패션쇼를 해보고 싶습니까?　　　　　　(　　)

56.　② 스쿠버다이빙에 흥미가 있습니까?　　(　　)
　　③ 판단력이 있다고 생각됩니까?　　　　(　　)
　　⑧ 만화 영화를 좋아했습니까?　　　　　(　　)
　　④ 펜글씨는 잘 씁니까?　　　　　　　　(　　)

57.　⑦ 메이크업하는 것을 좋아합니까?　　　(　　)
　　⑤ 엔지니어를 희망합니까?　　　　　　(　　)
　　③ 사소한 일에도 구속을 받습니까?　　　(　　)
　　⑥ 보육원을 운영해 보고 싶습니까?　　　(　　)

58.　⑤ 비행기 조종사가 되고 싶습니까?　　　(　　)
　　① 연구회나 발표회에 참여하고 싶습니까?(　　)
　　⑥ 유행어에 흥미가 있습니까?　　　　　(　　)
　　② 라디오 체조를 잘 따라합니까?　　　　(　　)

59.　⑥ 자신이 살고 있는 도시의 교통 흐름을 알고 싶 (　　)
　　　습니까?
　　⑤ 복사기가 고장났을 때 고칠 수 있습니까?(　　)
　　② 써클 활동을 적극적으로 했습니까?　　(　　)
　　⑧ 어휘력이 특출하다고 생각합니까?　　(　　)

60.　⑦ 말의 전환이 빨리 됩니까?　　　　　　　　(　)
　　　⑤ 약사가 되고 싶습니까?　　　　　　　　　(　)
　　　② 하루종일 집에 있는 것이 싫습니까?　　　(　)
　　　③ 세무사 일에 관심이 있습니까?　　　　　　(　)

61.　⑥ 유치원 어린이를 가르치는 데 관심이 있습니　(　)
　　　　까?
　　　③ 부하 직원의 지시에도 따를 수 있습니까?　(　)
　　　⑧ 잡지사에 원고를 내고 싶습니까?　　　　　(　)
　　　① 사진 찍는 것을 싫어한 적이 있습니까?　　(　)

62.　⑤ 자동차의 타이어 교환 정도는 혼자 할 수 있습　(　)
　　　　니까?
　　　⑦ 레터링을 좋아합니까?　　　　　　　　　　(　)
　　　④ 우편물을 종류별로 구분(일반·서류 등)할 수　(　)
　　　　있습니까?
　　　③ 잔업을 하더라도 일을 종결짓는 성격입니까?　(　)

63.　② 골프에 흥미를 느낀 적이 있습니까?　　　　(　)
　　　④ 클립이나 연필 등의 문구 정리를 잘 합니까?　(　)
　　　⑦ 평론가가 되고 싶습니까?　　　　　　　　(　)
　　　① 고미술에 흥미가 있습니까?　　　　　　　(　)

64.　⑥ 유니세프가 활동한 내용에 관심이 있습니까?　(　)
　　　① 천체 망원경으로 관찰하는 것에 흥미가 있습니

까?   (   )
④ 쓸데없는 낭비를 하지 않습니까?   (   )
⑧ 드라이플라워를 배워보고 싶습니까?   (   )

65. ⑦ 양재에 솜씨가 있다고 생각합니까?   (   )
     ⑧ 당시나 한시를 좋아합니까?   (   )
     ② 도시락을 가지고 다니는 것을 좋아합니까? (   )
     ⑤ 자신이 집을 건축하고 싶습니까?   (   )

66. ⑧ 세익스피어의 작품을 좋아합니까?   (   )
     ③ 프로듀서를 희망합니까?   (   )
     ⑥ 아프리카 난민 원조에 참여하고 싶습니까? (   )
     ① 인류학에 흥미가 있습니까?   (   )

67. ⑤ 배의 조종을 해보고 싶습니까?   (   )
     ⑦ 집안 꾸미기를 좋아합니까?   (   )
     ② 페스티벌에 자주 참석합니까?   (   )
     ④ '극비' 문서를 조심스럽게 취급할 수 있습니까? (   )

68. ④ 소개장을 바르게 쓸 수 있습니까?   (   )
     ③ 자신의 실수를 솔직히 고백하고 사과할 수 있 (   )
        습니까?
     ⑧ 인기 작가의 작품을 자주 읽습니까?   (   )
     ② 구기 종목에 흥미가 있습니까?   (   )

69. ⑦ 빈상자를 어떻게 이용할 것인지 생각해 봅니 (   )
　　까?
　　① 수력 발전에 대한 연구에 관심이 있습니까?　　(   )
　　③ 영화감독이 되고 싶습니까?　　(   )
　　⑥ 환경 오염 중 공해에 대한 대책 마련에 관심이 (   )
　　있습니까?

70. ⑥ 자선쇼 관람을 좋아합니까?　　(   )
　　④ 카탈로그 정리를 잘 합니까?　　(   )
　　⑤ 스테레오의 고장을 고칠 수 있습니까?　　(   )
　　① 상대성이론이 무엇인지 구체적으로 알고 싶습 (   )
　　니까?

71. ⑧ 애정 소설 읽는 것이 좋습니까?　　(   )
　　⑤ 오디오에 흥미가 있습니까?　　(   )
　　⑥ 도시에서 발생하는 문제에 관심이 있습니까?　　(   )
　　③ 사람들 앞에서 화내지 않고 말할 수 있습니 (   )
　　까?

72. ② 운동을 늘 하는 선수가 되고 싶습니까?　　(   )
　　⑦ 한복을 만들 수 있습니까?　　(   )
　　⑥ 전철 안에서 노인에게 자리를 양보합니까?　　(   )
　　④ 일정표를 정확히 작성할 수 있습니까?　　(   )

73. ⑤ 스테레오가 어떠한 구조로 되어 있는지 관심이 (   )
    있습니까?
    ⑧ 클래식 음악 감상을 좋아합니까?   (   )
    ⑦ 스타일리스트 일에 관심이 있습니까?   (   )
    ① 철학을 깊이 공부해 보고 싶습니까?   (   )

74. ② 농구하는 것을 좋아합니까?   (   )
    ① 통역사 면허증을 따고 싶습니까?   (   )
    ④ 납세 제도에 대하여 자세히 알고 있습니까?   (   )
    ③ 남의 의견이 나의 의견을 결정짓는데 영향이 (   )
    미치지 않습니까?

75. ① 인간의 신체 기능을 연구해 보고 싶습니까?   (   )
    ④ 명함을 잘 정리합니까?   (   )
    ⑤ 현미경을 바르게 사용할 수 있습니까?   (   )
    ⑦ 핸드메이드 상점을 운영하고 싶습니까?   (   )

76. ② 축구나 럭비 시합에 관심이 있습니까?   (   )
    ③ 다른 사람의 눈에 띄고 싶어하는 편입니까?   (   )
    ⑥ 신문 기자가 되고 싶습니가?   (   )
    ⑧ 우리 나라의 고전에 관심이 있습니까?   (   )

77. ⑥ 케이스워크에 흥미가 있습니까?   (   )
    ② 여행하는 것을 좋아합니까?   (   )
    ⑦ 직접 만든 선물을 주고 싶습니까?   (   )

④ 우체국에서 일해 보고 싶습니까?　　　　　　(　　)

78. ⑤ 카세트테크의 구조에 관심이 있습니까?　　(　　)
⑥ 의료 기사로 일하고 싶습니까?　　　　　　(　　)
③ 관조보다는 행동을 추구하는 편입니까?　　(　　)
⑧ 괴테의 《파우스트》를 읽었습니까?　　　　(　　)

79. ② 스페이스 셔틀로 광활하고 넓은 우주에 가고　(　　)
　　싶습니까?
① 어려운 문제라도 결과가 나타날 때까지 해 봅　(　　)
　　니까?
⑧ 고전 무용을 하고 싶습니까?　　　　　　　(　　)
⑦ 오리지널 영화를 제작하고 싶습니까?　　　(　　)

평가 방법

　각 질문 앞에 있는 번호는 흥미의 방향을 나타내고 있으며, 각 내용별로 39개의 질문으로 되어 있다. 그 흥미의 내용은 8개항목으로 나누어졌고, 따라서 한 항목에 39개의 질문으로 되어진 셈이다. 그 흥미 반응의 +수에서 -수를 뺀 것에 2를 곱하면 각 항목별 총 득점이며, 이때 +가 더 많으면 양수로, -가 더 많으면 음수로 나타나게 된다. 이는 〈표1〉의 그래프로 그려넣으면 여러분의 흥미 진단이 된다.

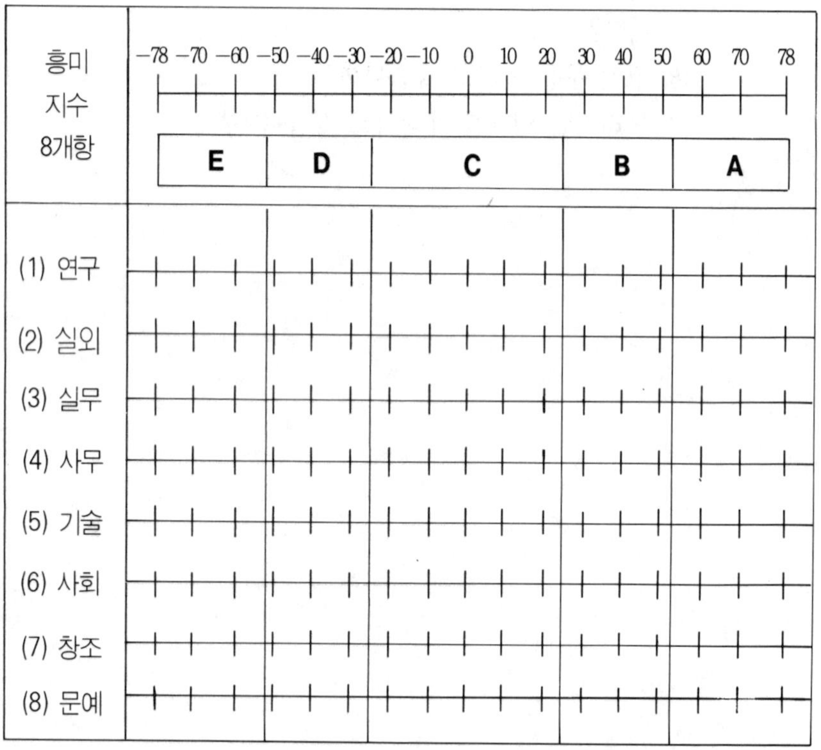

제6장

사회 적응 테스트

1. 사회적응 테스트

| 1 | 당신은 사회(집단)생활에 적응할 수 있는가 |

| 답하는 법 |

①~⑯의 ABC…를 잘 읽고 당신의 생각과 가장 가까운 것을 하나 선택해 ABC…의 기호에 ○표를 하시요.

| 예 |

	1	2	3	4	5	6	7	8	9	10	계
A	□										
B		□									
C			□								
D				□							
E					□						
F						□					
G							□				
H								□			
I									□	□	

문제 1

선생님과 식구는 당신에 대해 어떤 존재인가

A. 불평만을 말하고 나의 생활을 뒤죽박죽으로 해버린다.
B. 무슨 일이 있으면 나의 태도에 대해 말하고 싶어한다.
C. 내가 무슨 일을 하든 무관심하다.
D. 언제나 나를 도와준다.
E. 언제나 나를 도와주고 칭찬해 준다.
F. 내가 틀릴 때에는 혼내고 잘하면 칭찬해 준다.   득점(   )

문제 2

당신은 타인으로부터 어떤 존재인가

A. 매우 사랑을 받거나 미움을 받거나 둘 중 하나이다.
B. 호감은 약간 받는 편이지만, 좋은 친구라고 여겨질 정도는
   아니다.
C. 첫대면에서 누구라도 호감을 느낀다.
D. 잘 이해해 주는 사람만을 좋아해 준다.
E. 누구도 좋아하지 않는다.
F. 많은 사람에게 어느정도 호감을 얻는다.
G. 전혀 알 수 없다.
H. 도움을 주면 호의를 가진다.
I. 호감을 얻는 것은 처음뿐이다. 지속되지는 않는다.
                                               득점(   )

문제 3

자신의 실패나 무능함에 대해 당신은 남에게 어떤 태도인가

A. 타인이 흥미가 있으면 언제라도 얘기한다.
B. 이야기가 거론될 때에만 얘기한다.
C. 동정을 받고 싶지 않기 때문에 절대 얘기하지 않는다.
D. 약점이라고 여겨지는 부분이 노출되면 불리하기 때문에 절
대 얘기하지 않는다.   득점(   )

문제 4

당신은 게임과 시합 등을 어떤 상대와 함께 하는가

A. 실력을 쌓을 기회이므로 그 시합의 숙련자와 함께 한다.
B. 자극이 되기 때문에 나보다 어느 정도 강한 사람과 함께 한
다.
C. 쌍방이 최선을 다하도록 이길 확률이 같을 정도의 사람과
함께 한다.
D. 지지 않기 위해 자기보다 약한 사람과 상대한다.
E. 기술적으로는 관계없이 좋은 스포츠맨인 사람이면 누구나
좋다.   득점(   )

문제 5

친구와 의논할 때 당신의 태도는 어떠한가

A. 항상 격론을 한다.

B. 흥미가 있는 문제라면 언제나 의논한다.

C. 누구와도 좀처럼 의논하지 않는다. 오히려 자기 자신과 나누는 지적인 대화가 즐겁다.

D. 의논은 싫기 때문에 가능한한 피한다.

E. 의논 등은 너무 싫다.

F. 타인이 의논할 때 말참견하는 것이 재미있다.

G. 의논은 타인의 지식을 시험할 수 있기 때문에 좋아한다.

득점(   )

문제 6

타인에게 비판받을 때 당신은 어떤 자세를 갖는가

A. 왜 비판받았나 원인을 확실히 알고 싶어한다.

B. 비판의 이유를 직접 들어본다.

C. 말은 안하지만 곧 잊어버린다.

D. 기회를 보아서 역으로 비판한다.

E. 자신이 옳으면 상대의 오해를 풀려고 노력한다.

F. 악의를 가지며, 아무말도 않는다.

득점(   )

문제 7

타인에게 좋은 인상을 주기 위해 당신은 어떤 노력을 하는가

A. 여러가지 방법을 생각하고 시간을 들여 계획을 짠다.

B. 노력을 하지는 않지만 기회가 있으면 그것을 이용한다.

C. 적은 시간을 들여 노력해 본다.

D. 결코 하지 않는다. 사람 앞에서 그런 일은 하기 싫다.

득점(　)

문제 8

어려운 문제에 부딪히면 당신은 어떻게 방법을 찾는가

A. 망설이지 않고 그 방면의 전문가로부터 조언을 구한다.
B. 언제나 친한 사람들에게 조언을 구한다.
C. 타인을 번거롭게 하는 일은 하지 않는다.
D. 반드시 지혜를 줄것이라고 생각되어지는 사람이 있으면 상
   담한다.
E. 누군가와 상담하기 전에 가능하면 스스로 해결하려고 노력
   한다.

득점(　)

문제 9

가족의 누군가에게 심하게 비난받거나 꾸중을 들으면 당신은 어
떻게 하는가

A. 아무말도 하지 않는다.
B. 기분을 맞춰주거나 비위를 맞추는 등 가정의 화목을 지키려
   한다.
C. 그때는 침묵하고 있지만 나중에 역공세를 하려고 생각한다.
D. 그때 변명을 해 자존심을 지킨다.
E. 왜 비난받고 꾸중을 들었는지 그 이유를 확실히 묻는다.
F. 화를 내며 말다툼을 한다.

득점(　)

문제 10

얼굴이나 몸가짐에 대해 당신은 어떤 태도인가

A. 중요한 일이므로 많은 시간을 들여 조금이라도 좋아지려고 노력한다.
B. 적은 시간을 들이고 조금 주의를 기울일 뿐이다.
C. 대단한 일이 아니므로 다른 사람과 비교해 특별히 이상하지 않을 정도로 한다.
D. 전혀 흥미가 없다.
E. 중요한 일이라고 생각하지만 그 정도를 가지고 시간을 허비하지는 않는다.   득점(   )

문제 11

외국에 대한 당신의 관심은 어느 정도인가

A. 외국의 일은 전혀 흥미가 없다.
B. 자신의 일도 바쁘므로 그다지 신경쓰지 못한다.
C. 항상 외국의 정확한 정보를 구하려고 노력한다.
D. 우리 나라보다 오히려 외국에서 일어난 일에 더 흥미가 있다.
E. 외국에 대해 조사할 정도까지 재미가 있지는 않다.
F. 우리 나라를 깊이 알기 위해 외국의 사정을 배우는 것은 즐겁다.   득점(   )

문제 12

많은 사람 앞에서 말하지 않으면 안될 때 당신은 어떻게 하는가

A. 매우 흥분하여 당황하거나 말을 더듬는다.
B. 어렵지만 끝까지 해낸다.
C. 이것은 자존심의 문제이기 때문에 물러서지 않는다.
D. 별로 큰 노력을 들이지 않고 말한다.
E. 청중에게 이야기하는 것은 즐겁다.
F. 청중이 우호적이지 않으면 말하기 어렵다.   득점(   )

문제 13

자신의 일이 기사가 된 것을 볼 때 당신은 어떤 느낌을 갖는가

A. 보는 것이 재미있어 친구에게도 보여주고 싶다고 생각한다.
B. 자랑하고 싶은 기분이지만 그 정도로까지 중요한 일은 아니
   라고 생각한다.
C. 전혀 흥미가 없다.
D. 기사를 보고 기쁘다고 생각하거나 싫은 기분이 들거나 둘
   중 하나이다.
E. 그 기사가 불명예스러운 것이 아니면 모두에게 보여주고 자
   랑하고 싶다.
F. 내 이름이 활자화 되어 있는 것을 보는 것은 매우 싫다.
                                              득점(   )

문제 14

예언과 초능력에 대한 당신의 생각은 어떠한가

A. 많이 믿는다. 그것은 생활 중 언제나 경험하는 일이다.
B. 예언과 초능력은 대체로 맞는다.
C. 예언이 적중한 것인지, 아니면 우연이 그렇게 일치된 것인지 알 수 없다.
D. 전혀 근거가 없는 일이므로 믿지 않는다.
E. 그것이 거짓말이라고 여기고는 있지만 역시 신경이 쓰인다.

득점(   )

문제 15

그룹이나 사회적 회합 때 당신은 어떤 태도를 갖는가

A. 언제나 토의를 리드한다.
B. 토론의 테마에 대해 알고 있을 때에만 참가한다.
C. 자신이 말하는 것에 확신이 있고 말할 가치가 있다고 생각할 때 이외에는 토론에 참가하지 않는다.
D. 그룹 단위로 말하는 것은 싫기 때문에 참가하지 않는다.
E. 토론의 진행을 위해 참가하지만 결코 리드하지는 않는다.

득점(   )

문제 16

점장이에게 점을 보고 싶은 생각이 들 때가 있다. 당신은 어느 경우에 그런 생각이 드는가

A. 무엇인가 심한 딜레마에 빠져 있어, 혼자서는 결정할 수 없
　을 때.
B. 친구가 점을 본 것을 알았을 때.
C. 거기에 어떤 기술이 사용되는지 알고 싶다고 생각될 때.
D. 당연히 맞지 않으므로 처음부터 보지 않는다.
E. 위안을 받고 싶을 때.　　　　　　　　　　　득점(　　)

득점 산출 방법

　표1의 '사회 성숙 테스트 득점표'를 보고 각 문제 말미의 득점
란에 당신이 선택한 기호의 득점을 기입하고 합계 득점란에 종합
점을 계산해 써 넣는다.

<표1> 사회성숙 테스트 득점표

	1	2	3	4	5	6	7	8	9	10	11	12	13	14	15	16
A	2	5	2	3	3	13	4	11	5	3	0	1	2	0	9	1
B	3	2	13	11	13	11	13	2	2	9	5	11	13	1	11	2
C	9	5	7	5	5	2	3	5	2	5	11	5	5	2	5	2
D	5	5	4	0	5	3	3	5	7	2	3	9	5	15	1	15
E	4	5		13	1	9		7	13	9	5	7	3	1	5	5
F	11	13			5	1			3		13	5	2			
G		3			5											
H		3														
I		5														

평가 방법

 합계점은 최고 200점이며 점수가 많을수록 사회 성숙도가 높다고 할 수 있다.

 그러나 신체적, 정신적 성숙은 연령과 함께 계속 발달해 가는 것이므로 통상 청년기를 마치는 시기까지의 성숙은 계속될 것이다.

② 사회 성숙의 5가지 조건

인격과 지능, 또는 지식 정도하고 반드시 비례하지는 않는다. 지식은 학교 공부만 열심히 하면 넉넉히 얻어진다. 물론 인격의 원숙도, 지식을 가르쳐 준 책들에서 많은 부분 얻어지기도 한다. 또 모든 책들이 인격의 원숙을 위해 가르치고 있지는 않다. 또 책속에서 인격의 원숙을 가르친다 해도 사람에 따라 받아들여 자신의 인격 도야에 사용하는 사람에도 차이가 있다.

인격은 책의 가르침에 비례하지 않는 이유는 이상의 이유와, 그 사람의 천성이라고 하는 유전자에도 관계가 있으며, 또 살아온 환경의 조건에 따라 달라질 수 있음으로서이다.

인격 형성은 각 분야의 학자들은 유전적 요인과 환경적 요인, 그리고 교육적 요인에 의해 형성된다고 하며, 여기서 교육적 요인은 학교 교육만을 이야기하지 않는다. 사회화 교육이라고 하는 가정교육과 사회 공동체원에 의한 교육도 포함됨을 의미한다. 이런 이유 때문에 성인이 된 사람들 중에도 인격적으로 미숙한 사람이 있으며, 사회 구성원으로서의 역할을 수행하지 못하는 경우도 있다. 다른 말로 표현하면 '부적응'인 셈이다. 그러나 이런 사람처럼 그 성향이 두드러지지는 않더라도 약간의 차이들이 있을 수 있다. 그러나 사회 공동원으로서의 적응이 원만하지 못한 부분이 있더라도 그것이 잘못된 것이라고는 말할 수 없다. 오히려 역사적으로 위대하다고 하는 사람의 많은 수가 이처럼 적응이 원만하지 못한 사람들이었다는 점을 상기해 보면 된다. 그 사람들은 자신의 부적응을 스스로의 의지와 힘에 의해 창조적으로 승화시킨 것이다. 약간 주제에서 벗어난 이야기가 될런지 모르나 '창조성'이라고 함은 '질서적'이라거나 '일반적'인 것을 의미하지 않는다. '무질서해 보이는 혼돈의 상태'라거나 '변이종'과 같은 '특이종'을 의미할 때가 많다. 그러므로 여러분은 이 '검사' 결과에 대해 중요한 의미를 둘 이유가 없다. 다만 '나 자신'을 거리를 두고 바라보는 하나의 방법이라고 생각하면 된다. 그리하여 그 결과를 보고 자신을 좀 더 정확히 알게 되는 것이다. 그것은 앞으로 자신의 발전방향을 검토해보고 또는 한계단 높은 곳으로 지향시켜 보는 도약의 시발점으로서 계획을 세워볼 수 있는 것이다. 다음의 특성들에 대해 살펴보자

(1) 부모로부터 정신적으로 독립해 있다

부모님의 규범이나 도덕적 가치관을 무비판적으로 수용하는 것이 아니다. 부모님이 인정하기 때문에 하고, 인정하지 않으면 안하는 것이 아니라 스스로 판단하고 또 자신의 의견을 포함하되 인격을 존중하고 스스로 선악을 판단하여 행동한다.

(2) 정체성[1]을 확립하고 있다

자기를 주시하고 자기를 아는 것이 정체성의 확립이다. 정체성은 주체성·자기 확신·자기 정의·자기 의식 등으로 해석되지만 분석적이지 않고 인간 전체를 통합적으로 파악한다는 말이다. 자기 의식이라 해도 자기 한 사람이 아니고 주위 사람들과 사회에서 자신에 대한 기대나 과제, 역할 등도 받아들이는 자기 의식이다. 또 과거나 현재만이 아니고 미래를 지향하는 의식이다. 정체성이 확립되어 있는 사람은 다음과 같은 정신 상태에 있다.

▶ 장래 자신은 어떻게 살아가면 좋을지 확실한 전망이 있고 희망을 가지고 있다.

▶ 독립적이며, 독보적으로 행한다고 확신하고 있다.

▶ 무슨 일에 처해도 적극적으로 대처하고 해결할 수 있다고 자신하고 있다.

▶ 자신에 대해 큰 목표와 목적을 달성할 수 있다고 하는 기대감이 있다.

▶ 어제의 나는 오늘의 나이듯이 나는 연속하고 있고 변하지 않는 존재라고 의식하고 있다. 또, 동시에 내가 소속하고 있는 집단에 대해 일체감을 가지고 있다.

▶ 자신은 남성(여성)으로서 매력적인 존재라고 믿고 있다.

▶ 주위 사람들과 사회를 위한 일이 하고 싶다는 의욕을 가지고 있다.

▶ 어떻게 살면 개성이 발휘되는지 잘 알고 있다.

(3) 이성(異性)과 적응을 잘해 나간다

사회가 기대하는 이상의 남성다움, 여성다움, 남녀의 성 역할을 이해하고, 수용하고, 자기의 현재 모습과 비교하면서 자기 나름대로의 남성다움 또는 여성다움의 상을 모색하고 확립하여 자신을 남성이다, 또는 여성이다라는 확신을 가지고 성을 긍정하고, 연애나 섹스의 문제를 생각한다.

(4) 확고한 직업관을 가지고 있다

자신은 무엇을 위해 일하는가 하는 직업관을 가지고, 장래 직업에 필요한 지식과 기술을 습득하려고 노력하여 자신의 능력과 환경에 어울리는 직업을 가지고, 그 체험을 통해 자기 실현을 이루려는 강한 의지를 가지고 진로를 결정한다.

(5) 윤리관·도덕관이 확립되어 있다

사회적으로 인정받고 있는 규범을 따르면서 자기 나름대로의 가치관(윤리관·도덕관)을 몸에 익히고 자주적으로 자신의 행동을 규제하는 일이 가능하다. 이것들의 심리적 특성은 모두 유아에서 성인에 이르는 사이에 점진적으로 형성되었지만 인간은 그 연령의 폭(이것을 성숙 연령이라고 한다)이 넓은 것이 특징의 하나이다. 게다가 문화가 발전하고 지식이 폭발적으로 발달하고 있는 현대 사회에서는 성숙 연령이 점점 높아지는 경향이 있다. 성숙에는 개인적인 성숙도 있지만 대부분은 대인 관계 등이 사회적인 성숙이기 때문에 이 책에서는 "사회 성숙"이라고 하는 타이틀을 붙인 것이다. 신체적인 성숙은 측정·평가가 꽤 정확하지만 심리적인 성숙(성장·발달)의 측정·평가는 매우 어렵다.

註 : 1) 정체성이란 사회학 용어로서 한 집단의 고유한 성격이라고 말 할 수 있으나 이렇게 말하는 것으로는 정확치 않다. 정체성이란 엄격히 비교적 개념이다. '대학가'는 전체 사회에 포함된다. 그러나 전체 사회가 갖는 성격과는 구별되는 그들만의 고유한 성질을 지니고 있다. 이때 대학가는 그 사회에 대해 '대학의 정체성'을 지닌다고 말한다. 그러나 대학가라고 해도 교수사회와 학생 생활 간에는 구별되는 성격을 지니고 있다. 이때도 교수의 정체성과 대학생의 정체성을 구분하여 표현할 수 있다.

이번 사회 성숙 테스트는 미국의 심리 학자 헤프너의 저서를 참고로 하여 합리적이며 과학적인 분석 방법으로 문제를 작성하였다. 그러나 인간의 사회적 성숙도를 인간의 언어나 수학적 언어로 콩에 섞인 팥이나 수수를 골라 내듯 할 수는 없다. 그것은 인격이나 성숙도란 여러 성분이 용해된 상태이기 때문이다. 그러나 용해되어 있다고 해도 바닷물에서 염분의 양과 물의 양을 측정하듯 할 수도 없다. 인격이니 성숙이니 하는 것은 그 혼합된 상태를 인간의 언어로 측량할 성질의 것이 못된다. 다만 어느 정도가 어느 정도보다는 더 많은 것 같다거나, 또는 더 적다거나 하는 비교적인 표현만이 가능할 뿐이다. 수학적 언어로는 더욱 어렵다. 그렇다고 그냥 아무 것도 하지 않고 바라보고만 있거나 초등 학교 성적표처럼 ‘수·우·미…’ 등으로 표현할 수도 없다 (사실은 ‘수·우·미…’ 등도 비슷한 오류를 범할 수 있지만).

이런 오류에 빠질 가능성을 안고도 수학적 언어로 나타낼 수밖에 없는 이유는 그것이 그 중 제일 구체적일 수 있기 때문이며, 이런 방법은 앞으로 더욱 진행해감에 따라 그 오류의 가능성을 줄일 수 있으리라 믿기 때문이다.

성숙의 도중에 있는 여러분이 이 테스트에서 기대한 점수보다 낮은 점수가 나오는 것은 당연하고 합계점이 100점을 넘은 사람은 꽤 성숙도가 이루어진 경우라고 보면 좋다.

제7장

상황 적응 테스트

1. 상황 적응 능력 테스트

1   **대인관계**

사회 생활에서 중요한 것은 대인 관계이다. 그것은 '생각하는' 것으로부터 시작한다. 내가 상대를 생각하고, 상대가 나를 생각하는 것으로부터 출발한다. 또 나아가 상대의 입장에서 생각하고 상대가 또한 그렇게 생각하는 것, 그것은 이 때문에 중요하다. 나아가 상대를 이해하려는 노력은 더욱 중요하다.

답하는 법

이것은 자기 진단을 위한 테스트이다. 전부 60문제이다. 각각의 항목에서 '예'라고 생각한 것에는 A, '아니오'라고 생각한 것에는 B로 대답하라.

문제

1. 세상에는 이해하기 어려운 사람이 많기 때문에 하나하나 신경 쓰지 않고 있다.　　　　　　　　　　　　　　　　（　　）
2. 사람과의 대화 도중 바른 말참견을 하고 싶다.　　（　　）
3. 인사는 언제나 이쪽에서 한다.　　　　　　　　　（　　）
4. 타인이 무엇이든 말하면 '시끄럽다'라고 생각한다.　（　　）
5. 자신이 생각하고 있는 것을 잘 표현하지 못 해 오해를 사기 쉽다.　　　　　　　　　　　　　　　　　　　　（　　）
6. 타인이 이상한 행동을 해도 이해할 수 있을 것 같은 기분이 든다.　　　　　　　　　　　　　　　　　　　　（　　）
7. 자기에게 협력해 주지 않는 사람과는 만나지 않는다.　（　　）
8. 집에서 무슨 말을 해도 부모님이 대체로 무시한다.　（　　）
9. 보통 사람보다 호기심이 강해 무슨 일이든 흥미를 가진다.　　　　　　　　　　　　　　　　　　　　　　（　　）
10. 고난에 부딪히면 아무 생각도 안난다.　　　　　（　　）

11. 동성과는 잘 친해지지만 이성은 무엇을 생각하고 있는지 알 수 없다.　　　　　　　　　　　　　　　　　　　（　　）
12. 실패해도 결코 절망하지 않는다.　　　　　　　（　　）
13. 취미가 나쁜 사람을 보면 그것을 그만 두게 한다.　（　　）
14. 타인이 무슨 생각을 하는지 알 수 없다.　　　　（　　）
15. 다른 사람의 이야기를 듣고 있으면 때때로 '이것이다'라고 생각될 때가 있다.　　　　　　　　　　　　　　　　（　　）
16. 되어가는 대로 맡겨 두는 것이 제일 편하고 좋다.　（　　）

17. 조건이 좀더 좋으면 더 열심히 공부할 수 있을 것이라고 생각한다. (   )
18. 무슨 사정으로 혼자가 되어도 살아갈 자신이 있다. (   )
19. 태어날 때 타고난 운이 나쁘기 때문에 그에 반하는 운명을 가질 수 없다라고 생각한다. (   )
20. 어차피 말해도 소용없으므로 누구에게도 말하지 않는다. (   )

21. 응용 문제를 풀거나 퍼즐로 노는 것을 좋아하는 편이다. (   )
22. 자기 자랑하는 말을 듣고 있으면 바보같다고 생각한다. (   )
23. 상대가 감정적이 되면 함께 화가 난다. (   )
24. 하기 시작한 일은 끝까지 한다. (   )
25. 부모가 자식을 위해 고생하는 것은 당연하므로 고맙지 않다. (   )
26. 실패한 일은 언제까지든 잊을 수 없다. (   )
27. 자신에게 부모님이 무엇을 바라고 있는지 잘 알고 있다. (   )
28. 자신이 없기 때문에 다른 사람의 이야기는 그다지 듣고 싶지 않다. (   )
29. 벽창호같은 사람에게는 무슨 얘기를 해도 소용없다고 생각한다. (   )
30. 타인의 복장이나 머리형에 언제나 주의하고 있다. (   )

31. 살아가는 것이 무의미하다고 생각될 때가 있다. (   )
32. 화가 나면 바로 상대의 약점을 말해 버린다. (   )
33. 자신을 둘러싼 상황의 변화에는 민감하다. (   )

34. 언제나 시간에 쫓기고 있다.   (   )
35. 타인이 무슨 말을 해도 내 페이스를 유지한다.   (   )
36. 텔레비전 드라마나 영화를 보고 감동하면 울음이 나온다.
                                          (   )
37. 아무도 없는 곳으로 도망가고 싶다.   (   )
38. 무슨 일이라도 부모님이나 선생님에게 위임해 두면 안심이다.
                                          (   )
39. 말하고 싶은 일이 있어도 상대의 기분을 생각해 말하지 않을
    때가 있다.   (   )
40. 행복한 사람을 보면 부럽다고 생각한다.   (   )
41. 매일, 마치 타인의 레일 위를 달리고 있다는 생각이 든다.
                                          (   )
42. 아무리 바빠도 혼란스러워 하지 않는다.   (   )
43. 자신의 인생은 자신만의 일이기 때문에 타인에게 말하지 않는
    다.   (   )
44. 가족이 무슨 생각을 하고 있는지 전혀 관심이 없다.   (   )
45. 사람의 언동(言動)이란, 잠재 의식이 있으므로 언제나 액면
    그대로 받아들이지 않는다.   (   )
46. 세대가 틀리면 생각도 틀리기 때문에 무리하게 맞추려하지 않
    는다.   (   )
47. '좋다' '싫다'를 확실히 정해두지 않으면 무엇도 불가능하다.
                                          (   )
48. 같은 인간이라고 해도 입장이 바뀌면 말하는 것도 변하는 것
    이 당연하다.   (   )
49. 앞일을 생각하지 않고 행동하는 버릇이 있다.   (   )
50. 공부하려고 해도 산만해서 집중이 어렵다.   (   )

51. 친한 사람의 흥미나 기호는 잘 알고 있다.　　　　　(　　)

52. 자신의 힘을 전부 발휘하지 못하는 것은 환경 때문이라고 생
　　각한다.　　　　　　　　　　　　　　　　　　　　(　　)

53. 개운치 못한 생각을 하는 일이 자주 있다.　　　　　(　　)

54. 졸업 후의 진로에 대해 나 나름대로 생각하고 있다.　(　　)

55. 자신은 친구들과 비교해 언제나 손해를 보고 있다고 생각한다.
　　　　　　　　　　　　　　　　　　　　　　　　　(　　)

56. 재능은 있는데 누구에게도 인정받지 못한다.　　　　(　　)

57. 필요하면 새로운 인간 관계를 만드는 것이 가능하다.　(　　)

58. 때때로 화제가 끊겨 흥이 깨져 버린다.　　　　　　(　　)

59. 하고 싶은 것이 불가능한 것은 부모님의 이해가 모자라기 때
　　문이다.　　　　　　　　　　　　　　　　　　　　(　　)

60. 인간이 행복할 때에는 누구에게라도 친절하다.　　　(　　)

당신의 총 득점 (　　　점)

득점 산출 방법

　번호의 숫자가 3, 6, 9, 12, 15, 18, 21, 24, 27, 30, 33, 36, 39, 42, 45, 48, 51, 54, 57, 60인 것은 A, 그 외의 경우에는 B라고 대답했을 경우에만 1점을 얻는 것이다.

평가 방법

최고 득점은 60점이고 점수가 높을수록 좋은 것이다. 점수를 많이 얻지 못한 사람은 일상 생활 태도에서 개선할 점이 많다는 이야기는 아니다. 다만 더욱 성숙한 대인 관계를 위해 한번쯤 생각해 보는 것도 좋다는 충고라고 생각하면 좋다.

② 상황 적응 능력을 진단한다

인간은 성장하면서 사회의 일원이 되고, 다시 그 일원 속에서 하나의 역할을 담당하게 될 때 이 세상이 자기만을 위해 이루어지지 않는다는 것을 알며, 자신의 욕구가 타인에게 늘상은 받아들여지지 않는다는 것을 깨닫게 된다.

생각대로 되지 않을 때, 또는 그것을 미리 예상할 수 있을 때 주위와 문제를 일으키지 않고 잘 처리하는 능력, 이것이 상황 적응 능력이다. 즉 자신을 둘러싼 상황을 언제나 원만하고 경쾌하게 정리하는 능력이라고 바꿔 말해도 좋을 것이다.

상황의 중요성은 본인만이 알 수 있는 것이며, 비슷한 상황은 있어도 완전히 같은 상황은 존재하지 않는다. 어디까지나 다른 상황이므로 그 본인의 처리 능력 외에는 방법이 없다. 경우에 따라서는 자기 변혁의 필요도 있을 것이며, 또 입장과 생각이 다른 사람들의 협력을 얻어야 할 필요도 있다.

자신이 변하는 것은 어찌되었든 이해 관계가 다른 사람의 공감을 얻는 것이 힘들다는 것은 누구나 경험했을 것이다. 그렇다고는 해도 사회의 일원인 이상 가능한 한 오늘보다 명랑한 내일을 맞이하기 위해 노력하는 것이 좋을 것이다.

현대 여러가지 편리한 사무 기기나 첨단 기재들이 있다해도 사람과 사람과의 관계를 원만히 하는 것은 사람의 마음과 의식뿐이다. 그러므로 사람과의 관계를 원만히 하고, 그럼으로써 자신의 생활과 의식 주변을 정리해 두는 것은 본인의 노력에 의존하게 된다. 물론 사람과의 관계를 늘 원만하게 이끌어 나가기는 어렵다. 그러나 그 방법에 따라 같은 일의 처리라 하더라도 좋은 효과를 얻을 수 있으며, 그것이 대인 관계도 부드럽게 할 수 있는 길이 된다. 그러기 위해서는 상대를 이해하려고, 노력하며, 자신의 의견에 대해 설득하려는 노력을 가져야 할 것이다. 그러나 그것만으로는 해결할 수 없다. 때로는 물러서고, 때로는 참고 기다리며, 끈기 있게 노력해야 할 것이다. 그것이 상황 관리이고, 상황에 효과적으로 적응하는 방법이다.

■ 발생할 수 있는 상황을 예측한다

그러나 그 효과적인 방법의 창출을 위해서는 무엇보다 현재의 상황이 어떤 것인가를 정확히 분석하고 또 그것이 발전할 수 있는 가능성에 대해 예측하는 일이다. 이것이 상황 조정의 제1단계이다. 일단 발생된 일은 해결하기가 어렵다. 병의 치료보다 예방이 힘든 것이다. 눈에 보이지 않을 정도로 작은 '나쁜 여파'가 쌓여 어느날 갑자기 파국으로 진전될 지도 모른다. 무슨 일이 일어나기 전에 포착하는 것이 중요하다. 그러기 위해서는 상황 변화에 무신경해서는 안된다. 언제나 정보를 구하고, 그를 정확히 파악하고 있지 않으면 안된다. 정보에 쫓겨도 안되지만 장래 일어날지도 모르

는 일에 대한 자료는 가능한 한 수집하고 분석해, 새로운 것과 필
요한 것을 분류하는 것도 정보 예측에 필요하다.

■ 현재의 상황을 분석한다

문제는 통상, 확실한 형태를 취해 나타나기 전까지는 알아차리
지 못하는 경우가 많다. C로 나타난 '조짐'의 시작은 실은 B이고,
더욱 깊이 들어가면 원인은 A일 수가 있다. 또 표면상으로는 아무
문제도 없는 듯이 보여도 관점을 바꿔 보면 의외로 큰 문제가 숨
어 있을지도 모른다. 신체 내부에 일어난 병이 밖에서 볼 때에는
알 수 없는 것과 마찬가지이다.

■ 문제 해결을 위한 '전개'를 생각한다

문제가 발생하면 잘 검토해 보는 것. 이는 여기에서 해결하지 않
으면 안되는 문제인가? 그 수순은 어떤 것이 좋은가? 협력해 줄
사람들은 있는가 없는가? 등이다. 여기에서 주의하지 않으면 안되
는 것은 결과를 너무 성급하게 내지 않는 것, 강경한 방법으로 대
응하려 하지 말 것, 눈 앞의 상황만을 보려 하지 말고 그 상황속
에 감추어진 이유, 또는 원인을 찾아볼 것 등이다.

■ 현재 상황을 바른 방향으로 처리해 간다

상황을 개선시키는 결정적인 실마리는 사람의 마음을 움직이는
것이지만, 앞서도 말했듯이 타인의 협력을 얻는 것은 그렇게 간단
하지 않다.

겸허한 마음으로 상대의 마음을 움직이는 것, 상대가 자발적으

로 협력할 수 있도록 태세를 이끌어가는 것이 포인트이며, 그러기 위해서는 상대의 이야기를 잘 듣고 이야기하는 것이 중요하다. 상대가 공감할 수 있도록 설명하거나 설득시키려 노력하고, 자신의 문제와 상대 및 그 공동체의 문제가 어떤 관계가 있는가에 대해서도 설명한다. 그러기 위해서는 사람을 자주 만나서 상대의 이야기도 들어주며, 자신의 고충도 이야기한다. 대체로 사람간의 문제는 이기적인 욕심이나, 오해, 또는 자존심의 문제에서 대부분 생긴다. 이런 점에 주의하는 것은 중요하다.

③ 개인차와 인간의 본질

종(種)으로서의 사람은 모두 같다. 그러나 유색 인종과 백색 인종과는 다른 점이 있다. 또 영국인과 중국인, 한국인은 각각 다르다. 그것은 환경과 문화적인 차이 때문이다. 그렇게 좁혀 들어갈 때, 같은 사람은 한 쌍도 없다. 그것을 우리는 민족성, 또는 지역성이라고 부르며, 또 개인 사이의 차별성을 개성이라고 부른다. 사람은 각기의 특성과 버릇, 그리고 이해함에 있어 인식의 방법이 다르다. 그뿐만이 아니다. 만약 같은 개성을 가진 사람이 있다 하더라도 그 사람의 입장과 관점에 따라 다를 수 있다. 잘 아는 얘기로 '남녀간의 관계'를 자신이 주체가 되었을 때는 '사랑'이라고 말한다. 그러나 자신이 객체가 되었을 때, 다시 말해서 남들이 그런 관계를 가질 때는 '바람 피움'이라고 말한다. 그런 사실들을 알고 있는 것은 중요하다. 그것은 부득이하여 '받아들일 수는 없지만, 이해할 수는 있다'는 자세를 끄집어 낼 수도 있다. 그것은 '무조건 반대'하는 것과는 다르다. 또 상대에게 주는 느낌도 다르다.

상대는 그렇게 생각할 지도 모른다. '자네 입장으로서는 그럴 수밖에 없겠지, 그건 나도 알만해, 그러나 이건 내 장래의 문제야' 할 것이다. 이때는 서로 '줄 수 있는 것'은 주고 '받을 수 있는 것'은 받는 식의 타협이나 조정을 할 수 있다. 그것은 민주주의 방식이기도 하며, 현대 사회처럼 많은 사람이 생각이 다르고 취향이나 전문성이 다른 다양한 사람이 모여 복합 사회를 이루고 있는 공동체 생활에서는 현명한 방법이다.

성격도, 가치관도, 흥미도, 능력까지도 그 사람의 환경, 사회적인 역할과 생각하는 입장에 바뀔 수 있다는 것을 알아둘 필요가 있다. 상황을 개선하기 위해 필요한 '상대의 입장을 생각한다'는 것에서 시작된다. 왜 여기서 망설일까? 무엇을 받고 싶어할까? 등으로 상대의 입장이 되어 생각하면 답은 자연히 나올 것이다.

중요한 것은 상대를 존중하고 자존심에 상처받지 않도록 하는 것이다. 또 상대의 반응이 생각한 대로 나오지 않아도 초조해 하거나 화내지 않고 충분히 기다리고, 들어주는 자세가 필요하다. 그 얘기 속에는 중요한 문제점이 가려져 있을 수도 있고, 참고가 될 만한 것도 충분히 있을 수 있기 때문이다.

잘 하면 상대가 알지 못했던 욕구를 발견하게 될지도 모른다. 만약 상대의 잠재적인 욕구를 본인보다 먼저 발견해 그것을 만족시켜 줄 수 있으면 그 사람은 마음에서 당신과의 협력을 약속해 줄 것이다.

4   **무관심한 사람 · 지시대로만 따르는 사람이 늘고 있다**

무관심하다고 하면 얼핏 남들을 무시하고 자만스런 사람과 혼동할 수도 있다. 사실 외견상 나타난 결과만으로는 그와의 구별이 쉽지는 않다. 그러나 그가 그런 성격처럼 된 과정을 살펴보면 구별이 된다. 물론 그 과정에서도 구분이 되지 않는 부분의 사람도 있다. 그 사람은 구분상으로도 그 중간에 놓아야 할 것이다.

'남에게 무관심한 것'은, 먼저 이기적인 생각이 그렇게 만든다. 다음으로는 현대 사회에 나타나고 있는 특징 중의 하나이다. 여기서 오늘처럼 개인의 강한 이기심이 설 자리를 만들어 주는 것도 현대 사회가 그 배경적 역할을 해주기 때문에 가능하다.

현대 산업 사회는 기계와 기업 조직이나 기타 권력 조직들로 하여금 개인의 가치를 극소화하며, 따라서 개인은 설 곳을 잃고 소외당하는 지경에 이르게 한다. 소외당한 개인들은 그 자신의 내면으로 도망치고, 그것은 결국 그를 무기력하고 이기적이고, 그리하여 자신외의 것들에 대해 무관심하도록 만들고 있다. 이것이 직장에 나가서는 지시대로만 하려 든다.

그래서, 그들은 의지하려 든다. 다른 사람이 자신의 몫까지 대신 처리해 주는 것에 의지하고, 명령이나 지시에 의지하려 한다. 그런 사람은 조직 속에 묻혀 자신의 의지없이 떠밀려 내려가려 한다. 그러나 조직 사회에서는 그런 사람을 받아들이려 하지 않는다. 이것이 문제이다.

그러나 이런 소극적이며, 무관심한 성격은 성장을 거듭하면서 적어져 간다. 이를테면 20대에서 그런 경향이 많이 보이던 것이

30대 초에 들어서면 줄어든다. 또 30대 중반이 넘어서면 더욱 적어진다. 그것은 사회에서 그들의 연령대가 어떤 책임을 맡고 조직원을 이끌어 나가야 하는 위치에 이르렀기 때문이다. 그러나 그대로 그러한 성향이 남아 있는 사람이 있다면, 그는 그 조직에서 이미 제거되었을 것이다. 그뿐만이 아니다. 조직밖의 사회에서도 낙오자가 되어 힘든 생활을 할 수밖에 없을 것이다.

그러므로 내 자신에 그런 점이 있는가 없는가를 사전에 점검해 보는 것은 중요하다. 또 이것이 점검으로 끝나서도 안된다. 보안할 점이 보이면 사전 예방에 힘써야 하겠다. 체력이 약해서 감기에 자주 걸린다면 적당한 운동과 알맞은 식생활로 신체를 건강하게 해야 마땅할 것이다. 또 그것이 잦은 음주나 과다한 흡연에 의한 것이라면 이를 끊거나 절제하여야 할 것이다. 그런 의미에서 다른 조사 결과를 보면서 자신의 부족한 경향들에 대해 비교 자료로 삼아, 자신을 건강하고 적극적인 인격의 소유자로 보완해 나가도록 해야 할 것이다.

나는 왜 소극적인 성향을 갖게 되었다고 생각하나.
- 사원간의 접촉이 부족하다   36.3%
- 배려가 부족하다   36.3%
- 파벌이 있다   35.0%
- 견실한 상사가 없다   35.0%
- 출세 경쟁이 있기 때문이다   25.0%

또 '따돌림이나 괴롭힘을 당하는 사람의 타입'으로는 다음과 같은 사람이 거론되었다.
- 조용하다   50.0%
- 자신의 의견이 없다   47.5%

- 요령이 없다   41.3%
- 기가 약하다   37.5%
- 아주 착실하다   25.0%

이외에 '자신이 없다' '일을 느리게 한다' '건방지다' '협조성이 없다' '둔감하다' '아첨한다' 등이 있다. 이런 타입의 모두가 그런 것은 아니지만 대부분은 '지시대로만 따르는' 특징을 가진 사람과 비슷하다.

지시대로만 따르는 사람은 명령된 상황이 무엇이더라도 '예, 예' 라고 말하며 스스로 적극적으로 '무언가 나 스스로 할 수 있는 일 은 없을까?'라고 생각하며 찾는 자세가 거의 없는 사람들이다. 즉 상황 적응력, 보다 더 정확히 표현해 "적극적인 상황 적응 능력" 이 없는 젊은 사람들이 아닌가 한다.

이런 사람에게 부족한 것은 자신의 가능성을 추구하려 하는 자 기 실현 욕구이다. 창조성과 바꿔 말해도 좋다. 현재 자신이 가지 고 있는 지식과 경험을 살려 주위 환경에 보다 적극적으로 적응하 고 때로는 상사의 명령을 무조건 따르지 말고 '이런 방법도 있습 니다'라고 제안하거나 동료와 의견을 나누어 최선의 방법을 모색 하여 주위를 개혁하려는 적극성이 필요하다.

몇해 전에 취업을 위해 찾아온 아름다운 여성이 있었다. '그래, 어떤 일에 특히 관심이 많고, 무슨 일들을 해보았는가?'고 좀 막연 한 질문을 했다. 질문을 마치고는 너무 애매한 질문을 한 점에 대 해 미안하게 생각하였다. 그러나 그 여성의 답변은 오히려 분명했 다. '저는 지금까지 실수한 일이 없습니다. 학교에서도 집안에서 도' 대단한 답변에 놀랐다. 그런 사람이 있을 수 있을까? 그러나 나는 다시 물었다. '그럼 아가씨, 실수할 만한 일을 해본 적은 있습니까?’ 그러나 그는 대답이 없었다. 그도 나의 질문에 당황했을 것이다.

사람이란 불완전한 동물이다. 곤충과 같은 정확한 촉각도 없고, 호랑이와 같은 야수성도 없으며, 새와 같이 하늘을 나는 재간도 없다. 그러나 생각하고 도전하며, 그리하여 숱한 실패와 시행 착오를 만들었기 때문에 성공도 있을 수 있었으며, 그것이 오늘의 인간과 그 문명 세계를 창조해 낼 수 있었던 것이다. 실수하는 것이 잘못이 아니다. 물론 현실이란 어떤 실패도 용납하지 않으려는 경향이 있다. 그러나 정확하기 위해 잘못하는 것, 도약하기 위해 실수하는 것, 그런 것은 잘못이 아니다. 그런 점들이 모여 사람은 더욱 성숙해져 가는 존재이다. 사람의 많은 부분은 살아가면서 만들어져 간다.

제8장

심리 테스트

1. 심리 테스트

1 | 인성구성의 요인들

우리는 앞에서 성격 테스트에서 행동유형과 사고유형에 대한 검사를 했다. 그리고 정신 건강이 육체에 주는 영향에 대해 살펴 보았다. 그 검사에서 보았듯이 인간에게 본래부터 지니고 있는 성격의 지향성과 그것이 사회 환경에 따라 어느 정도 변화될 수 있음을 알았다. 그러나 무엇보다 자신의 노력이 그와 같은 외적요인들을 극복할 수 있음을 깨달았을 것이다.

인간은 생물적 요인을 지니고 있으며, 또 사회 생활을 오랫동안 영위하면서 사회적 요인을 지니고 있다. 그것은 인간도 먹어야 살 수 있으며, 종의 번식을 위해 성행위를 해야 하며, 병균의 침입으로 죽을 수도 있으며, 그렇지 않다 하더라도 자연 연령을 모두 살고 나면 죽게 마련이다. 또 사람이 사회적 동물임은 이미 잘 알려진 사실이다. 현대 사회와 같이 분업에 의해 생활하거나 전문화되지 않았을 때에도 인간 혼자 떨어져 있으면 호랑이나 곰과 같이 고독을 느끼지 않으며 잘 살 수 있는 것이 아니다.

인간은 주위의 다른 사람들과 어울려서만이 살 수 있다. 물론 패전한 병사가 숲속에 도피했다가 영영 그속에서 짐승과 같이 살았다는 실례도 있으나, 이것이 인간은 사회 생활을 하지 않고도 살 수 있다는 증거는 되지 못한다. 사람은 수백만년 전부터 사회생활을 하기 시작하였고 그런 생활이 인간을 다른 맹수 속에서 생존하도록 했을 뿐만 아니라 그들을 잡아 먹거나, 멀리 쫓아보낼 수 있게 된 것이다.

　인간은 서로 협동하면서 일을 나누어 했으며, 이런 점들이 동물로서는 상상도 할 수 없는 '긴 육아기'라든가, 또는 정착 생활을 하도록 만든 요인이다. 이와 같은 사회적 환경은 본래적인 것은 아니다. 그러나 그 긴 시간으로 하여금 자연환경과 같이 본래적인 것으로 만들어 놓았으며, 현재도 계속 만들어 가고 있다. 사회적 환경은 사람이 만든 것이나, 개인이 만든 것은 아니며, 사회 공동체 된 모두가 함께 이룩해 놓은 것이다. 그러므로 우리는 사회적 환경의 지배를 받는다.

　그러나 개인의 의지나 창의성 그리고 그에 따른 노력 등은 개인이 만들어 나간다. 물론 그 밑바탕에는 유전적인 면이 작용한다. 그러나 그것은 그런 성향이 얼마나 더 있느냐 적게 있느냐의 차이일 뿐 구체적인 부분은 모두 생후 개인이 만들어 나가는 것이다.

⎡2⎤ **심리적 상태의 종합**

　심리적인 면에 대해 이야기할 때 우리는 인간 심리의 심층 구조에서 표층구조까지 그 구성이 어떻게 되었는가를 먼저 이야기해야 할 것이다. 앞에서도 이야기했듯이 인간의 심리구조 심층부에는 원시 감정이 있으며, 표층 구조로 나오면서 지역적 특성과 사회적 특성 등이 시루떡의 각층처럼 있는 것이 학자들의 주장이다. 여기에 표층구조의 심리들이 생후 사회적 환경과 교육적 환경 등으로 구성된 것으로 보고 있다.

　그러므로 우리가 개인의 심리 상태를 이야기한다 하더라도 그 개인이 지닌 개성만을 이야기할 수는 없다. 그는 어떤 가정에서 어떤 성격의 부모님 밑에서 성장하였으며, 특히 유아기와 청소년기의 정서는 어떠했었는가 하는 점과 교육상태는 어떠한가 하는 점, 그리고 변할 수 없는 성격에서의 주장들은 어떠한가를 종합하게 된다. 따라서 이런 심리적인 면은 자신의 판단으로서는 어려우며, 꾸준한 자기 성찰과 자기 분석이 없으면 어려울 것이다.

이를 좀더 구체적으로 설명해 보자.

우선 인간이 생물학적으로 동물에 속하므로 자연법칙의 지배를 받는 것이다. 이는 먹고, 자고, 생식을 위한 행위 외에도 그가 존재하고 있는 토양과 물, 공기 등의 영향을 받을 것이다.

또 인간이 사회적 존재이므로, 그는 가족의 영향을 제일 많이 받을 것이다. 그것은 그를 낳아준 부모의 유전자와 그를 키우고 교육한 부모의 가치관의 영향을 받았을 것이다. 또 집 주변이나 학교생활에서의 또래들에 의해 상호 영향을 주었을 것이다. 또 그가 받은 교육 정도는 다를 수 있으며, 전공과 관심분야도 다를 것이므로 이런 생후의 면들이 그의 표층심리를 구성하는 데 있어서 영향을 주었을 것이다. 이런 점들을 종합하여 그의 심리적인 면을 좀더 구체적으로 분석할 수 있을 것이다.

그러나 그보다 그는 현재 심리적으로 건강한가, 만약 건강하지 않다면 어떤 공포상태나 무엇에 쫓기고 있는가? 그를 누르고 있는 강박관념 같은 것은 없는가? 정서적으로 안정되지 못한 직접적인 이유가 무엇인가? 하는 면들을 찾아봐야 할 것이다. 이러한 점들에 대한 점검이 끝나야 그의 직업에 대한 방향이나 계획 등이 수집될 수 있으리라 본다. 그러므로 이런 심리상태는 지금까지 해온 검사결과를 참고하면 좋을 것 같다.

성격 테스트

향성 테스트의 변형으로 외향성과 내향성이 가진 특성에서 각각 5개씩을 골라 행동유형과 사고 유형으로 나누어 2개의 테스트를 만들었기 때문에 2개의 테스트 득점이 모두 높은 독자도 있을 수 있다. 이런 경우는 사회 적응 지수가 높은 사람이다.

일반적으로 내향적인 사람은 감정을 밖으로 드러내지 않는다. 기쁨과 슬픔을 타인과 나누려 하지 않는다. 자기 자신의 마음 속에 가두어 버리기 쉽고 무엇을 생각하고 있는지 밖에서 보아 알 수 없는 경우가 많다. 지나치게 성실하고 소극적인 태도를 취하기 쉽고 "하지 않았기 때문에" 느끼는 후회가 많다.

이에 비해 외향적인 사람은 감정적인 배출구를 활동과 사교에서 구한다. 혼자 생각에 잠기기보다 타인의 조언을 구하고 타인의 주의를 끄는 일에 힘쓴다. 상황이 나쁜 경우가 생기면 타인의 탓으로 돌려 자신을 책하는 경우가 적기 때문에 언제나 낙천적이고 정신 건강이 좋은 사람이 많다. 감정을 그대로 표출시키기 때문에 스트레스가 쌓이지 않는다. 결단이 빠르고 현실에 적용되는 사고를 하지만 중도에서 변동이 많고 일을 용두사미로 끝내기 쉽다. "너무 지나쳤다"라는 후회가 많다.

향성 검사는 성격 검사의 비투영 방법으로 분류되지만 질문지법, 즉 페이퍼 테스트라고 불리는 검사는 그것을 시험하는 사람의 주관과 내성(內省), 원망 등에 의해 의식적 또는 무의식적으로 결과를 틀리게 하는 일이 많다. "이러고 싶다"라는 원망이 우선해 본인은 인식하지 못하지만 사실과 틀린 것을 긍정해버리는 것이다. 이것이 입사 시험 등에 사용되면 이해 관계가 따르므로 출제자의 의도를 추측해 유리하다고 생각되는 답을 선택하게 된다. 따라서 본래와는 꽤 다른 결과가 나오는 경우도 적지 않다. 투영법이라고 불리는 성격 검사는 '개인의 모든 행동은 그 내면 활동의 반사이고 투영이다'라는 가정에 기초해 만들어진 테스트로, 그 원리는 애매한 또는 불완전한(보는 관점에 따라 각각의 의미로 해석되듯) 자극에 대해 어떤 반응을 나타내는지에 따라 그 개인적 내면에 감추어져 있는 원망, 공상, 정서, 흥미 등을 심화시키고 개인 정신 생활의 의식하에 감춰져 있는 공포, 불안, 원망, 욕구, 망상 등을 특수한 방법으로 끌어내는 것이다.

그러나 투영법에는 정답이나 오답 등의 구별은 없고 나온 결과보다 답이 나오는 과정이 중요한 의미를 가진다. 따라서 실시 채점 결과의 방법이 어렵고 심리 테스트에 대한 이론과 기술, 심리학 일반에 대한 기초 지식을 충분히 몸에 익히거나 훈련을 받고 경험을 쌓지 않으면 이용할 수 없는 결점이 있다.

정신 건강 진단 테스트

불확실성의 시대에 살고 있는 우리들의 정신은 다소 병들어 있는 것이 정상이고, 너무 건강한 것은 오히려 이상할 지도 모른다. 불안의 원인을 들려면 끝이 없을 정도이다. 아주 튼튼한 신경을 가진 사람이나 무감동하거나 무신경한 사람이 아니면 불안 경향이나 강박 경향을 갖는 것은 무리가 아니다.

이 책에서 일부를 소개한 이 테스트는 전부 101 문제이고 허언도(虛言度)까지 진단할 수 있다. 각 문제는 각각 점수와 연결되어 있지만 그 안에는 득점과 관계없는 얼마의 문제도 포함되어 있다.

지능 테스트

■ 언어능력, 수적능력, 공간적 능력 테스트

지능의 정의는 100종을 넘는다고 하지만 독일의 심리 학자 게 러는 지능을 '간파하는 힘'이라고 하였다. 지능 검사의 상상자 비 네는 지능은 정의가 아니고 내용으로서 이해하며, 이의 효과로서 창조, 기억, 추리 등을 들고 있다. 그러나 이것들은 지능의 정의라 기보다는 지능의 속성이나 기능 등을 나타내고 있고 본질은 아니 다라는 의견도 있다.

일반적으로 지능이 높으면 성공한다고 생각하고 있지만 일부 직업을 제외하면 그것은 환상에 지나지 않는다. 지능은 그 정도로 결정적인 조건이 아니고 그보다 오히려 심신의 건강, 성격, 흥미 등이 중요한 의미를 가진다. 그런 모든 지능 인자를 포함하고 있는 완벽한 지능 검사가 있지 않기 때문에 결과에 대해 그다지 심각하 거나 중요하게 생각할 필요는 없다. 그보다 가지고 태어난 현재의 지능이 퇴화하지 않도록 훈련하는 것이 중요하다. 지능의 쇠퇴는 이미 14세에서 조짐을 보이는 사람도 있지만 60세를 지나도 시작 하지 않는 사람도 있다. 요는 그의 마음가짐과 노력에 달려 있다. '평생 교육'의 의의도 여기에 있다고 할 수 있다.

지능 검사의 종류는 매우 많지만 언어 능력, 수적 능력, 공간적 능력을 조사하는 문제는 난이도가 증가하면서 배열되는 형식의 검사가 많다. 공간적 능력을 측정하는 문제에 입체적 도형이 사용되는 일이 많은데 오른쪽으로 270° 회전하라는 지시대로 오른쪽으로 회전시키면 시간이 너무 걸린다. 이럴 경우에는 왼쪽으로 90° 회전시키면 된다.

진로 흥미 테스트

흥미는 적성의 기본이다. 흥미 없는 일은 무리하게 해 보아도 계속 지속되지 않는 것이 보통이다. 인간은 결국 자기가 좋아하는 일은 아무리 바빠도 하게 된다. 그러나 잠재적인 흥미가 있어도 접할 기회가 없으면 그것을 알 수가 없다. 그러므로 그것을 찾는 노력이 중요한 것이다.

직업가치관 테스트

한국인을 오랜 시간 지배해 왔던 입신 출세주의도 요즈음에는 일부 사람들에게 한정된 '주의'가 되고 그것이 변해 삶의 질을 높이기 위한 생활방식으로 전환하고 있다. 그것은 다양성을 추구하는 결과로 나타났으며, 이런 경향은 더욱 사회를 복잡하게 만들어 가고 있다. 이에 따라 가치관의 기준도 변하고 그 해석도 변하고 있다. 이런 개인과 개인의 가치관 차이는 인간 관계에 큰 영향을 주었다. 부모와 자식간의 가치관 차이는 자칫 결손가정을 만들 위험이 있으며 부부간에서는 이혼의 원인이 되었다. 성격의 차이는 공동 생활을 할 때에 좋은 결과를 초래하기도 하지만 공존하지 못하는 가치관을 가진 사람이 같이 사는 것은 비극이다. 아무리 표면으로는 평화를 가장하여도 한꺼풀만 벗기면 옹립할 수 있는 벽이 있기 때문이다.

가치관은 그 사람의 인생 철학이고 모든 생각을 지배하는 기본이다. 따라서 안정을 지키기 위해서는 서로의 가치관을 자극하지 않고 무난한 화제, 예를 들어 날씨 이야기나 건강 이야기 등과 같은 공통 화제만을 다루게 된다.

야생 동물과 같이 생존하는 것만을 중요시한 옛날의 인류에 있어서는 아마 가치관이라는 말은 무의미했음에 틀림없다.

사회 성숙 테스트

미국의 심리학자 헤프너의 활동성 성숙도 조사에서 일부를 골라 이 책의 독자용으로 정리해서 소개했다. 원래의 테스트는 전부 34문제이고, 득점은 선택한 답에 따라 마이너스 5에서 플러스 10까지 정해져 있다. 일반인은 평균 100이고, 학생의 평균은 162로 꽤 높다.

헤프너가 말하는 성숙도는 ① 자주적인 개성 ② 과거의 실패나 성공이 장래에 도움을 준다 ③ 인생의 목표를 가지고 있고 그것을 성취하기 위한 방법을 안다 ④ 안정된 성격을 가져 가치 척도가 확립되어 있다 등으로 이는 반드시 연령과 관계없고 지능과 학력 등과도 다른 것이다.

학교나 가정, 사회 전체가 인격적으로 성숙한 인간만이 모여 있으면 신문의 사회면을 채우는 무익한 싸움이나 갈등이 미연에 방지되겠지만 정신적인 성숙은 신체적인 성숙처럼 자연히 이루어지는 것이 아니므로 유감이다.

상황 적응 능력 테스트

'당신은 자기의 세계를 자신이 생각한 상태에 두고 또 타인 모두를 만족시키면서 자신의 희망을 달성시킬 수 있는가? 라는 질문에 자문 자답해 보면 당신이 정말 "상황 관리자"인지 아닌지를 알 수 있다'라고 말할 수 있다.

상황적응능력은 사회적 성숙도와 공통된 점이 많고 대인적인 문제를 많이 포함하고 있다. 그러나 조금만 달리 보면 공리적, 이기적 행위라고 보기 쉽고 타인을 이용하고 있다고 오해하기 쉽다. 이는 사회적으로 숙성하면 자연히 몸에 배는 능력이다.

심리 테스트의 옳은 관점

자기의 능력과 성격에 대해서는 누구나 자기 나름대로 평가를 하고 있다. 그러나 이와 같은 자기 평가는 정확하지 않다. 일반적으로 바라는 특성은 과대 평가되고 바라지 않는 특성은 과소 평가되는 경향이 있다. 더욱이 자기가 가지고 있는 능력과 특성과 그에 대한 타인의 평가에는 어떤 특수한 관계가 있다. 즉 타인으로부터 비난받는 특성을 갖고 있는 사람은 그 특성에 대해 스스로는 옳다고 평가하면서도 그것과 같은 특성을 타인에게서 발견하면 매우 민감한 반응을 보이는 것이 사실이다. 구두쇠는 자기 스스로는 그렇지 않다고 생각하면서 타인을 "구두쇠"라고 비난하는 경향이 있다.

심리 테스트는 지금까지 신경쓰지 않았던 또는 주의하지 않았던 자신의 성격이나 흥미에 관심을 느껴 자기 이해를 깊게 함에 따라 그 후의 정신적인 성숙과 인간적인 향상에 도움을 주는 조사이다.

③ 직업인에게 요구되는 조건

인성에 대해 배운 여러분은 이미 인간은 모든 인간이 공유하는 인간의 본질이라고 여겨지는 성질 외에 한사람 한사람이 틀린 개성을 가지고 성격과 흥미, 사고 방식에서 능력의 방향에 이르기까지 매우 큰 차이가 있고 단일 단위로는 측정이 불가능한 것을 알았다. 바꿔 말하면, 인간을 틀에 끼워 맞추려면 인간 수만큼의 틀이 필요한 것이다.

'기업은 사람이다'라고 한다. 그 기업이 발전하느냐 못하느냐의 여부는 그 기업에서 일하는 종업원에 달린 것이다. 개성이 넘치고 우수한 인재가 있는 기업은 틀림없이 발전한다. 따라서 매년 각 기업은 자기들 집단에 어울리는 우수한 사원을 채용하려고 노력하는 것이다. 이런 이유에서 신규 채용의 인물 평가 기준이나 조건은 엄한 것이다.

　기업은 인간과 마찬가지로 살아 있고, 각각의 개성을 가지고 있다. 접수처의 대응이나 전화 교환수의 응답, 일반 사원의 외래자에 대한 인사와 응접 등 하나하나가 기업의 성격과 자세가 여실히 나타나고 있다. 각 기업의 경영자의 사상과 경영 방침 등에 의해 채용하려고 하는 인물이나 조건은 각각 다르다. 그러나 기업이 바라는 인물상에는 공통된 기본이 있다. 직업인에게 요구되는 기본적인 조건을 들어 보자.

(1) 건강하다

　정신과 육체가 모두 건강한 것이 첫째 조건이다. 건전한 사고력과 판단력, 행동력, 창조성, 신의 등과 심신의 건강은 깊이 관련되어 신체적, 정신적인 건강 중 어느 쪽이 손상되어도 조직의 일원으로서 근무하는데 필요한 모든 능력이 충분히 발휘되지 못하고 직업상의 훈련과 교육을 받아도 진보나 향상을 기대할 수 없기 때문이다.

(2) 책임감이 있다

　기술 혁신이 모든 분야에서 일진월보(日進月步)하는 현재는 기업 속에서의 개개인 종업원의 책임은 매우 중요하다. 하나의 제품이나 한 부분에만 책임을 지고 있으면 되었던 시대는 아니다. 한사람 한사람이 경영자와 마찬가지로 전체에 책임을 가지려고 하는 자각을 가지지 않으면 안된다. 스스로 임무를 철저히 수행하려고 하는 의욕을 가지고 일을 계획하고 실패하지 않으려고 노력하면 결과적으로 책임감을 가지게 되어 기업의 업적 향상에 공헌한다. 이것이 책임감 있는 태도이다.

(3) 정확성이 있다

정확성에는 행동의 정확성과 시간의 정확성이 있다.

행동의 정확성은 고속도로 복잡화된 컴퓨터나 로봇트가 활약하는 생산 현장은 물론 OA기기를 갖춘 근대적 사무실도 중요한 포인트가 되었다. 시간이 엄밀히 규정되어 있기 때문에 기기의 조작에는 일초의 실수도 용서되지 않는다.

시간의 정확성은 사무적인 직무에도 없어서는 안된다. 기계의 조작과 사무에 요구되는 속도라는 면에서 보면 시간의 정확성은 민첩성이라고 말할 수 있다.

민첩성의 유무에 의해 사고나 재해를 미연에 방지할 수 있느냐 없느냐가 결정된다. 또 행동의 정확성을 높이기 위해서는 사물을 합리적으로 생각하는 과학성과 냉정하고 객관적인 관찰력이 없으면 안된다.

(4) 규율을 지킨다

기업은 사업의 목표를 달성하기 위해 전 종업원이 협력해 움직이는 하나의 기계적 공동체이다. 다수의 인간이 공통의 목표와 목적을 향해 발을 맞춰 전진하기 위해서는 개인이 제멋대로 행동하는 것은 허용되지 않는다. 언행에 표리가 없고 일에 성심 성의껏 임하는 자세가 필요하다. 스스로 책임을 수행하는 사람이 많이 있는 공동체만이 경쟁 사회에서 살아 남는다. 규율도 절대로 지키지 않으면 안된다. 규율을 존중하지 않는 종업원이 있는 기업은 발전하지 않고 종업원에게도 직업적인 성공은 없다.

(5) 협조성이 있다

목표 달성을 위해 조직화된 공동체와 분업에 의해 각 개인이 가진 능력을 최고도로 살릴 수 있도록 만들어진 조직과 노동력을 유기적으로 이용해 능률을 높이려고 하는 조직에 있어서 팀웍은 중요하다. 이러한 조직 안에서 일하는 종업원은 협조해 일을 추진해 가는 협조성이 필요하다.

한사람 한사람의 종업원의 개성을 결집하고, 상승적인 효과를 이끌어내고, 생산성을 향상시키기 위해서도 협조가 중요한 열쇠가 된다. 그 경우 멤버의 인간 관계가 원만하지 않으면 안된다. 그런 인간 관계를 원만히 조정하는 윤활유가 협조성이다.

협조성은 타인에게 추종하거나 부화뇌동하는 것이 아니다. 목표달성을 위한 방향과 방침이 결정될 때까지 많은 의견을 내고 의논을 하고 자기를 주장하는 자세가 없으면 안된다. 이것은 제멋대로의 행동이 아니다. 그러나 방침이 결정되고 시행되면 방침에 따라 전력을 다해 협력하고 최선을 다해 책임을 다하는 것이 협조성이다.

(6) 인내력이 있다

일을 꾸준히 참고 해나가는 인내력도 없으면 안된다. 인내력은 장시간에 걸쳐 일을 계속해야 할 경우에 요구된다. 끈기가 있다고 말할 수 있다. 또 무언가 해결이 곤란한 문제에 부딪히거나 새롭고 어려운 사태에 직면할 때에 어디까지나 스스로 또는 모두 협력해 해결하려고 노력하는 정신이나 체력이 없으면 안된다. 적은 목표라도 그것에 접근하려고 노력하는 사람의 앞에는 반드시 높고 견고한 벽이 나타난다. 인내력은 이 벽을 깨거나 넘기 위해 없어서는 안될 힘이다.

(7) 적극성이 있다

기업이 커지고 조직화됨에 따라 좋든 싫든간에 종업원의 획일화가 진행되고 개성이 없어지며 자발적으로 행동하려고 하는 의욕이 없어지고 무기력한 분위기가 조성되는 경향이 있다. 다른 말로 하면 종업원의 적극성이 결여되어 간다. 조직을 활성화하기 위해서는 종업원 한사람 한사람을 조직의 압력과 약속에서 가능한 한 해방시키고 고정 관념에 얽매이지 않으며 어떤 경우에도 유연하게 대응하고, 문제를 정확히 파악해 합리적인 수단으로 해결하려고 하는 자세인 적극성이 필요하다.

기술과 생산 조직이 눈에 띄게 변화하는 시대에 있어서는 또 경쟁이 심한 정보화 시대에 있어서는 조직 내외의 약속과 압력에 굴하지 않고, 자주적으로 행동하는 적극성이 있는 종업원이 필요하다. 적극성은 창조성과도 관련이 깊다.

(8) 창조성이 있다

기술 혁신이 추진되어 인간의 노동을 로봇 등의 기계가 대신하는 시대이다. 인간은 기계를 조정하고 조작하기만 하면 된다. 그러나 기계는 아직 창조성을 가지지는 못한다. 창조성은 인간만이 가지고 있는 정신 활동이다.

어떤 업계의 기업에서도 격심한 자유 경쟁에 이기려면 새로운 발명과 발견, 아이디어를 내고 생산해 그것들의 제품과 서비스 등을 잘 판매하지 않으면 안된다.

창조성은 발명, 발견, 아이디어라는 좁은 의미만이 아니고 곤란한 문제에 부딪혔을 때 현재 자신이 가지고 있는 지식과 경험, 기술을 살려 시행 착오를 반복하면서도 절대 포기하지 않고 끈기 있게 적극적으로 새로운 해결법을 발견하고 실행하는 활동성과 목표 달성을 향해 열심히 노력해 가는 정신력도 창조력이다.

(9) 특기와 특성이 있다

실력존중의 시대이다. 능력주의가 강조되고 능력 개발이 각기업에 의해 활발히 추진되고 있다. 실력은 실제로 일을 하는 능력, 어떤 면에 있어서 다른 사람이 가지지 않은 특기 또는 다른 사람보다 특출난 특기, 이것이 실력이다. 예를 들면 외국어, 영어와 불어가 능통하다거나 컴퓨터, 속기 등 일반적인 기능의 국가 시험 면허를 취득하는 것이다. 이런 특기·특색(실력)을 가지고 있는 사람은 기업·회사의 특별한 교육·훈련 없이도 바로 일을 할 수 있으므로 환영받는다.

(10) 사회성이 있다

확고한 신념을 가지고 독립심이 왕성하고 명쾌한 비판 정신을 가지면서 인간 관계의 안정을 유지하고 타인에게 신뢰감을 줄 수 있는 원만한 특성과 주위 사람들을 잘 이해하고 각각의 입장을 존중하고 협력하는 태도가 사회성이다. 사회성 속에는 협조성도 포함된다. 아무리 우수한 능력과 고도의 기술을 가진 사람이라도 인간 관계가 원만하지 않은 자기 중심적인 미성숙한 인간은 조직의 일원으로서 실격이다. 또 조직 속에서 능력도 발휘하지 못한 채 끝날 것이다. 사회성이 결여된 사람은 조직의 조화와 팀웍을 혼란시켜 종업원의 사기를 저하시키기 때문에 "썩은 사과"라고 경원시되어 배척당한다.

(11) 근무지를 선택하지 않는다

업계의 선두를 달리는 우량기업이나 발전 도상에 있는 장래성 있는 기업은 기업 활동이 다각적이고 광범위하다. 대기업이 아니라도 국내가 아닌 국외로 진출한 중소 규모의 기업은 매우 많다. 경제는 세계를 대상으로 기업의 활동을 생각하지 않으면 안되는 시대이다. 국내는 말할 필요도 없이, 세계의 어떤 외국 근무지라도 적극적으로 부임해 외국인과 같이 일하려고 하는 의욕 있는 인물이 아니라면 채용되지 않을 것이다.

(12) 연령이 어리다.

각 기업은 계획적 인사 구성, 급여 체계, 정년제 등의 문제가 있기 때문에 신규 채용자에게는 성문화되어 있는 연령 제한이 적용된다. 새로 졸업한 사람의 경우는 앞에서도 말했듯이 연령이 높은 사람, 직장을 자주 옮기는 사람, 공백 기간이 긴 사람은 특별히 납득할 수 있는 이유가 없는 한 채용되는 것은 어려운 것이 현실이다. 대기업일수록 연령이 어리고 도중에 공백이 없는 사람을 원하는 경향이 강하다.

(13) 학업 성적이 우수하다

좋은 학업 성적은 우수함을 증명함과 동시에 그 학생이 학생 시절을 어떻게 보냈는가를 나타내는 보고서이다. 학생의 본분인 공부에 성실하고 꾸준히 노력했으면 필연적으로 우수한 성적을 받게 된다. 성적이 우수한 사람은 '노력하는 능력이 있다'라고 평가·판단된다. 쉬지 않고 노력하며 자신의 본분을 다하려고 하는 특성을 가진 사람을 기업·회사가 놓칠리가 없다.

이상이 직업인에게 요구되는 조건의 일단이다.

▶**좋은 인성·행복한 삶**

▶편저자 / 이기찬
▶발행인 / 김중영
▶발행처 / 오성출판사
　서울시 영등포구 영등포 1동 618-22
▶전화 / 835-5551~4
▶팩스 / 835-5550
▶등록 / 1973년 3월 2일 제13-27호
▶1판 1쇄 인쇄 / 1996년 11월 26일
▶1판 1쇄 발행 / 1996년 12월 4일
▶값 / 7,000원

※파본은 교환해 드립니다.